Der Wille zum Schönen II

Michael Musalek, Dr. med., Univ. Prof., geb. 1955, Facharzt für Psychiatrie und Neurologie, Psychotherapeut, Prof. für Psychiatrie an der Universität Wien, Ärztlicher Direktor des Anton-Proksch-Instituts, Gründungsdirektor des Instituts für Sozialästhetik und psychische Gesundheit an der Sigmund Freud Privatuniversität Wien, Präsident der European Society of Aesthetics and Medicine, Chairman der Section Psychopathology der European Psychiatric Association (EPA), Gründungsmitglied der Section Philosophy and Psychiatry der World Psychiatric Association, Präsident der Stiftung Erwin Ringel Institut, Präsident der Österreichischen Gesellschaft für Arbeitsqualität und Burn-out (BURN-AUT). Mehr als 250 wissenschaftliche Publikationen, Herausgeber der Zeitschriften „Spectrum Psychiatrie" und „Rausch. Wiener Zeitschrift für Suchttherapie". Bei Parodos bereits erschienen: M. Musalek, M. Poltrum (Hg.): Ars Medica. Zu einer neuen Ästhetik in der Medizin; M. Musalek, M. Poltrum (Hg.): Glut und Asche – Burnout. Neue Aspekte der Diagnostik und Behandlung.

Michael Musalek

Der Wille zum Schönen II

Als Kulturgeschehen
auf dem Weg zur Kosmopoesie

PARODOS

Bibliografische Information der Deutschen Nationalbibliothek
Die Deutsche Nationalbibliothek verzeichnet diese Publikation in der Deutschen Nationalbibliografie; detaillierte bibliografische Daten sind im Internet über http://d-nb.ddb.de abrufbar.

Druck: Print Group Sp. z o.o., Stettin
Printed in Poland

ISBN: 978-3-938880-88-3

www.parodos.de

Für alle,
die eine schönere Welt wollen
– und für alle,
die eine solche noch nicht wollen

Inhalt

Prolog – Das Schöne in der Menschheitsgeschichte

Staune, siehe wie keines,
Boden verlangt und verlässlichen Haltes.
Ins Freie wirft sich die Welt ...
Rilke RM, Mai 1913, Paris

Der Wille zum Schönen ist eine Urkraft, die uns in besonderer Weise zum Schönen drängt. Wir werden zum Schönen hingetrieben und gleichzeitig werden wir vom Schönen auch angezogen. In diesem Hingedrängt-werden zum Schönen und gleichzeitig Angezogen-werden vom Schönen wird uns der Wille zum Schönen als archaische Naturkraft spürbar (Musalek 2017). Dieser das Universum durchdringende Wille zum Schönen entäußert sich aber nicht nur in der Anziehungskraft von Schönem, er ist auch *die* Kraftquelle des Menschen schlechthin. Schönes zu erleben gibt uns Kraft; nicht zuletzt auch jene, die wir benötigen, um selbst Schönes in diese unsere Welt zu setzen. Die Stellung des Willens zum Schönen in unserem Kosmos als alles bestimmende Naturkraft wurde bereits im Band *Wille zum Schönen I* ausführlich verhandelt. In den nun folgenden Diskursen soll den Fragen rund um die Rolle nachgegangen werden, die wir Menschen als entwerfende und schaffende Wesen (Heidegger 1927/2006, Scheler 2001, 2005) in der Manifestation des Willens zum Schönen einnehmen.

Ebenso wie schon bei den Erörterungen des Willens zum Schönen als Naturkraft wird auch hier vorzugsweise die Methode des „ästhetischen Diskurses" gewählt, der als Kernstück eine Denkform aufweist, die Wolfgang Welsch (2003) als „ästhetisches Denken" vorgestellt hat. Es handelt sich dabei, wie im Band *Wille zum Schönen I* bereits dargelegt, um viergliedrige sinnlich gedankliche Bewegungen, die ihren Ausgangspunkt in sinnlichen Wahrnehmungen von bestimmten Phänomenen bzw. Sachverhalten nehmen (Musalek 2012b). In einem zweiten Schritt werden diese in einer ersten „generalisierten wahrnehmungshaften Sinnvermutung" („ästhetisch-imaginative Expansion" – Welsch 2003) zusammengefasst. Im dritten Schritt erfolgt dann ein reflexives Ausloten und Prüfen des Wahrgenommenen, um abschließend in einem vierten Schritt das reflektierte und geprüfte sinnlich Wahrgenommene in einer „phänomenologischen Gesamtsicht" zu konsolidieren. Ein solches, nicht nur von einem Wahrheitsanspruch, sondern vor allem von Redlichkeit im Sinne einer uneingeschränkt gelebten Wahrheitsliebe geleitetes, ästhetisches Denken (Musalek 2017) wird im Folgenden die diskursiven Hin- und Her-Bewegungen zum Ausleuchten und Ausloten des Willens zum Schönen als Kulturgeschehen bestimmen, wobei Diskurs hier als ein sinnvoller (im Sinne von zieladäquat), an Spielregeln gebundener Austausch von Argumenten (Störig 2002) zu verstehen ist.

Diesem ästhetischen Diskurs wird ein kurzer Abriss der Begriffsgeschichte des Schönen vorangestellt, um damit einen fruchtbaren Nährboden für Beschreibungen, Überlegungen und Argumentationen zu legen. Dabei sollen wesentliche Versuche des Menschen nachvollzogen werden, das Schöne phänomenologisch aufzubereiten und begrifflich zu fassen. Unzählige machten sich bereits auf den Weg, dem Wesen des Schönen auf die Spur zu kommen. Nur einige der wichtigsten hier erarbeiteten Positionen und eingenommenen Standpunkte können im Folgenden angeführt werden. Eine Begriffsgeschichte des Schönen muss aufgrund der unüberschaubaren Fülle des dazu bereits Geäußerten unweigerlich bruchstückhaft bleiben. Das hier Vorgelegte soll trotz seiner Unvollständigkeit aber dazu dienen, zumindest eine gewisse Ordnung in die Vielfalt der Ansichten und Meinungen zum Schönen zu bringen, um damit für die weiteren Diskurse zum Phänomen des Willens zum Schönen als Kulturgeschehen einerseits eine erste begriffliche Basis zu schaffen und andererseits die gedanklich zu bestellenden Arbeitsfelder zu begrenzen. Eine Begriffsgeschichte des Schönen ist immer auch zugleich eine Kulturgeschichte des Schönen. Begriffe und ihre definitorischen Festlegungen sind Werk von Menschenhand und daher schon erste Kulturleistungen. Eine Begriffs- und Kulturgeschichte des Schönen erschöpft sich aber nicht nur in der Aufzählung von definitorischen Varianten bzw. Sprachspielen, sondern sie liefert darüber hinaus immer auch Einblicke in die unterschiedlichen von uns Menschen eingebrachten bzw. eingenommenen Denkpositionen und gedanklichen Festlegungen. Sie ist damit auch Ausdruck dessen, wie und als was der Mensch Schönes ansieht bzw. ansehen will. Dieses Ansehen, Erleben und Bewerten von Schönem ist nie reines Abbildungsgeschehen, sondern immer menschlicher Schaffensprozess und damit auch immer Kulturgeschehen. Indem wir uns mit dem Schönen beschäftigen und auseinandersetzen, schaffen wir es auch und setzen es in unsere Welt.

Von seinem Beginn an beschäftigt sich der Mensch mit dem Schönen und versucht es mit Zeichen, Worten, Begriffen und Bildern zu fassen und damit dingfest zu machen. Entsprechende Funde, wie z.B. die aus der Steinzeit stammende Venus von Willendorf bzw. diejenige von Ölkam bei St. Florian (Schultes 2015), belegen dies auf eindrucksvolle Weise. Um sich aber nicht in unüberschaubaren Versuchen zur bildlichen Darstellung bzw. Begriffsbildung des Schönen zu verlieren, die seit Anbeginn der Menschheit unternommen wurden, wird der nachfolgende Abriss die Begriffsgeschichte des Schönen mit den gedanklichen Zugängen zum Schönen der antiken Griechen beginnen lassen und sich dann im Wesentlichen auf Beiträge aus der westlichen Geisteswelt beschränken. Eine solche Eingrenzung erscheint nicht zuletzt auch deshalb gerechtfertigt, als die Geisteswelt des antiken Griechenlands zum einen zu Recht als Wiege unserer Kultur gilt und wir zum anderen hier auch über erste umfassende schriftliche Philosophieelaborate verfügen. Mit dieser Einschränkung sollen aber keineswegs die außerordentlichen kulturellen Leistungen von Menschen in anderen Erdregionen geschmälert bzw. mindergeachtet werden – ein Miteinbeziehen all jener wunderbaren Zugangswege zum Schönen in anderen Kontinenten hätte jedoch weit über den vorgegebenen Darstellungsrahmen hinausgereicht.

Schönheitsdiskurse in der Antike

To Kalon? Was ist das Schöne? – Das ist die Frage, die Griechen des Altertums zuvorderst beschäftigte. Der Diskurs zur Frage, was denn das Schöne, vor allem aber auch was das Besondere des Wesens des Schönen sei, beginnt (zumindest in schriftlicher Form) mit einem Zwiegespräch des Sokrates und des Sophisten Hippias. In *seinem Hippias Major* lässt *Platon (428-348 v.Chr.)* Sokrates Hippias fragen, was denn nun das Schöne sei und wodurch das Schöne schön sei (Platon 2011a). Platon verwendet dabei einen besonderen Kunstgriff des Fragens; er lässt eigentlich nicht Sokrates selbst fragen, sondern bringt eine dritte Person ins Spiel, die Sokrates zum Schönen befragt, dieser gibt daher die vom Dritten gestellten Fragen zum Schönen nur an Hippias weiter. Wenn Sokrates in anderen Dialogen eine Frage stellt, dann hat er in der Regel auch schon die richtige Antwort parat; ganz anders hier im Hippias-Major-Dialog, in dem sich schon bald herausstellt, dass auch Sokrates (und damit natürlich auch Platon selbst) an der Frage, was denn das Schöne sei, letztendlich scheitert.

Im genannten Dialog fragt Sokrates nun im Namen eines Dritten den Hippias: „Ist ... nicht auch alles Schöne durch das Schöne schön?" Darauf antwortet Hippias: „Ja, durch das Schöne." Dann Sokrates: „Welches also doch auch etwas ist?" Hippias: „Allerdings etwas, aber was will er nur?" Sokrates: „So sage mir denn ... was ist denn dieses, das Schöne?" Hippias: „Will der, wer dieses fragt, Sokrates, nun nicht wissen, *was schön ist?*" Sokrates: „Nein, dünkt mich; sondern *was das Schöne ist* ..." Hippias: „und wie ist denn dies verschieden von jenem?" Sokrates: „Dünkt es dich gar nicht verschieden?" Hippias: „Nein, gar nicht." Sokrates: „ ... Guter, er fragt dich ja nicht, was schön ist, sondern was das Schöne ist." Hippias: „ich verstehe, Guter, und will ihm beantworten, was das Schöne ist. Und er soll gewiss nichts dagegen haben. Nämlich wisse nur, Sokrates, wenn ich es dir recht sagen soll, ein schönes Mädchen ist schön" (Platon 2011a).

Das bis heute ungelöste (und möglicherweise auf immer unlösbare) Problem um das Verstehen des Schönen hat somit seinen Ursprung in der Frage des Sokrates nach dem Schönen mit den Worten: „... welches also doch auch etwas ist?" Das Schöne wird hier zu einem Etwas verdinglicht, das von der Eigenschaft schön zu unterscheiden ist. Es ist nicht einfach mehr etwas schön, es ist vielmehr ein Etwas, das etwas schön macht; es ist demnach *das Sch*öne im Sinne des Schön-Machenden, dessen Wesen es aufzuklären gilt. Hippias hingegen bleibt auf der Eigenschaftsebene und beantwortet diese Frage letztendlich mit dem auf den ersten Blick simplen Satz: „... ein schönes Mädchen ist schön." Die Frage nach dem Schönen ist also von Beginn an von ihrer Doppeldeutigkeit geprägt. Sie zielt zum einem darauf, *was* alles schön ist. Das Schöne wird hier einfach als Sammelbegriff, als Oberbegriff für alle schönen Eigenschaften verwendet. In einer zweiten Anwendung fokussiert die Frage nach dem Schönen aber eben immer auch darauf, was das Schöne nun seinem Wesen nach eigentlich sei. Oder mit anderen Worten: Zum einen geht es um das Schöne als Eigenschaft von Dingen, Situationen, Lebewesen und sonstigen Gegebenheiten und zum anderen um das Sein und den Seinsgrund des Schönen, oder – wie es Platon hier im Dialog *Hippias Major* ausdrückt – um die Frage nach dem Schönsein-Machenden selbst.

Dabei kann das Schöne – glaubt man nun Sokrates – kein vergleichsweise Schönes sein, denn ein solches ist einmal schön und einmal hässlich, je nach dem zu Grunde gelegten Maßstab. So ist der schönste Affe im Vergleich zu einem schönen Mädchen hässlich, so wie ein schönes Mädchen im Vergleich zu einer Göttin eindeutig verliert, Das Schöne ist auch nicht das, was aus dem Schönen geschaffen worden ist. So gibt es z.B. schöne Kunstwerke aus dem schönen Material Gold, es gibt aber auch schöne Kunstwerke, die nicht aus einem so edlen Material gemacht worden sind; und umgekehrt kennen wir Kunstwerke aus Gold, die nur deshalb, weil sie aus einem schönen Material geformt sind, noch lange nicht als schön bewertet werden müssen. Platon lässt Hippias an der Beantwortung der Frage nach dem Schönen scheitern. Er wirft ihm in der Person des Sokrates vor, dass er es nicht einmal schaffe, zwischen der Frage, was nun schön sei, und der, was das Schöne sei, unterscheiden zu können.

Hippias meint, dass beides das Gleiche wäre und zählt einfach nur schöne Dinge auf. Er sieht demnach nicht, wie es Günther Pöltner (2008) mehr als 2000 Jahre später ausdrückt, den Unterschied von ontologischer und ontischer Fragestellung und verkennt damit auch den Unterschied von Grund und Gegründetem. Letztendlich lässt Platon aber nicht nur Hippias, sondern wie schon angeführt, auch Sokrates an dieser Frage scheitern und gibt demnach auch sein eigenes Scheitern zu. Platon nimmt hier bereits das vorweg, womit auch alle späteren Diskurse enden müssen, nämlich dass die Frage nach dem Schönen insofern unbeantwortbar bleibt, als das Schöne eben per se schön *ist* und damit als Urphänomen nicht weiter hinterfragbar bleibt. Schönheit, und damit natürlich auch das Schöne, gehören demzufolge „zu den gleichermaßen umstrittenen wie unhintergehbaren Begriffen europäischer Kultur“ (Liessmann 2010).

Das Schöne ist als Urphänomen unserer menschlichen Existenz, als unmittelbar erlebbare Eigenschaft sowie als Urumstand und Urzustand menschlichen Erlebens aus unserem Leben nicht wegzudenken. Wir erleben Schönes ganz unmittelbar, gleichzeitig ist es aber keiner Erklärung zugänglich. Denn: „Das Schönsein lässt sich nicht als Wirkung von etwas Schönem erklären ... Der Erklärung ist der Weg zurück zur Anfangserfahrung, von der sie ausgehen muss, verwehrt. Mit der Angabe von Erklärungsgründen bleibt ungesagt, worin das Schönsein von Schönem liegt“, betont Günther Pöltner (2008) in seiner Abhandlung zur philosophischen Ästhetik. Platon gibt sich damit aber nicht zufrieden und greift das Thema des Schönen später dann nochmals in seinem Gastmahl auf (Platon 1923). Dort ist es aber nicht mehr so sehr nur die Frage nach dem Schönen, die ihn vordergründig interessiert, sondern es ist vielmehr das Bedürfnis, das Sehnen nach dem Schönen und auch das (befriedigende) Erreichen des Schönen, das diskursiv gestillt werden will. Das eigentliche Thema des Symposiums ist nicht so sehr das Schöne selbst, sondern es ist Eros, der Göttliche, der nach dem Schönen Strebende.

Wie immer ist es Sokrates, der auch hier den zentralen Beitrag zur Erklärung des Eros und des Schönen liefert; diesmal allerdings nicht auf seine eigene Weisheit rekurrierend, sondern auf diejenige von Diotima, jener Frau aus Matineia, die ihn in der Liebe unterwies. Sokrates bezieht sich im Gastmahl (Symposion) auf einen Dialog mit ihr, in dem sie ihm klar machte, dass Eros weder Gott noch schön sei. Eros, als der nach dem Schönen strebende Göttliche kann selbst nicht schön sein, zumindest nicht vollkommen schön, nicht der Schönste, denn wäre er es, dann müsste er nicht nach dem Schönen streben, wie Diotima folgerichtig feststellt. Etwas ist bei Platon also nicht einfach schön, weil es selbst schön ist – er lehnt weiterhin die Position des Hippias (ein schönes Mädchen ist schön) vehement ab –, es ist vielmehr die „Idee des Schönen", es ist das für uns zwar denkbare, aber nicht fassbare „Schöne an sich", das „Urschöne", das der Urgrund von all jenem ist, das wir als schön bezeichnen und nach dem wir von Eros getrieben streben.

Dieses „Schöne an sich", dieses „Urschöne" ist für Platon eben das Wesen des Schönen. Dazu lesen wir in Platons *Gastmahl*: „(das Schöne) welches immer ist und weder entsteht noch vergeht, weder wächst noch schwindet, ferner auch nicht etwa nur insofern schön, insofern aber hässlich ist, noch auch jetzt schön und dann nicht, noch in Vergleich hiermit schön, damit aber hässlich, noch auch hier schön, dort aber hässlich, als ob es nur für einige schön, für andere aber hässlich wäre. Noch auch wird ihm dieses Schöne unter der Gestalt erscheinen, wie ein Gesicht oder Hände oder sonst etwas, was der Leib an sich hat, noch wie eine Rede oder eine Erkenntnis, noch irgendwo an einem andern seiend, weder an einem einzelnen Lebenden, noch an der Erde, noch am Himmel; sondern an und für sich und in sich selbst ewig überall dasselbe seiend, alles andere Schöne aber an jenem auf irgendeine solche Weise Anteil habend ..." (Platon 1923). Mit der Frage „Was ist schön?" zielt Platon auch in diesem Text wieder nicht darauf ab, was die meisten

Menschen einfach für schön halten, sondern was schön *ist*. Oder anders ausgedrückt: Es wird hier wieder gefragt, was am Schönen schön ist und was das Schöne zum Schönen macht.

Ebenso wie im *Hippias Major* wird die Frage nach dem Seinsgrund des Schönen gestellt. Platons Antwort darauf ist: die Idee des Schönen. Sie ist der Seinsgrund des vielerlei Schönen. „Ideen" sind bei Platon keine gedanklichen Einfälle oder subjektive Vorstellungen, sondern sie sind – wie es im genannten Textfragment deutlich gemacht wird – das wirklich Seiende, das auf seiende Weise Seiende und das auf nichts weiter mehr Reduzierbare. „Der Seinsgrund des Schönseienden *ist* ...", sagt Günther Pöltner (2008), „ ... (und) die Idee ist (bei Platon) das im emphatischem Sinne Seiende, weil sie dem zeitlichen Wandel enthoben ist. Das dem zeitlichen Wandel Unterworfene hingegen, das dem Entstehen und Vergehen, dem Wachstum, der Veränderung, dem raum-zeitlichen Wechsel ausgelieferte, das immer nur in einer Hinsicht ist, in einer anderen jedoch noch nicht, bzw. nicht mehr ist – das vom Nicht-Sein durchsetzte Seiende – ist nur im abgeschatteten Sinn als „seiend" zu bezeichnen, es ist das relativ Nicht-Seiende".

Auto to kalon. Das Schöne *ist* schön (Platon 2011a). Wir erleben etwas als schön, wenn es der Idee des Schönen entspricht, wenn es seinen Seinsgrund im Schönen hat – so zumindest Platons Überzeugung. Das dem zeitlichen Wandel unterworfene Schönsein in unserer Welt entsteht somit durch Entsprechung mit der Idee des Schönen, durch Entsprechung mit dem „Urschönen". Im *Gastmahl* erhält diese doch eher statische Entsprechung mit Einführung des Eros noch zusätzlich ein dynamisches Moment. Dass wir etwas als schön erleben können, geschieht nicht einfach nur aus sich heraus, sondern durch die Vermittlung von Eros. Eros ist hier nicht Gott, sondern „ein Dämon ...", sagt Diotima zu Sokrates, „... ein großer Dämon, ein Heiland, und alles Dämonische, alles Heilende lebt zwischen Gott und Mensch!" „Und wo ist dann seine Macht", fragt Sokrates. „Der Dämon ist immer der Bote: er bringt den Göttern das Flehen und die Opfer der Menschen, und er kündet den Menschen, was die Götter heißen, und er kündet die Gnade der Götter, der Heiland ist in der Mitte und er füllt die Kluft zwischen den Unsterblichen und den Sterblichen ... durch ihn kommt alles Schauen den Sehern ... durch den Dämon verkehren die Götter mit Menschen und durch den Heiland reden Götter zu Menschen: zu den wachen und auch dann, wenn die Menschen der Schlaf umfängt“ (Platon 1923). Dann, wenn wir uns an das Schöne wenden, wenn wir uns dem Schönen zuwenden, dann und nur dann können wir das Schöne durch Vermittlung der Liebe zum Schönen auch als Schönes erfahren und erleben. Der „göttliche“ Eros, nicht Gott, sondern Dämon, ist der Vermittler zwischen dem den Göttern zu eigenen Schönen, dem Urschönen, der (göttlichen) Idee des Schönen und jenem Schönen, das wir Menschen dann als schön erleben und bezeichnen dürfen.

Dämonen waren im antiken Griechenland Geisteswesen, die zwar selbst keine Götter, aber doch der Sphäre des Göttlichen zugeordnet waren. Sie sind im heutigen westlichen Denken am ehesten vergleichbar mit den Engeln des christlichen Glaubens. Dämonen sind die Personifizierung dessen, was wir heute so gerne als Schicksal oder als Zufall (im Sinne des uns Zugefallenen) bezeichnen, und haben in christlicher Diktion in etwa die Funktion von Schutzengeln. Eros, als personifizierte Liebe zum Schönen, ermöglicht uns, das Schöne als schön zu erleben, indem er mittels seiner (unserer) Liebe zum Schönen die Verbindung des uns geschenkten, aber immer vergänglich bleibenden Schönen mit dem unvergänglich Schönen der Götter, der göttlichen Idee des Schönen herstellt und uns so im Erleben des Schönen am Göttlichen teilhaben lässt.

Um die Grundlage zum Erleben des wahrhaft Schönen zu schaffen, braucht es für Platon demnach immer auch die Liebe zum Schönen. Ohne Liebe zum Schönen gibt es kein Schönes für uns Menschen. Um Schönes als Schönes erleben zu dürfen und zu können, ist also nicht nur Entsprechung, sondern immer auch Vermittlung nötig: Vermittlung durch die Liebe zum Schönen, durch den Daimon Eros, den Sohn der Armut und des Reichtums. „Weil Eros der Sohn des Reichtums und der Armut ist“, erklärt Diotima dem Sokrates, „so hat er beider Natur Zeichen. Eros ist der Sohn seiner Mutter Armut und darum ... hart und dürr und läuft barfuss herum und hat kein Dach, das ihn schützte; auf nackter Erde ohne Lager muss er schlafen; vor allen Toren triffst du ihn, auf den Straßen unter freiem Himmel liegt er ... Dann aber ist Eros auch der Sohn seines Vaters Reichtum und ist wie dieser, voll List nach allem was schön ist und edel; er ist kühn und frech und stark, ein gewaltiger Jäger und er kann die Netze knüpfen und die Eisen stellen ... und kann verhexen und zaubern ... Da er nun nicht Gott und nicht Mensch geboren ist, so blüht er bald, bald ist er müde und stirbt hin, und das alles oft an demselben Tage; aber immer wieder lebt er auf, denn der Vater steckt in ihm. Was er heute erwirbt, das verliert er morgen, und so ist Eros nicht reich und nicht arm ..." (Platon 1923).

In dieser Textstelle aus dem *Symposion* wird uns in wunderbarer Weise vor Augen geführt, was mit uns geschieht, wenn wir uns auf Eros, also auf die Liebe zum Schönen einlassen. Überall kann dann etwas zum Schönen werden, alles kann zum Schönen gedeihen. Wenn wir uns dem Schönen zuwenden, wenn wir es zulassen, wenn wir uns vom Schönen anrufen lassen, dann wird uns das Schöne gefangen nehmen, begeistern, verhexen und verzaubern. Wir werden es aber auch wieder verlieren – denn: das Schöne braucht seine Auszeit. Ein zu viel an Ästhetischem führt unweigerlich in die Anästhesie (Poltrum 2007). Nachdem es verloren ist (vielleicht auch nur verloren scheint), kann es aber wiedergewonnen werden – und das immer wieder. Das Schöne kann uns auf diese Weise zu einem Begleiter werden, „der von der Geburt bis zum Tod präsent ist" (Liessmann 2009a). Das Schöne ist ein Leben lang für uns da, es begleitet uns nicht nur, sondern gestaltet uns gleichsam vom „schönen Baby" bis hin zur „schönen Leich'" (einerseits schön aussehender Leichnam und andererseits wohlgestaltete Begräbnisveranstaltung mit üppigem Totenmahl in Wien – Übersetzung durch den Verfasser).

Das Schöne bestimmt damit als ein existentielles Urphänomen ganz wesentlich unser Leben. Es ist nicht nur einfach etwas, das uns erscheint (siehe griech: fainómenon – ein sich Zeigendes, ein Erscheinendes), nicht nur eine der vielen uns mit den Sinnen wahrnehmbaren Erlebensformen des uns Gegebenen, zu denen wir beobachtend quasi auf Distanz bleiben können. Das Schöne ist als Urphänomen, als ein nicht auf weitere Wesensgründe rückführbares und damit unhinterfragbares Erscheinendes immer auch existentiell wirksam. Es wirkt existentiell begründend und verändernd. Es „bewegt" uns. Schönes, ganz im Gegensatz zum Nicht-Schönen, gefällt immer. Das Schöne induziert in uns eine wohltuende Qualität unserer Empfindung (Schischkov 1991), es tut uns wohl. Immanuel Kant (1970/1995b) sprach in diesem Zusammenhang vom interesselosen Wohlgefallen, womit er nicht nur auf die Zweckungebundenheit des Schönheitserlebnisses abzielte, sondern in besonderer Weise auch auf die Unmittelbarkeit der durch das Schöne bewirkten emotionalen Regung. Das Schöne ist also nicht nur eine für sich selbst stehende Wesenheit, die uns Schönes als schön beurteilen lässt. Das Schöne wirkt, es ruft uns an, wenn wir uns von ihm anrufen lassen; wie uns schon die enge Beziehung des griechischen Wortes für „schön" - „kalos" (das Schöne – kalon) mit dem griechischen Wort für „Ruf" – „kallos" nahelegt.

Das griechische Wort „kalos" hat einen weit über das, was wir üblicherweise als schön bezeichnen, hinausreichenden Bedeutungsumfang. Es umfasst alles, was sich „sehen lassen kann". Das ist zum Ersten natürlich das Anschaulich-Schöne mit seinem Gegensatz, dem Hässlichen. Zweitens aber auch das moralisch Schickliche bzw. Akzeptable mit den Gegenpolen moralisch Unschickliches bzw. Inakzeptables. Und nicht zuletzt steht „kalos" für das zum Gebrauch Taugliche mit seinem Gegenüber, dem Gebrauchsuntauglichen. Auch im Deutschen, und hier vor allem im Norddeutschen, steht das Wort schön nicht nur für das Schöne im engeren Sinn, sondern auch für das Gute. So sagt man z.B., etwas schmeckt schön oder er hat eine schöne Arbeit geschrieben. Es wird mit schön also nicht nur all das bezeichnet, was anziehend, wohlgefällig, bewundernswert, reizvoll, ansprechend, angenehm und wohltuend ist, sondern auch jenes, welches von einer Art ist, das Lob und Anerkennung verdient. Ebenso wie im Französischen, wo man von einer „belle santé" (einer „schönen Gesundheit") und einer „belle affaire" (einer „schönen Geschichte") spricht. Darüber hinaus wird der Ausdruck schön im Deutschen auch als verblasste Höflichkeitsformel, wie z.B. in „schöne Grüße an Ihren Mann" bzw. „haben Sie recht schönen Dank", oder auch als Ausdruck des Einverständnisses vor allem in Verbindung mit Bedenken („das ist ja alles schön und gut, aber trotzdem muss ich auch Bedenken anmelden ...") verwendet (Duden 2013).

Noch deutlicher wird die Komplexität des Begriffes schön, wenn man die Synonyma des Schönen betrachtet. Im Duden (2013) finden sich hierzu Begriffe wie anziehend, attraktiv, bewundernswert, bezaubernd, charmant, erotisch, fesselnd, gut aussehend, gut gewachsen, hübsch, gehoben, berückend, betörend, umgangssprachlich auch: gut gebaut, sexy, toll fesch; weiters emotional verstärkend: bildhübsch, bildschön, wunderschön; aber auch: angenehm, ansprechend, behaglich, erfreulich, gemütlich, nett, positiv, reizvoll, wohlig, wohltuend; erquicklich, apart, ästhetisch, elegant, gefällig, geschmackvoll, stilvoll; auserlesen, heiter, klar, lau, mild, sonnig, strahlend, warm. Und darüber hinaus auch noch: wolkenlos; lind, idyllisch, malerisch, märchenhaft, paradiesisch, romantisch; friedvoll; oder bildungssprachlich: arkadisch, bukolisch, pittoresk; oder dichterisch: elysisch; oder eben umgangssprachlich auch: traumhaft, anerkennenswert, ausgezeichnet, begrüßenswert, bestens, erfreulich, fabelhaft, genial, grandios, herrlich, lobenswert, löblich, positiv, vortrefflich, vorzüglich; superb, wunderbar, supertoll; göttlich, ansehnlich, beträchtlich, enorm, erheblich, immens, nennenswert, stattlich, üppig; erklecklich; anständig, deftig, hübsch, ordentlich, oder alles übertreffend: kolossal (Duden 2013).

Alleine schon die Synonyma des Schönen werden in ihrer Aufzählung zu einer schier nicht enden wollenden Liste. Nahezu unüberschaubar wird die Situation aber dann, wenn wir uns nicht nur auf Synonyma im engeren Sinn beschränken, sondern auch diejenigen Begriffe hinzunehmen, die mit dem Schönen nahe verwandt sind bzw. mit jenen, die etwas bezeichnen, was mit dem Schönheitserlebnis in engster Verbindung steht, wie die Begeisterung, die Faszination; aber auch: das Besondere, das Erhabene, das Heilige, das Sublime; und nicht zuletzt: die Berauschung , die Bezauberung und Verzauberung, Spaß, Vergnügen, Lust, Erotik, Freude und Genuss. All diese Worte bezeichnen Eigenschaften bzw. Zustände, die in einem mehr oder weniger nahen Verhältnis zum Schönen stehen. Wittgenstein (1953/1998) sprach in ähnlichem Zusammenhang von Familienverhältnissen der Begriffe. Wenn man Schönes verstehen will, wenn man verstehen will, was für uns schön ist und wann wir das Wort schön gebrauchen, dann müssen wir natürlich auch all diese Synonyme und Bedeutungsfamilien in unsere Analysen und Überlegungen miteinbeziehen. Unter diesem Blickwinkel stellt sich das Schöne als ein Sammelbegriff, als ein Oberbegriff für viele unterschiedliche ästhetische Seinsformen dar. All den genannten Formen des Schönen ist gemein, dass sie in uns Wohlsein hervorrufen und dass sie, unabhängig von ihren Eigenheiten in Erscheinung und Wirkung, allesamt als dem Schönen zugeordnet von uns unmittelbar bejaht werden.

Im antiken Griechenland stand das Schöne neben dem Guten auch noch mit dem Wahren in engem Familienverhältnis. Was schön und daher auch gut ist, muss auch wahr sein. Was gut ist, muss auch schön und wahr sein. Was wahr ist, muss auch schön und gut sein. Die drei – das Schöne, Gute und Wahre – stehen nicht nur in einem engen Wechselspiel, sondern sie sind, so Platon, untrennbar miteinander verbunden. Dabei darf nicht vergessen werden, dass, wenn Platon von Wahrheit spricht, er keineswegs auf das rekurriert, was man heute umgangssprachlich unter Wahrheit versteht. Er meint hier weder die prädikative Wahrheit, also die Übereinstimmung von Aussage und Tatsache, noch das, was man als logische Wahrheit bezeichnet, also die wahre Aussage, die aufgrund einer logisch-korrekten Verknüpfung zustande kommt. Platons Philosophie liegt ein ontologischer Wahrheitsbegriff zugrunde. Wahrheit und das Wahre stehen für das wahre, d.h. das eigentliche, unvergängliche Sein. Dieses wahre Sein ist zu unterscheiden von dem an Zeit und Ort gebundenen und damit der Vergänglichkeit preisgegebenen Seienden. Wahr ist demnach etwas, wenn es so ist, wie es sein soll, wenn es seine Entsprechung in einer der allem Seienden zugrundeliegenden „Ideen" hat.

Diese „Ideen" entstammen dem Reich der Götter und sind demnach auch wie alles Göttliche unvergänglich. Damit liegt es auf der Hand, dass nach Platon das Wahre nicht mittels Sinneswahrnehmung bzw. sinnlicher Wahrnehmung erkannt werden kann. Nach seiner Überzeugung ist es nur der Geist, das reine Denken, das Zugang zum Wahren finden kann. Sinneswahrnehmung und sinnliche Wahrnehmung beruhen für ihn letztendlich nur auf Vergleichen. Die Ergebnisse eines darauf beruhenden Denkens können daher schon allein deshalb nicht von dauerhaftem Bestand sein. Sie sind zwangsläufig von dem jeweilig zum Vergleich anstehenden abhängig. Das Schöne ist dann ein wahres Schönes – und nur dann kann von *dem* Schönen überhaupt gesprochen werden –, wenn es der (wahren) Idee des Schönen entspricht. Auf diese Weise ist das Schöne, als besondere Wesenheit, untrennbar an das Wahre gebunden, während alles, was wir mittels sinnlicher Wahrnehmung als Schönes erleben, also alle Dinge, Gegenstände, Situationen, Prozesse, Lebewesen etc., denen wir aufgrund unseres Wahrnehmens als Seiendem das Attribut schön verleihen, nicht zwangsläufig auch „wahr" sein muss.

Auch das Gute steht bei Platon nicht für das, was wir in unserer Umgangssprache so gern als gut bezeichnen. Wir sprechen da von einem guten Essen, von einem gutem Spiel, von guter Arbeit, von einem guten Tag, von einem guten Grund, den man hat, etwa zu tun, etc. Für Platon hat „gut" primär nichts mit Wohlgeschmack, Erfolg, Leistung oder dem Hinreichenden zu tun. Das Gute steht bei Platon für das moralisch Gute, das Tugendhafte, vor allem auch in seiner ordnungsstiftenden Funktion. In der Hierarchie der Ideen nimmt das Gute eine besondere Vorrangstellung ein. Als höchstes

Prinzip ist das Gute nicht nur der Ursprung alles Tugendhaften, sondern macht auch alles Wissen erst zu einem nützlichen Wissen. Das Gute durchwirkt alle anderen Ideen. Für Platon ist es demnach auch gar nicht möglich, dass das Schöne und das Wahre – beide hier als unveränderbare göttliche Ideen, als das „Urschöne" und das „Urwahre" gedacht – nicht gleichzeitig auch immer das Gute ist. „Alles Gute nun ist schön, und was schön ist, entbehrt nicht des richtigen Maßes. Demnach darf auch ein lebendes Wesen, wenn man ihm Schönheit zusprechen soll, des Ebenmaßes nicht entbehren", heißt es dazu in Platons *Timaios* (Platon 2011c). Das Gute ist im Wahren und im Schönen. Das Wahre ist im Schönen und im Guten, und das Schöne ist im Guten und im Wahren, womit unsere Welt im Dreiklang des Guten, Wahren und Schönen ertönt. Das von Platon vertretene Ideal der Einheit des Guten, Schönen und Wahren – die Kalokagathia – wird noch über Jahrhunderte hinweg menschliches Denken bestimmen. Sogar heute macht man sie sich z.B. in der Werbung zunutze, wenn man versucht, den Konsumenten etwas Schönes, oder zumindest etwas in einem schönen Rahmen Präsentiertes, auch als wirklich Gutes zu verkaufen. Die Kalokagathia hat ihren Ursprung aber nicht in der Philosophie Platons (auch wenn sie sich im Dialog *Philebos* (Platon 2011b) erstmals niedergeschrieben findet), sondern beherrscht bereits deutlich früher die Denkfiguren im antiken Griechenland. Schon im Pythagoreismus, einer „religiös-philosophischen Weltanschauung" (Hauser 1975), die auf den in Samos geborenen und in Süditalien dann seine Schule gründenden *Pythagoras (ung.580 - 500 v.Chr.)* zurückreicht, ist die Einheit von Schönem, Gutem und Wahrem programmatisch.

Das gesamte Weltall wird von Pythagoras als harmonisches Ganzes gedacht. Dabei kommt den richtigen Maßen und Verhältnissen eine besondere Rolle zu. Den Pythagoreern galt seit jeher alles durch Zahlenverhältnisse bestimmt. Man glaubte, die gesamte Wirklichkeit, das ganze Universum wäre in Zahlen ausdrückbar, würde geradezu in Zahlen bestehen (Tatarkewicz 1979), und behauptete auch, dass die Gesetze des Schönen in der Mathematik vorgeformt wären. Diese Zahlenverhältnisse wären so gesetzt, dass sie harmonischen Klang und Symmetrie zur Folge hätten und beim Menschen Wohlgefallen erzeugten. Zentrales Dogma pythagoreischen Denkens ist eine vorgegebene, auf verschiedenen Zahlenverhältnissen beruhende Weltordnung der Einheit des Vielfältigen, die es gilt mittels geometrischer Analysen bzw. mathematischer Berechnungen den Menschen sichtbar zu machen.

Die Anschauung eines mathematisch gefügten Kosmos bzw. zumindest Fragmente davon finden sich auch heute noch in positivistischen Diagnose- und Forschungsansätzen der Medizin (Musalek 2006). Zahlen und ihre mannigfachen Kombinationen sind in den letzten Jahrzehnten immer mehr zum zentralen Bestandteil medizinischen Handelns geworden. Oft glaubt man heute Zahlenwerten der Laborchemie weit mehr als den während einer klinischen Untersuchung gewonnenen Beobachtungen eines Fachkundigen. Ähnliches finden wir auch in der Forschung der Naturwissenschaften. In Zahlen gegossenen Forschungsergebnissen wird weit mehr Wahrheitsgehalt zugerechnet als jenen der qualitativen Forschung, auch dann, wenn es sich bei den vorgenommenen Berechnungen natürlich nicht um Wahrheits-, sondern nur um Wahrscheinlichkeitsverhältnisse handelt. Für viele sind Ergebnisse der Wahrscheinlichkeitsrechnung mit ihren „Signifikanzen" sogar „reines" (d.h. frei von jeglicher Kontamination durch Subjektivität) Maß aller Dinge, für einige sogar der Schlüssel zur eigentlichen Erkenntnis der Natur, der Schlüssel zur eigentlichen, also „letzten" Wahrheit.

Solche Zahlengläubige unserer Zeit finden sich in prominenter Gesellschaft, nicht nur eines Pythagoras und seiner Schüler, sondern auch in der eines Galileo Galilei, der gesagt haben soll: „Das Buch der Natur ist in mathematischer Sprache geschrieben, ... die Buchstaben sind die Dreiecke, Kreise und andere geometrische Figuren". Aber auch der Ausspruch Kepplers „Die Mathematik allein befriedigt den Geist durch ihre außerordentliche Gewissheit" reiht sich reibungslos ins Gefolge heutiger positivistisch-mathematischer Wissenschaftsgläubigkeit ein (Musalek 2006). Zahlen üben bis heute eine besondere Faszination aus und bewegen auch jetzt noch unsere Welt. Sogar das Schöne wird zu berechnen versucht, um damit zum „objektiven" Grund des Schönen vorzudringen (Hergovic 2001; Langlois et al 2000; Müller 1993). Robert Musil (1978) hat uns eine solche Entwicklung ins Diktat der Mathematikgläubigkeit sowie auch deren Folgen auf unser (Seelen-)Leben drastisch vor Augen geführt. In seinem *Mann ohne Eigenschaften* schreibt er dazu: „Man braucht wirklich nicht viel darüber zu reden, es ist den meisten Menschen heute ohnehin klar, dass die Mathematik wie ein Dämon in alle Anwendungen des Lebens gefahren ist. Vielleicht glauben nicht alle Menschen an die Geschichte vom

Teufel, dem man seine Seele verkaufen kann; aber alle Leute, die etwas von der Seele verstehen müssen, ... bezeugen es, dass sie von der Mathematik ruiniert worden sei und dass die Mathematik die Quelle eines bösen Verstandes bilde, der den Menschen zwar zum Herrn der Erde, aber zum Sklaven der Maschine mache. Die innere Dürre, die ungeheuerliche Mischung von Schärfe im Einzelnen und Gleichgültigkeit im Ganzen, das ungeheure Verlassensein des Menschen in einer Wüste von Einzelheiten, seine Unruhe, Bosheit, Herzensgleichgültigkeit ohnegleichen, Geldsucht, Kälte und Gewalttätigkeit, wie sie unsere Zeit kennzeichnen, sollen nach diesen Berichten einzig und allein die Folge der Verluste sein, die ein logisch scharfes Denken der Seele zufügt".

Wenn man die pythagoreische Weltsicht mit der in unserer heutigen Gesellschaft vorherrschenden vergleicht, dann darf nicht übersehen werden, dass für Pythagoras und seine Kommilitonen die Zahlen nicht nur, wie für die meisten von uns heute, Mittel waren, um etwas zu rechnen und zu berechnen, sondern darüber hinausreichend immer auch mit mythischen Bedeutungen aufgeladen waren. Die Pythagoreer waren Mitglieder eines antiken Mysterienbundes mit entsprechenden Initiationsritualen und nicht nur einfach philosophisch Interessierte, die sich zu mehr oder minder hochkarätigen Diskussionsrunden zusammenfanden. Da das mythologische Wissen damals nur mündlich tradiert wurde, stehen uns heute leider keine zeitnahen schriftlichen Quellen zu pythagoreischen Initiationsriten zur Verfügung. Von dem Wenigen, was aus späteren Aufzeichnungen darüber bekannt wurde, sticht hervor, dass ganz offensichtlich die Zahl im Zentrum der rituellen Handlungen stand. Im Ritus soll der initiierte Pythagoreer gefragt worden sein: „Welches Ding ist am weisesten?" – um dann zur Antwort zu geben: „Die Zahl".

Die Zahl war auch Ausgangspunkt des hochkomplexen pythagoreischen Deutungssystems der Welt. Es war aber nicht nur die einzelne Zahl, sondern es waren vielmehr die besonderen Verhältnisse von verschiedenen Zahlen, die Harmonien, die die „pythagoreische Welt" bauten, was auch auf die Frage „Und welches Ding ist am schönsten?" in der Antwort „die Harmonie" seine rituelle Ausformung fand (Musalek 2006). Diese Harmonie, dieses Ebenmaß war für den Pythagoreer die unabdingbare Grundlage und gleichzeitig Inbegriff von allem Guten rund um den Menschen, im Menschen und für den Menschen.

Die Lehre von der Harmonie wurde im zweiten nachchristlichen Jahrhundert dann wieder vom Arzt und Philosophen *Sextus Empiricus* aufgegriffen, wenn er behauptete, dass „keine Kunst ... ohne Proportion zustande gekommen (ist); die Proportion aber besteht in einer Zahl; folglich kommt jede Kunst durch eine Zahl zustande ... Darum trifft es zu, wenn man sagt, ‚dank der Zahl ist alles wohlgeraten', das heißt, dank dem Verstand, der urteilt und von gleicher Art ist wie die Zahlen, die das Weltganze bilden" (Sextus Empiricus 1914).

Die klassische Kalokagathia nimmt somit ihren Ausgang schon bei den Pythagoreern und nicht erst bei Platon, allerdings hier noch unter ganz anderen Vorzeichen und in einem ganz anderen geistigen Umfeld, nämlich in einem religiös-rituellen im Gegensatz zum analytisch-philosophischen bei Platon. In beiden Fällen ist aber die Kalokagathia mit ihrer ungeheuren Wirkkraft Ausdruck und Abbild des Göttlichen. In beiden Fällen hat sie einen maßästhetischen Schönheitsansatz als Grundlage, der seinen Siegeszug bis heute fortsetzt und das, obwohl nach dem heutigen Wissenstand eine strenge Maßästhetik, vor allem in der pythagoreischen Radikalität hinsichtlich der Zusammenhänge zwischen Zahlenverhältnissen und Wohlempfinden des Menschen, als nicht mehr haltbar angesehen werden muss.

In vielen empirischen Forschungsprojekten zum Schönheitsempfinden des Menschen konnte nämlich nachgewiesen werden, dass es nicht die exakten Symmetrieverhältnisse und Proportionen, sondern gerade die geringgradigen Abweichungen von ihnen sind, die das von uns als wirklich schön Erlebte ausmachen. So wird z.B. ein völlig symmetrisches Gesicht in der Regel nicht zwangsläufig als schön angesehen (Gründl 2011). Ganz ähnliches gilt auch für die Malerei und Architektur. Gerade das Nicht-Einhalten von idealen Körperproportionen bzw. Fassadenstrukturen machen den Reiz aus, den wir beim Anblick des Schönen erleben (Maderthaner 1978). Und auch in der Musik zeigt sich Vergleichbares. So wird z.B. eine Klavierstimmung, die nur auf reinen Zahlenverhältnissen beruht, als eher unangenehm scharf wahrgenommen, während eben leichte Abweichungen einer solchen Idealverhältnisstimmung, wie anhand eines „wohltemperierten" Klaviers gut demonstrierbar, zu einem wunderbaren Erleben von Harmonie führen. Unserem Schönheitsempfinden im Hörbereich liegen ganz offensichtlich nicht exakte mathematische Zahlenverhältnisse zugrunde. Das

Schönheitserlebnis stellt sich vielmehr gerade bei niedriggradigen Abweichungen von mathematischen Idealverhältnissen ein.

Sogar die immer wieder seit den Pythagoreern postulierte Gestirnharmonie als Grundlage einer davon abgeleiteten Weltenharmonie ist nicht in einfachen Zahlenverhältnissen bzw. simplen Symmetrien begründet, was durch exakte Berechnungen von Gestirnabständen und Umlaufbahnen, Ausdehnungen von Sonnensystemen und deren Verhältnis zueinander mehrfach belegt ist. In der beobachtbaren Realität finden sich immer nur Annäherungen an ideale Zahlenverhältnisse, nie diese selbst. In Anlehnung an den dem berühmten Physiker Albert Einstein zugeschriebenen Satz „Gott würfelt nicht" kann man daher mit guter Evidenz behaupten: „Gott rechnet nicht" – zumindest „rechnet" er nicht nach den von uns Menschen entwickelten mathematischen Regeln. „Mathematisch-wissenschaftliche Erklärungen" sind nämlich nicht von uns Menschen in einem (letztlich mathematisch geordneten) naturgegebenen Kosmos Aufgefundenes, sondern sie sind durch Menschenhand geschaffene menschliche Konstrukte, die durch die vom Menschen entwickelte Mathematik und Geometrie von uns selbst in die Welt gesetzt wurden. Das heißt aber nicht, dass diese mathematischen und geometrischen Konstrukte nicht da und dort höchst nützlich sein können, vor allem dann, wenn es darum geht, neue Techniken zu entwickeln. Zur Erklärung der Natur konnten und können sie aber nur wenig beitragen.

Es ist kein geringerer als *Aristoteles (384–322 v.Chr.)*, der die Schönheitstheorienbildung der Pythagoreer und vor allem auch jene des Platon schon früh kritisiert. Dabei bezieht er sich allerdings weniger auf Aspekte der Wohlproportionstheorie, sondern im Besonderen auf die Transzendentaltheorie des Schönen. Aristoteles lehnt nämlich eine Vergöttlichung des Schönen im Sinne der Einführung einer zeitungebundenen „Idee des Schönen" kategorisch ab. Vor allem stellt er sich gegen den platonischen Diesseits-Jenseits-Dualismus, der bei Aufklärung des Wesens des Schönen zu einer unnötigen Verdoppelung des Schönen führt (Waibel 2009). Für ihn als Empiriker braucht es keine metaphysische Grundlage bzw. Erklärung des Schönen. Das Schöne ist von dieser Welt und nicht wie bei Platon Erscheinung einer (göttlichen) Idee. Seine Definition ist so simpel wie treffend: „Schön ist ... was an sich geschätzt wird und was Annehmlichkeit bereitet" (Aristoteles 2010).

Aristoteles wird damit seinem Ruf als Schüler und gleichzeitig großer Widerpart Platons mehr als gerecht. Zum einen kritisiert er massiv die platonische Transzendentaltheorie des Schönen. Zum anderen übernimmt er aber in seiner *Poetik* die maßästhetische Doktrin seines Lehrers. In dieser ältesten geschlossenen Abhandlung zum Thema Ästhetik (Waibl 2009), die leider nur mehr als Fragment verfügbar ist (nur der erste Band zur Theorie der Tragödie ist erhalten, der zweite Band zur Theorie der Komödie ist verschollen), wird das Schöne nicht nur in seiner Größe und in seinen Proportionen, sondern vor allem in seiner „Erfassbarkeit" und „Überschaubarkeit" (eusýnoptos – griech.: gut zu überschauen) begründet: „Wie also die Körper und Lebewesen eine bestimmte Größe haben müssen, und diese übersichtlich sein soll, so muss auch der Mythos eine bestimmte Länge haben; diese muss erinnerlich bleiben können." (Aristoteles 2010) Nur wenn etwas leicht zu erfassen ist und damit auch erinnerlich bleiben kann, kann es vom Menschen als Schönes erfahren werden. Dafür ist nach Meinung des Aristoteles nicht die Entsprechung des vom Menschen Wahrgenommenen mit einem göttlich Vorgegebenen nötig, etwas als schön zu erfahren ist vielmehr eine Möglichkeit, die uns Menschen per se gegeben ist.

In Diskussionen zur aristotelischen Ästhetik wird immer die zentrale Stellung der Katharsis hervorgehoben, wobei anzumerken ist, dass das Wort Katharsis in den uns heute zur Verfügung stehenden Fragmenten der von Aristoteles verfassten Poetik nur zweimal auftaucht: „einmal rätselhafter Weise in der Definition der Tragödie und ein anderes Mal in einem irrelevanten Kontext" (Pappas 2005). Ungeachtet dessen wird von den meisten die Katharsis doch als wesentliches Element des aristotelischen Schönheitsbegriffes angesehen. Das Schöne soll nach der Aristoteles in den Mund gelegten Meinung nämlich vor allem der Reinigung von schädlichen Affekten dienen. Für Aristoteles ist es aber nicht das Schöne selbst, das mittels der Tragödie Katharsis ermöglicht, sondern es ist vielmehr das durch die Tragödie induzierte Mitleid, das mit der damit im Zusammenhang entstehenden Furcht eine innere Reinigung zu bewirken imstande ist. Durch das Erleben von Mitleid und Furcht werden die Zuschauer im Sinne einer Affektabfuhr von den in ihnen im Alltag aufgestauten Affekten befreit (Pappas 2005). Es ist also nicht das Schöne, das bei Aristoteles heilt, sondern das wohldosierte (Nach-) Erleben von Mitleid und Furcht in einem geschützten Rahmen.

Auch wenn Aristoteles das Schönheitserleben schon als ein typisch menschliches Vermögen ansah, so hielt er doch daran fest, dass es letztendlich die Dinge bzw. die Situationen oder die Menschen selbst seien, die schön sind. Er ist demnach ebenso wie Platon davon überzeugt, dass das Schöne uns als etwas uns Vorgegebenes in Erscheinung tritt, nämlich dann, wenn wir unser ästhetisches Vermögen für uns nutzbar machen. Als Menschen sind wir primär dazu fähig, Schönes als schön zu erleben. Es braucht aber ein uns vorgegebenes Schönes, das wir als ein solches erleben können. Aristoteles ist damit einerseits noch in der Tradition verhaftet, das Schöne als eine besondere Eigenschaft von Dingen, welcher Art sie auch seien, aufzufassen. Gleichzeitig finden sich bei ihm (sowie auch rudimentär in Platons *Gastmahl*) schon erste Ansätze für eine weitere Tradition, nämlich jene, die üblicherweise erst der Aufklärung zugeschrieben wird und in der Maxime gründet, dass nicht nur das Schöne uns als Schönes affiziert, sondern dass dazu eine besondere Form der menschlichen Potentialität im Sinne einer Hinwendung zum Schönen erforderlich ist. Später wird man in diesem Zusammenhang von ästhetischer Erlebnisfähigkeit und ästhetischer Einstellung bzw. Grundhaltung („aesthetic attitude") sprechen (Giovannelli 2012), die es uns erst ermöglicht, Schönes als Schönes wahrzunehmen. Das Schöne wird hier also erstmals, zumindest bis zu einem gewissen Grad, auch „Menschenwerk".

Ist bei Platon das Schöne, zumindest das metaphysisch Schöne, das „Urschöne", die Idee des Schönen im Wesentlichen immer noch Gotteswerk, so wird bei *Quintus Septimius Florens Tertullianus* (genannt *Tertullian*; 150- ca.220 n. Chr.) das Schöne zum ersten Mal zu einem reinen Teufelswerk. Für Tertullian, den frühchristlichen Philosophen und Theologen, ist das Schöne nicht viel mehr als eine von Teufelshand geschaffene betrügerische Ablenkung vom eigentlich Wesentlichen, nämlich von jenem Heilsweg, der uns in ein besseres Leben nach dem irdischen Ableben hinführt. Die durch das irdisch Schöne bedingten weltlichen Freuden bringen seiner Ansicht nach den Menschen nur vom rechten Weg ab, dessen Ziel eben nicht auf dieser Erde, sondern erst nach dem Erdenleben in der Welt des Jenseits liegt (Osborn 1997). Damit wird neben den bisher genannten Traditionen eine weitere etabliert, nämlich die der Verdammung des Schönen als Satanswerk – eine Tradition, die zwar in der westlichen Philosophiegeschichte nur eine untergeordnete Rolle spielt, aber im religiös-politischen Alltagsleben des europäischen Früh- und Hochmittelalters bis hin zum Beginn der Aufklärung eine Hochblüte erlebt und sogar bis in unsere heutige Zeit, wenn auch in stark verdünnter Weise, erhalten bleibt.

Die Teufelswerkthese als schönheitsfeindlichen Auswuchs unserer Zeit finden wir heute allerdings keineswegs nur in extremen religiösen Sekten. Auch in manchen fundamental-katholischen, und vielleicht mehr noch in fundamental-protestantischen Kreisen stößt man immer wieder auf die Meinung, dass das Schöne, und hier ganz besonders das leiblich zu erfahrende Schöne, ein besonderes Gefahrenmoment für ein „tugendhaftes Leben im Glauben" darstellt. Man kann sich hierbei nur schwer des Eindruckes erwehren, dass der Hauptgrund für eine solche Lebenseinstellung in der Annahme liegt, dass man sich mit einem weitgehend freudlos geführten Leben eine Eintrittskarte in ein für nach dem Tod versprochenes Paradies löst. Aber auch selbst dort, wo religiöser Glauben keine bzw. bestenfalls eine Minimalrolle spielt, zeigen sich noch, wenn auch in weit abgemilderter Form, Auswirkungen der Teufelswerktradition: Das Schöne wird hier zwar als etwas Besonderes anerkannt, es darf aber nur dann genossen werden, wenn man vorher gut und hart gearbeitet hat, wenn man seine Leistung erbracht hat, oder besser noch, wenn man auch erfolgreich war. Schönes zu erleben, Schönes erleben zu dürfen wird hier nur dann akzeptiert, wenn es durch Leiden oder durch zumindest leidvolle Anstrengungen gleichsam ausgeglichen bzw. kompensiert werden kann.

Plotin (205-270 n. Chr.), der auch als Anwalt von platonischem Gedankengut auftritt, konterkariert schon wenige Jahrzehnte danach die von Tertullian grundgelegte Teufelswerktradition, wenn er dem Schönen wieder seinen angestammten Platz im Göttlichen erteilt. Er sieht das Schöne, ebenso wie schon Platon und Pythagoras vor ihm, als untrennbar mit dem Guten vereinigt, das wahre Schöne ist für ihn also immer ein göttlich Schönes. Plotin (2013) sieht sich mit seinem Denkheroen auch hinsichtlich der maßästhetischen Doktrin einer Meinung. Er geht in seinen Überlegungen zur Herkunft des Schönen aber noch einen Schritt über die Lehren des Platon hinaus und behauptet nicht nur, dass die Proportionen und die Harmonie einzelner Teile für die Schönheit ausschlaggebend wären, sondern dass jeder einzelne Teil, aus dem sich Harmonisches zusammensetzt, auch schön sein müsse; denn andernfalls wäre es ja möglich, dass Hässliches über ein harmonisches Zusammenspiel zum Schönen werden könnte.

Zusätzlich misst er in seiner Schönheitskonzeption auch dem Glanz eine besondere Bedeutung zu. Der sonnenhafte Glanz des Schönen ist der Abglanz eines überirdisch Schönen, der von uns, versehen mit einem „selbst sonnenhaften Auge", geschaut werden kann, wobei das aber nur dann möglich ist, wenn der schauende Mensch auch „ein moralisch geläuterter ist, der gleichsam von innen heraus strahlt" (Reinhard 2013). In seinen Enneaden führt er dazu aus: „Nie hätte das Auge jemals die Sonne gesehen, wenn es nicht selber sonnenhaft wäre; so kann auch eine Seele das Schöne nicht sehen, wenn sie nicht selbst schön ist" (Plotin 2013). Der „Glanz des Schönen" (Tartakiewicz 1979) trifft sich hier mit dem „Licht des Guten" (Liessmann 2009a) – eine Anschauung, die vor allem dann auch das Mittelalter sowohl in der Philosophie und philosophischen Theologie wie auch in den bildenden Künsten in ganz besonderer Weise prägt.

Schönheitsdiskurse im Mittelalter

Trotz der ungeheuren Wirkkraft der Plotin'schen Philosophie (und natürlich auch jener des Platon und Aristoteles) auf das mittelalterliche Kulturleben kann die von Tertullian zumindest mitgrundgelegte Tradition, das Schöne als verführerische Teufelsangelegenheit zu sehen, nicht zum Stillstand gebracht werden. Die Verdammung von allem lusterzeugenden leiblich Schönen bleibt als Parallelbewegung bestehen und zieht sich somit wie ein roter (weil auch blutgetränkter) Faden durch die Geschichte des europäischen Mittelalters, um in den Gräueltaten der Inquisition ihren Kulminationspunkt zu erreichen. Neben psychisch Kranken und politisch bzw. religiös anders Denkenden (eine scharfe Grenzziehung zwischen diesen beiden Gruppen wurde damals noch nicht getroffen), waren es nämlich vorzugsweise Menschen, die dem leiblich erlebten und erlebbaren Schönen frönten, sei es nun im Rahmen religiöser Riten oder auch in privatem Rahmen, die dann als Teufelsausgeburten nicht selten auf dem Scheiterhaufen endeten. Das Schöne wird hier nicht mehr gleichgesetzt mit dem Guten und Wahren, sondern mit dem Lustvollen und Lustbringenden, das seinerseits als Inbegriff des Teufelswerkes zu brandmarken ist.

In der Philosophie des Mittelalters wird die „Teufelswerkstradition" auch in einer gewissen Verschmälerung des Schönheitsbegriffes wirksam. Das Schöne wird nicht mehr in seiner Gesamtheit bearbeitet, sondern es werden nur mehr Teile davon in den philosophischen Diskurs aufgenommen, vor allem jene, die dann doch dem göttlichen Schönen zugerechnet werden können. Der das philosophische Mittelalter einläutende Philosoph und Kirchenmann *Augustinus von Hippo (354-430)* räumt in diesem Zusammenhang ein, dass es zwar schon ein leiblich Schönes gebe, das wir in unserem Inneren erleben können, dieses müsse aber doch vom göttlich Schönen, dem eigentlich Schönen getrennt bleiben, zumindest hinsichtlich unseres liebenden Zugangs zum Schönen. Nur das göttlich Schöne kann man lieben, weil man nur Gott selbst seine Liebe erweisen kann, indem man das eigentlich Schöne, eben das göttlich Schöne liebt. In seinen *Confessiones* (Augustinus 1980) führt er dazu aus: „ Nicht Körperschönheit und vergängliche Zier, nicht der Strahlenglanz des Lichts, so lieb den Augen, nicht köstlichen Wohllaut so vieler Instrumente, nicht den süßen Duft von Blumen, Salben, Spezereien, nicht Manna und Honig, nicht Glieder, die zur Umarmung locken – nein, das liebe ich nicht, wenn ich dich liebe, meinen Gott. Und doch ist's eine Art von Licht, von Stimme, Speise, Umarmung meines inneren Menschen."

Augustinus vertritt ebenso wie vor ihm Pythagoras, Platon und Plotin eine maßästhetische Schönheitsauffassung. Auch für ihn ist Schönheit eine objektive Dingeigenschaft. Dinge werden nicht erst dadurch zu schönen, weil sie uns gefallen. „Sie gefallen uns, weil sie schön sind", so Augustinus (1997). Schön ist, was durch sich selbst schicklich ist (quod per se ipsum teceret), zitiert er sich selbst in den *Confessiones* aus seinem heute verlorenen Werk *De pulchro* (Augustinus 1980, Jullien 2012). Im Unterschied zum „Angemessenen", das zu diesem aufgrund seiner Anpassung an etwas anderes wird, zeigt sich das Schöne in der Übereinstimmung eines Objekts mit dem, was es sein soll, oder besser mit dem, was ihm gut ansteht zu sein und was seine Vollkommenheit ausmacht. Das Schöne steht bei Augustinus, ebenso wie bei den Vorgenannten, in engstem Zusammenhang mit dem Guten und dem Wahren. Und damit verweisen die schönen Dinge auch auf ein „Urschönes", das bei Augustinus nicht mehr nur eine „göttliche Idee des Schönen", sondern Gott selbst ist. Neu ist hier der „Verweischarakter" der irdischen Schönheit (Waibel 2009): Schönes ist nicht nur für sich schön. Es ist auch nicht nur aufgrund einer ihm zugrundeliegenden (göttlichen) Idee schön, sondern das Schöne selbst verweist *in* seiner und *mit* seiner Schönheit auf Gott. Gott ist für Augustinus die absolute Schönheit und damit auch Quelle alles Schönen; die irdische Schönheit ist nur ein Abglanz von Gottes Schönheit (Waibel 2009).

Auch Boethius (480-526) unterscheidet zwischen einem weltlichen Schönen und einem göttlichen Schönen. Erstgenanntes ist dabei eine „Spur", die zwar hinterlassen vom wirklich Schönen und damit auch Göttlichen, sich doch fernab des göttlich Schönen findet. Boethius ist in seinem Schönheitsdiskurs, der vor allem die Musik im Visier hat, einerseits deutlich vom pythagoreischen Gedankengut beeinflusst – er misst den Zahlenverhältnissen und den mathematischen Operationen eine konstitutive Rolle beim Zustandekommen des Schönen zu – und andererseits wesentlich von arabischer Weisheit geprägt, was ihn dazu veranlasst, das irdische Schöne nur als ein uns Erscheinendes zu sehen, das untrennbar an unsere Sinneswahrnehmung und damit auch an unser Leben gebunden ist. Musik ist Leben, Leben ist Musik – auch wenn sie bzw. es immer nur in unvollkommener Weise von uns wahrnehmbar ist. Die Sinneswahrnehmung hindert uns in ihrer Unvollkommenheit daran, das hinter bzw. unter dem oberflächlichen Schein des irdisch Schönen sich befindende wirklich Schöne, das göttlich Schöne auszumachen. In seinem Werk De *consolatione philosophiae* (Boethius 2002) bemerkt er dazu: „es ist nicht deine Natur, sondern die Schwäche der Augen des Betrachters, das dich als schön erscheinen lässt." Das Schöne, das für uns wahrnehmbare und erfahrbare Schöne, wird hier zum Werk der Schwäche eines unvollkommenen Menschen.

Eine besondere Variante des (göttlichen) Zugangs zum Schönen finden wir bei Alcuin of York (735-804), dem wichtigsten Berater von Karl dem Großen. Er meint, dass alle schönen Dinge letztendlich nur den Bauplan Gottes reflektieren. Das Schöne ist gleichsam der ultimative Ausgangspunkt und Grund für die göttliche Schöpfung. Dementsprechend repräsentiert das Schöne nicht nur die (göttliche) Wahrheit, sondern es ist, eben wie die ganze Schöpfung, selbst göttliche Wahrheit. Auch für John Scotus Eriugena (810-877), den irischen Theologen und neuplatonischen Philosophen, ist das Universum, als Manifestation von Gott, als eine „komplexe symphonische Einheit" anzusehen, in der die sinnliche Schönheit eine Hauptstimme spielt (Garfagnini 2012).

Franz von Assisi (1181-1226), bekannt als Gründer des Franziskanerordens, geht in gleicher Richtung noch einen Schritt weiter, wenn er behauptet, dass das ganze Universum in all seinen Ausgestaltungen und Ausprägungsformen als Teil göttlicher Schönheit glanzvoll ist. Spätestens hier wird der enge Zusammenhang von Schönem und Sublimem, also zwischen dem, was uns erfreut, und dem, was uns erhebt, spürbar. Das Schöne ist nicht mehr nur ein Schönes im engeren Sinn, eben das, was gefällt, sondern es ist gleichzeitig immer auch das Erhabene und somit das, was uns am über uns Hinausreichenden teilhaben lässt.

Pseudo-Dionysius Areopagita, ein namentlich unbekannt gebliebener christlicher Autor des frühen sechsten Jahrhunderts, der aber mit den unter diesem Pseudonym verfassten Schriften großen Einfluss auf die mittelalterliche Geisteswelt ausübte, legt in seiner Abhandlung mit dem Titel *De divinis nominibus* seinen Hauptfokus auf den Lichtcharakter sowohl des Schönen wie auch des Guten. Für ihn ist der Glanz des Schönen immer auch Ausdruck eines Glanzes des Guten. Das Licht, dessen Schönheit sowie Symbolik als das Gute und als das unseren Geist erhellende und demnach letztendlich auch das Göttliche Repräsentierende, spielt auf ihn aufbauend in der mittelalterlichen Weltsicht eine zentrale Rolle. Robert Grossesteste (1175-1253), Bonaventura di Bagnoregio (1221-1274), Albert der Große (1193-1280) und natürlich ganz besonders Thomas von Aquin (1225-1274) können hier als weitere Beispiele angeführt werden. Sie alle stellen das Licht und die dadurch ermöglichten Farben ins Zentrum ihrer Schönheitskonzepte.

Die Bedeutung, die Licht und leuchtende Farben für Menschen im Mittelalter hatten, wird am eindrucksvollsten in den Werken der gotischen Kathedralbaukunst und hier im Besonderen in der gleichzeitig aufblühenden Glashandwerkskunst sichtbar. Das großartige statische Wissen dieser Zeit und der Mut und Wille, Großes zu schaffen, erlaubt den Bau von wundervollen Kathedralen mit vielen großflächigen Öffnungen. Diese werden dann mit Glasfenstern ganz besonderer Art versehen. Nicht nur die Reinheit des Glases ist nunmehr das Hauptziel, sondern vor allem eine licht- und damit farbverstärkende Wirkung des Glases. Dieses Aufleuchten des Glases bei Sonnenlicht kann heute leider nur noch selten bewundert werden, da die meisten mittelalterlichen Glasfenster entweder von Menschenhand oder durch Naturgewalt zerstört wurden. Eine der letzten Möglichkeiten, ein solches Lichtwunder noch zu erleben, bietet das große Glasfenster aus dem 12. Jahrhundert rechts vom Königsportal in der Kathedrale Notre-Dame in Chartres. Jeder, der ein Glasfenster aus dieser Zeit mit einem in späterer Zeit geformten vergleicht, kann nicht nur erahnen, was Glaskunsthandwerker im Mittelalter im Vergleich zur Gegenwart zu leisten vermochten, sondern weiß auch um die Bedeutung von Licht und Leuchtkraft der Farben für Menschen im Mittelalter.

Thomas von Aquin genügen weder Wohlproportioniertheit noch glanzvolles Leuchten, um etwas als schön auszumachen. Es braucht dazu vor allem „claritas", Klarheit und Transparenz, sowie „integritas", Vollständigkeit und Unversehrtheit (Kovach 1961). Nur dann, wenn neben Wohlproportion und Glanz auch Klarheit und Unversehrtheit vorhanden sind, darf vom eigentlich Schönen, vom gottgegebenen Schönen gesprochen werden. Damit ist auch die höchste Anspruchsstufe des „Dingschönen", des Gegenstandsschönen oder, wie wir es später bezeichnen werden, des „Werkschönen" erreicht: Das schöne Ding besticht durch Harmonie, Leuchtkraft, Transparenz und Vollständigkeit.

Schönheitsdiskurse in der Neuzeit

Während bis in das 18. Jahrhundert hinein sich die Bemühungen um Auslotung dessen, was wir als „schön" bezeichnen, vor allem auf die Suche nach dem eigentlich Schönen, dem Wesen des wirklich Schönen, des absoluten bzw. objektiven Schönen konzentrieren und hier in erster Linie Eigenschaften bzw. Verhältnisse von Gegenständen, Situationen oder Menschen diskutiert werden, die etwas zu etwas Schönem machen, beginnt man in der neuzeitlichen Ästhetik neue Wege einzuschlagen. Es ist nicht mehr das uns gegenüberstehende Schöne, das schöne Ding, auf das fokussiert wird, sondern es ist nunmehr der das Schöne wahrnehmende Mensch, der ins Zentrum des Interesses rückt. Hier sind vor allem Philosophen wie Giordano Bruno (1548-1600), René Descartes (1596-1650) und Thomas Hobbes (1588-1679) zu nennen, die als erste diese neuen Wege gehen. Sie suchen nicht mehr, wie z.B. noch Platon, nach dem Wesen bzw. nach der Idee des Schönen, sondern sie sehen die Schönheit als das Ergebnis einer speziellen Wahrnehmungsfähigkeit des Menschen. Schönheit wird zum Ausdruck einer individuellen und damit immer auch subjektiven Wahrnehmung und Bewertung.

Am Beginn der Neuzeit betrachtet der Philosoph, Priester und Dichter Giordano Bruno das Schöne zwar einerseits noch, wie die meisten antiken und mittelalterlichen Denker vor ihm, als etwas, das in engem Zusammenhang mit dem Guten und dem Wahren steht, andererseits ist für ihn das Schöne im Kern schon ein subjektiv erlebtes Schönes. In seiner um 1591 erschienenen Abhandlung *De vinculis in genere* (Über fesselnde Kräfte im allgemeinen) schreibt er: „ ... es gibt nichts absolut Schönes, das fesselt wie ein Angenehmes, ein absolut Gutes, welches locket wie ein Nützliches. Nichts ist absolut groß, wenn es begrenzt ist. Was die Schönheit betrifft, so berücksichtige, dass der Affe der Äffin, der Hengst der Stute gefällt, nicht einmal Venus wirkt ohne Mensch oder eine andere Art von Heroen." (Bruno 1995). Für Giordano Bruno gibt es demnach kein uns objektiv vorgegebenes Schönes. Das Schöne ist für ihn auch nicht mehr Ausdruck bzw. Abbild einer göttlichen Idee oder überhaupt von Gott selbst – ein in diesem Sinne absolut Schönes negiert er sogar expressis verbis –, das Schöne ist für ihn vielmehr einzig und allein Resultat einer menschlichen Fähigkeit, Schönes zu erfahren und zu erleben. Giordano Bruno räumt zwar ein, dass auch dem Tier die Möglichkeit gegeben ist, Angenehmes zu erleben; seiner Ansicht nach ist dies allerdings nur im Rahmen von Artgleichheit möglich. Einzig und allein der Mensch ist darüber hinaus dazu befähigt, Schönes auch außerhalb seiner Art zu erfahren.

Das Schöne wird so zur individuellen Angelegenheit des Menschen und rückt damit aus dem Olymp des Objektiven in das Reich des (nur mehr) Subjektiven. Aber dessen nicht genug: Giordano Bruno individualisiert nicht nur das Schöne, sondern verfährt auch in gleicher Weise mit dem Guten. „Was das Gute angeht", schreibt er in *De vinculis in genere* weiter, „so ziehe in Betracht, dass das Allgemeine aus Gegensätzlichem besteht, wie für die einen Liebenden das Gute unter den Wellen, für andere aber auf dem Trockenen liegt. Für die einen liegt es auf den Bergen, für die anderen in der Ebene, für gewisse im Tiefen, für andere im Hohen". Es ist unschwer nachzuvollziehen, dass ihm solche Sätze in der Zeit der Inquisition nicht wohl bekommen konnten; die Todesstrafe war die unausweichliche Folge. Als offiziellen Grund für die „Notwendigkeit" seiner 1600 von der Inquisition verordneten öffentlichen Verbrennung am Campo dei Fiori in Rom wurde zwar seine standhafte Weigerung, Jesus Christus als den Sohn Gottes, anzuerkennen angeführt. Der wahre Grund lag aber mit hoher Wahrscheinlichkeit darin, dass er in seinem Denken seiner Zeit so weit voraus war, dass dies unweigerlich zu Konflikten mit und zu Ablehnung durch die Mächtigen seiner Zeit führen musste – ein Schicksal, das er mit einigen anderen großen Denkern teilt, von denen viele aber das Privileg hatten, in einer nicht so ungeheuerlich diabolischen Zeit leben zu müssen, in der vom allgemeinen Gedankenstrom abweichende philosophisch-wissenschaftliche Überzeugungen gleich mit dem Tode zu bezahlen waren.

Es braucht dann mehr als 150 Jahre, bis einerseits der schottische Philosoph David Hume und andererseits der englische Politiker und Philosoph Edmund Burke nahezu zeitgleich das Thema der Individualisierung des Schönen aufgreifen. David Hume (1711-1776) schreibt in einem 1757 erschienen Essay mit dem Titel *Of the Standard of Taste* die in der Zwischenzeit klassisch gewordenen Sätze: „Schönheit ist keine Qualität in den Dingen selbst; sie existiert lediglich im Geist dessen, der sie betrachtet; und jeder Geist nimmt eine andere Schönheit wahr... über Geschmack lässt sich nicht streiten" (Zalta 2014) und negiert damit völlig die Existenz eines objektiv Schönen. Ebenso wie Giordano Bruno spricht auch er einer Individualisierung des Schönen das Wort, wobei er im Vergleich zu diesem eine noch extremere These vertritt, nämlich jene, dass das Schöne überhaupt nur im Geiste dessen existiert, der es in seiner Betrachtung erst selbst erschafft.

Im selben Jahr publiziert Edmund Burke (1729-1797) *A philosophical Inquiry into the Origin of our Ideas of the Sublime and the Beautiful*, das rasch zum ästhetischen Standardwerk avancierte. Auch für Burke (1757/1998) ist Schönheit nichts mehr als eine sinnliche Angelegenheit des Individuums, die daher im Bereich des Subjektiven zu verorten ist; auch er lehnt das Konstrukt eines objektiven Schönen ab. Er inkludiert in seinen Schönheitsdiskurs aber noch den Begriff des Erhabenen, des Sublimen. Dieses individuelle Gefühl des Erhabenen ist für ihn weit stärker als jenes für das bloß Schöne. Bei aller Subjektivität des Schönen und des Erhabenen ist der für das Erfahren von beiden ausschlaggebende Geschmack, und damit natürlich wieder auch indirekt das Schöne selbst, für ihn (ebenso wie übrigens für David Hume) nicht etwas völlig Beliebiges. Burke unterscheidet zwischen einem „natürlichen" und einem „erworbenen" Geschmack. Ersterer ist uns allen in gleicher Weise von Natur aus gegeben. Er zeichnet dafür verantwortlich, dass wir alle Süßes als gut schmeckend – im Norddeutschen finden wir hier die richtigere Bezeichnung „schön schmeckend" – bewerten. Der erworbene Geschmack ist jedoch nicht natürlich vorgegeben, er ist vielmehr das Resultat unserer eigenen ästhetischen Entwicklungsarbeit. Dieser erworbene Geschmack ermöglicht es uns, etwas anderes demjenigen als schön vorzuziehen, das aufgrund des natürlichen Geschmacks schon als Schönes bewertet wurde, wie beispielsweise ein bitteres Bier einem Stück süßer Torte. Auf diese Weise wird auch elegant die empirische Tatsache erklärt, dass man trotz so hoher interindividueller Übereinstimmungen im Bereich der Schönheitsbeurteilungen doch immer wieder mit abweichenden Urteilen Einzelner konfrontiert ist.

Auch für Immanuel Kant (1724-1804) ist das Schönheitsurteil eine subjektive Angelegenheit des Individuums und damit auch primär nicht von allgemeiner Gültigkeit. Sobald wir ein Schönheitsurteil fällen, also etwas als schön beurteilen, ist es seiner Meinung nach unser zentrales Bestreben, dass das Ergebnis dieses Urteils, das für den Einzelnen Schöne, auch als allgemeingültig Schönes anerkannt werde. In seiner im Jahre 1790 erschienenen *Kritik der Urteilskraft*, die als ein zentrales Werk zur Ästhetik überhaupt gilt, führt er dazu aus: „Das Geschmacksurteil selbst postuliert nicht jedermanns Einstimmung (denn das kann nur ein logisch allgemeines, weil es Gründe anführen kann); es sinnet nur jedermann diese Einstimmung an ... Wer etwas für schön erklärt, will, dass jedermann dem vorliegenden Gegenstand Beifall geben und ihn gleichfalls als schön erklären solle" (Kant 1790/1995b). Das Schöne ist auch für ihn, trotz aller Subjektivität, nicht etwas Beliebiges. Er stellt sich damit in eine Reihe mit Hume und Burke. Der Grund für die Nichtbeliebigkeit des Schönen ist bei ihm jedoch ein anderer. Er unterscheidet nicht mehr zwischen natürlichem und erworbenem Geschmack, sondern argumentiert, dass es die Bedingungen für das Geschmacksurteil selbst wären, die eine Beliebigkeit desselben ausschlössen.

Für das Geschmacksurteil ist nicht nur das Gefühl ausschlaggebend, das zwar am Anfang des Schönheitsurteils steht, den Urteilsprozess aber nicht nur induziert, sondern auch promotiert: „Die Lust ist ... im Geschmacksurteile zwar von einer empirischen Vorstellung abhängig, und kann a priori mit keinem Begriffe verbunden werden... aber sie ist doch der Bestimmungsgrund dieses Urteils ..." (Kant 1790/1995b) Irgendein im Angesicht des Schönen erfahrenes Wohlgefühl, das in Kant'scher Diktion Lust heißt, reicht allein keineswegs aus, um ein Geschmacksurteil zu generieren. Für Kant ist das Typische des Schönen, dass es ein „*interesseloses* Wohlgefallen" (Kant 1790/1995b) auslöst. Mit der Wahl des interesselosen Wohlgefallens als Charakteristikum des Schönheitserlebens weist uns Kant auf Zweifaches hin. Zum einen auf das, was er als Wohlgefallen versteht, nämlich eine Harmonie aus emotionaler Reaktion (dem Wohlgefühl, der Lust) auf das Schöne und eine gleichzeitig stattfindende kognitive Verarbeitung dieser Empfindung im Rahmen eines Erfahrungsprozesses. Zum Wohlgefallen braucht es aus seiner Sicht immer beides: Emotion und Kognition. Die Beurteilung, ob etwas schön sei oder nicht, ist für ihn daher weder nur kognitives noch nur emotionales Geschehen und niemals nur eine Art Gefühlsduselei. Zum anderen betont Kant eine „Interesselosigkeit im Wohlgefallen" und meint dabei etwas, „was ohne Begriff allgemein gefällt" bzw. wie er es im Weiteren noch deutlicher ausdrückt: etwas, das sich durch „Zweckmäßigkeit ohne Zweck" auszeichnet (Kant 1790/1995b). Die Beurteilung des Schönen erfolgt demnach begriffs-und zweckunabhängig. Nicht die Funktion bzw. die Verwendungsmöglichkeiten sind hier Fokus; der einzige Zweck der Schönheitsbeurteilung ist und bleibt das Schönheitsurteil selbst.

Um etwas als schön beurteilen zu können und zu dürfen, ist aber noch mehr vonnöten. Schönheitsurteile im Kant'schen Sinn sind nämlich nicht nur auf das Schöne selbst ausgerichtet, sondern sie sind – und das ist sein Hauptargument dafür, warum Schönheitsurteile niemals beliebig sein können – zugleich auch das „Symbol des Sittlich-Guten". Nur was sittlich-gut ist, kann auch schön sein. Für Kant besteht, ganz so wie z.B. für Pythagoras, Platon und Aristoteles ein untrennbarer Zusammenhang zwischen dem Guten und dem Schönen, und demnach auch zwischen einem guten und damit echten Geschmack einerseits und einer im Sittlich-Guten begründeten Humanität und moralischen Kultur andererseits. Dieses Sittlich-Gute ist letztendlich a priori gegründet und daher niemals Beliebiges, womit auch das darauf aufbauende Geschmacksurteil und damit die Schönheit nichts Beliebiges mehr sein kann.

Der Dichter, Mediziner und Philosoph Friedrich Schiller (1759-1805) ist seiner philosophischen Herkunft und Ausrichtung nach durchaus noch Kantianer (Schiller 1791/1992), trotzdem unterscheidet er sich in einigen seiner Denkfiguren wesentlich von seinem Lehrmeister. Das Schöne ist für ihn das, was den Menschen in einen ästhetischen Zustand versetzen kann. Dieser ästhetische Zustand ist für den Menschen insofern von existentieller Bedeutung, als er allein eine Harmonisierung von Geist und Sinnlichkeit bewirken kann und damit Menschwerdung im ganzheitlichen Sinn ermöglicht. In der Schiller'schen dualistischen Sicht auf den Menschen besteht dieser einerseits aus Natur und andererseits aus Geist. Er ist damit sinnliches und geistiges Wesen zugleich, wobei sich der Naturanteil im sogenannten Stofftrieb entäußert, während der Geist im Formtrieb mit seinen Wirkungen sichtbar wird. Die Lebenskunst besteht für ihn somit darin, beide Triebe, den Stoff- und den Formtrieb in ein harmonisches Gleichgewicht zu bringen. Schönheit wird damit zur „Bürgerin zweier Welten“ (Schiller 1791/1992), einer geistigen und einer sinnlichen Welt. Nur durch ästhetische Erziehung können wir in gleichzeitigem Fokussieren auf das Sinnliche sowie auch auf das Geistige zum ganzen Menschen werden. Das Schönheitserleben wird damit über das Erleben des Angenehmen hinaus zu einem unverzichtbaren Faktor in der Entwicklung des Menschen und damit zum menschenkonstituierenden Moment schlechthin.

Auch Arthur Schopenhauer (1788-1860) legt seinen Schwerpunkt auf die existentielle Funktion des Schönen. Hier ist das Schöne allerdings nicht menschenkonstituierendes Moment, sondern hochwirksames Gegenmittel für das in der Welt ubiquitär anzutreffende Leid. Schopenhauer sieht das Leben als Leidensweg. „In meinem siebzehnten Jahre ohne alle Schulbildung, wurde ich vom Jammer des Lebens so ergriffen, wie Buddha in seiner Jugend, als er Krankheit, Alter, Schmerz und Tod erblickte“ (Schopenhauer 1985). Dieser Schmerz, dieses Leiden ist für ihn das Werk eines Willens, einer dunklen Urkraft, die in uns allen wirkt und uns und alles bewegt. „Denn alles Streben entspringt aus Mangel, aus Unzufriedenheit mit seinem Zustande, ist also Leiden, solange es nicht befriedigt ist. Keine Befriedigung aber ist dauernd, vielmehr ist sie stets nur der Anfangspunkt eines neuen Strebens. Das Streben sehen wir überall vielfach gehemmt, überall kämpfend. Solange also immer als Leiden: kein letztes Ziel des Strebens, also kein Maß und Ziel des Leidens“ (Schopenhauer 1818/1977). Das einzige Mittel gegen diesen Willen, gegen diese alles treibende Kraft, die ob ihrer notorischen Unbefriedigtheit auch immer zerstörerisch wirkt, ist das Schöne. Es ist allein imstande, die Wirkkraft des Willens einzudämmen. Das Schöne wirkt quasi als Beruhigungsmittel auf den immer fortschreitenden Willen, oder, wie es Schopenhauer mit einem von ihm kreierten Kunstwort umschrieb, als „Quietiv“

(lat. quies = Ruhe). Aufgrund der Wirkung des Schönen „wendet sich (der Wille) nunmehr vom Leben ab: ihm schaudert jetzt vor dessen Genüssen, in denen er die Bejahung desselben erkennt. Der Mensch gelangt zum Zustande der freiwilligen Entsagung, der Resignation, der wahren Gelassenheit und gänzlichen Willenslosigkeit“ (Schopenhauer 1818/1977).

Ebenso wie Schopenhauer interessiert auch den dänischen Philosophen und Dichter Sören Kierkegaard (1813-1855) das Schöne nicht so sehr als „l'art-pour-l'art“-Phänomen, dessen Wesen es aufzuklären gilt. Auch er fokussiert in seinen Überlegungen zum Schönen vielmehr auf die Wirkkräfte des Schönen; allerdings nicht, wie noch Schopenhauer, auf eine etwaige Erlöserfunktion des Schönen, sondern für ihn ist Schönes zuvorderst Verführerisches. In seinem im Jahre 1843 noch unter dem Pseudonym Victor Eremita (der siegreiche Einsiedler) veröffentlichten Hauptwerk *Entweder – Oder. Ein Lebensfragment* (Kierkegaard 1843/2007) beschäftigt er sich ausführlich mit dem Schönen als Instrument der Verführung. Schönes verführt hier nicht einfach nur, sondern ist gleichzeitig auch der Urgrund allen Begehrens. Nie bleibt Schönes, wenn wir es als solches erleben, ohne Wirkung. Es ist für uns im wahrsten Wortsinn attraktiv (lat. trahere, tractum ‚ziehen‘; ad ‚zu‘): Es zieht uns an, es verführt uns, und es hilft uns auch andere zu verführen. Es kann uns sogar dazu verführen, dass wir etwas tun, was wir primär gar nicht tun wollten. Das Schöne ist dann nicht mehr nur verführerisch, sondern kann uns auch überwältigen und uns so in seinen Bann ziehen, dass wir ihm nicht mehr entkommen können. Dieses Nicht-entkommen-*K*önnen mutiert dabei fast zu einem Nicht-mehr-entkommen-*Wollen*. So betrachtet ist zwar eine Überwältigung durch das Schöne nahezu ausgeschlossen; hinsichtlich seiner Urgewalt und Überwältigungskraft sind aber durchaus Parallelen erkennbar.

Das Schöne wirkt aber nicht nur leidensvermindernd und auch nicht nur verführerisch; es induziert auch nicht nur Begehren, sondern es ist darüber hinaus oft auch Verheißung und Versprechen. „La beauté n' est que la promesse du bonheur“, stellt Henri Beyle, besser bekannt unter seinem Autorenpseudonym Stendhal (1783-1842), in seiner Physiologie der Liebe, betitelt mit *L' amour* , Über die Liebe fest (Stendhal 1842/1979). Schönheit ist nur und nichts anderes als Verheißung von Glück. Für Stendhal ist daher Schönheit letztendlich auch nur Schein. Wir erfahren das Schöne zwar im durch es verursachten und für uns erlebbaren Wohlgefühl; es bleibt dabei aber immer nur Verweis auf etwas Nachfolgendes. Der schöne Schein verheißt etwas – im Sinne Stendhals ist das, was uns hier verheißen wird, das Glück des Lebens – und ist und bleibt daher „Vorschein" (siehe auch: Bloch 1974). Als Verweis auf Nachfolgendes hat das Schöne aber nicht nur Wirkung auf unsere Vorstellungen, sondern auch auf unseren Handlungsvollzug. Schönes wird auf diese Weise zur Triebfeder unseres Handelns. Auf die Wirkkraft des Schönen in all ihren Ausrichtungen wird im späteren Kapitel „Der Wille zum Schönen als Naturkraft" noch detailliert einzugehen sein. Hier sei nur bereits so viel festgehalten, dass das Schöne nicht nur einfach schön ist, also nicht simpel nur als Schönes wahrgenommen, registriert wird, sondern dass dem Schönen immer auch Wirkkraft innewohnt, zum Ersten natürlich im Sinne einer Wirkkraft auf unser Gefühlsleben, zum Zweiten auf unsere Vorstellungswelt und nicht zuletzt auch auf unseren Handlungsvollzug.

Dass das Schöne in besonderer Weise auf uns wirkt und uns damit auch bewegt, dessen war sich auch schon der Hauptvertreter des deutschen Idealismus, Georg Wilhelm Friedrich Hegel (1770-1831), bewusst. Er sieht ebenso wie nach ihm dann Schopenhauer und Stendhal (und viele andere mehr) das Schöne als Schein. Immer wieder betont er in seinen Vorlesungen über die Ästhetik, die er zwischen 1817 und 1829 hält und die von seinem Schüler H.G. Hotho niedergeschrieben werden, dass „schön" und „Schein" auch einen etymologischen Zusammenhang aufweisen (Hegel 1842/1976). Seiner Ansicht nach ist das Wort *schön* auch von *scheinen* herzuleiten, eine Meinung, die auch der Sprachforscher und Etymologe Jakob Grimm (1785-186) vorerst noch teilt. Dem Grimm'schen Deutschen Wörterbuch (Grimm & Grimm 1854/1999) ist allerdings zu entnehmen, dass man *schön* in neuerer Zeit eher mit *schauen* als mit *scheinen* verwandt hält. Wir lesen dort, dass, falls nun wirklich ein etymologischer Zusammenhang mit *schauen* besteht, die ursprüngliche indifferente Bedeutung nun insofern prägnant geworden wäre, als das Wort dann auf das, was in die Augen fällt, auf Glanz, Helligkeit, Klarheit bezogen wird.

Im Gegensatz zu Schopenhauer ist für Hegel das Schöne aber nicht bloß Schein, sondern das sinnliche Scheinen einer Idee, womit das Schöne für ihn zwischen Sinnlichem und Geistigem anzusiedeln ist. Es ist die durch den Geist geborene Gestalt der Idee in sinnlicher Form. „Das Schöne hat sein Leben an dem Scheine ... der Schein selbst ist dem Wesen wesentlich, die Wahrheit wäre nicht, wenn sie nicht schiene und erschiene“ (Hegel 1842/1976) Schein ist für Hegel also nicht bloß Künstliches, Illusionäres und Vorgetäuschtes. Ganz im Gegenteil, dieser Schein, dieses Scheinen (durchaus auch im Sinne eines Erscheinens) macht das Wesen des Schönen aus, ebenso wie der Schein auch Kernstück des Wesens der Wahrheit ist. Mehr als ein Jahrhundert später wird Heidegger diesen Gedanken, Wahrheit als Schein und damit auch als etwas Erscheinendes aufzufassen, in seinem Hauptwerk *Sein und Zeit* vertiefend elaborieren und dabei auf die griechische Bezeichnung von Wahrheit, „aletheia (a- leitheia – griech: das Un-verborgene), verweisen. In der Wahrheit erscheint uns das Verborgene als Unverborgenes. „Wahrsein als entdeckend-sein ist eine Seinsweise des Daseins.“ (Heidegger 1927/2006)

Um dieses Schöne überhaupt als Schein der Wahrheit auch sinnlich ent-decken zu können, es wahrnehmen, erfahren und erleben zu können, dafür braucht es Hegels Meinung nach als Grundvoraussetzung die „Ästhetische Einstellung“, als besondere Form der Hinwendung und Zuwendung aber auch des sich Verhaltens einem Gegenstand, einer Situation, einem Lebewesen etc. gegenüber. Hegel grenzt diese „ästhetische Einstellung“ – später wird dieser Begriff sinnüberlappend durch den der „ästhetischen Haltung“ (engl. „aesthetic attitude“) ersetzt werden (Bernegger 2011) – als besondere Verhaltensform von der sinnlichen Begierde ab. „In solchem Verhältnis nun der Begierde steht der Mensch zum Kunstwerk nicht. Er lässt es als Gegenstand frei für sich existieren und bezieht sich begierdelos darauf ... Von dem praktischen Interesse der Begierde unterscheidet sich das Kunstinteresse dadurch, dass es seinen Gegenstand frei für sich bestehen lässt, während die Begierde ihn für ihren Nutzen zerstörend verwendet.“ (Hegel 1842/1976) Um Missverständnisse zu vermeiden, sei hier angemerkt, dass, wenn Hegel von Kunst spricht, er – wie Elmar Waibel in seiner *Ästhetik und Kunst. Von Pythagoras bis Freud* ganz zu Recht ausführt – nicht nur Objekte der Kunst, die wir heute als „Museumskunst“ kennen, im Auge hat, sondern „Gegenstände der ästhetischen Erfahrung allgemein“ (Waibel 2009), also das Schöne schlechthin. In der Einleitung zu seinen Vorlesungen stellt er fest, dass, wenn er von Ästhetik spricht, er damit „das weite Reich des Schönen“ meint und als Einschränkung, quasi erst in zweiter Linie, die schöne Kunst als Teilmenge davon sieht: „... und näher ist die Kunst und zwar die schöne Kunst ihr Gebiet."

In einem weiteren Schritt trennt Hegel die ästhetische Einstellung, die in seiner Diktion zugleich Kunstinteresse und Kunstbetrachtung ist, also zugleich Interesse am Schönen und besondere Betrachtungsweise des Schönen, dann auch von einem theoretisch wissenschaftlichen Zugang zum Schönen ab. „Von der theoretischen Betrachtung wissenschaftlicher Intelligenz ... scheidet die Kunstbetrachtung sich ... ab, indem sie für den Gegenstand in seiner einzelnen Existenz Interesse hegt und denselben nicht zu seinem allgemeinen Gedanken und Begriff zu verwandeln tätig ist ... Die theoretische Betrachtung der Dinge hat nicht das Interesse, dieselben in ihrer Einzelheit zu verzehren (wie die ‚sinnliche Begierde' es macht).... sondern sie in ihrer Allgemeinheit kennenzulernen, ihr inneres Wesen und Gesetz zu finden und sie in ihrem Begriff nach zu begreifen ..." (Hegel 1842/1976). Die ästhetische Einstellung hat also nichts mit sinnlicher Begierde auf der einen Seite und wissenschaftlicher Beschäftigung mit dem Schönen auf der anderen Seite gemein. Sie ist aber die für den Menschen wesentlichste Voraussetzung, um Schönes überhaupt in seiner ganzen Schönheit erleben zu können.

Nur emotionales Erleben ist dabei zu wenig; ausschließlich kognitiv analytischer Zugang ist es ebenfalls. Erst wenn wir uns sowohl emotional auf das Schönheitserleben einstimmen als auch kognitiv auf das Schöne vorbereiten, können wir es in seiner ganzen Blüte erleben. Ästhetische Einstellung ist zugleich emotionale Einstimmung und kognitive Einstellung auf das Schöne. Als besondere Form der Hin- und Zuwendung öffnet sie uns nicht nur das Tor zum Schönen, sondern ermöglicht es uns auch, ästhetische Koordinaten festzulegen, mit deren Hilfe wir das Schöne seinen Ausrichtungen und Wirkungen nach, also in seinen ästhetischen Vektoren bestimmen können (Bernegger 2011). Schönheitserleben wird damit zu einem komplexen emotional-kognitiven Geschehen, das einer besonderen Zugangsform bedarf; erst dann, wenn wir uns auf das Schöne ausrichten und uns auf die Schönheitserfahrung vorbereiten, können wir es auch in seiner ganzen Fülle erleben – uns den Blick für die ästhetische Einstellung als Grundvoraussetzung des Schönheitserlebens zu ermöglichen und zu schärfen, dafür haben wir Hegel zu danken.

Hegels Konzeption der ästhetischen Einstellung ist aber nicht nur von theoretischem Interesse, sondern auch von enormer praktischer Bedeutung. Ästhetische Einstellung ist in ihrer Vollfunktion nämlich nichts von der Natur aus Vorgegebenes, sondern im Wesentlichen eine Kulturleistung des Menschen. Sie kann von ihm selbst entfaltet und auch weiterentwickelt werden. Selbst dort, wo Menschen aufgrund von schwerer Krankheit und massivem Leiden nicht mehr (oder nur mehr in höchst eingeschränktem Maße) fähig sind, sich dem Schönen zuzuwenden, kann durch entsprechende Maßnahmen der Perspektivenumkehr und Neufokussierung eine ästhetische Grundeinstellung wieder so weit erlangt werden, dass Schönheitserlebnisse zumindest wieder in Reichweite gelangen (Musalek 2010a). Ästhetische Einstellung kann also gefördert, entfaltet, entwickelt, verfeinert und kultiviert werden, womit nicht nur neue Zugänge zum Schönen geschaffen werden, sondern auch bis dahin verschlossen gebliebene Tore zu neuen Weltzugängen geöffnet werden. Darin liegt auch ihr großes Potential – und auch ihre Bedeutung für unser tägliches Leben.

Ebenso wie die Hegel'sche Schönheitskonzeption ist auch diejenige von Friedrich Nietzsche (1844-1900) von außerordentlicher praktischer Relevanz. Nietzsche, dieser im wahrsten Wortsinne außergewöhnliche Denker der zweiten Hälfte des 19. Jahrhunderts, dem Neuorientierung, Umwertung und Neubewertung lebensprogrammatisch sind, sieht das Schönheitserleben weder als rein kognitives Urteilen noch als ein pures emotionales Schwelgen. Seine Schönheitskonzeption ähnelt auf den ersten Blick jener Hegels, auch er sieht das Erleben von Schönem als einen komplexen emotional-kognitiven Prozess. Im Unterschied zu Hegel hat das für ihn allerdings nichts mit einem Zusammenspiel von Körper und Geist zu tun. Da er jedwede Form eines Köper-Geist- bzw. Körper-Seele-Dualismus strikt ablehnt und diese durch eine mehrperspektivische Leibkonzeption ersetzt, ist für ihn das menschliche Schönheitserlebnis in all seiner Komplexität ein „leibliches" Geschehen. „‚Leib bin ich und Seele' – so redet das Kind. Und warum sollte man nicht wie Kinder reden? Aber der Erwachte, der Wissende sagt: Leib bin ich ganz und gar, und Nichts außerdem; und Seele ist nur ein Wort für ein etwas am Leibe ..." (Nietzsche 1886/1988)

Schönes ist für ihn nicht Dingschönes, und schon gar nicht eines, das in einem Urschönen, in einem Schönen an sich bzw. in einer (göttlichen) „Idee" des Schönen begründet ist. Unter dem Titel *Gegen das wissenschaftliche Vorurtheil* führt er dazu aus: „Die größte Fabelei ist die von der Erkenntniß. Man möchte wissen, wie die *Dinge an sich* beschaffen sind: aber siehe da, es giebt keine Dinge an sich! Gesetzt aber sogar, es gäbe ein An-sich, ein Unbedingtes, so könne es eben darum *nicht erkannt werden!* Etwas Unbedingtes kann nicht erkannt werden: sonst wäre es eben *nicht* unbedingt! Erkennen ist aber immer ‚sich-irgendwie-wozu-in-Bedingung-setzen'" (Nietzsche 1988a). Dieses „Sich-irgendwie-wozu-in-Bedingung-setzen" ist es, was uns ein Schönheitserlebnis erst möglich macht. So gesehen ist Schönes immer „Werkstückschönes" („Werkstückschönes" statt „Dingschönes" deshalb, weil es eben immer auch ein Werk des Menschen ist, dass das schöne Ding zu einem als schön erlebbaren macht).

Da es für ihn kein Ding an sich und auch keinen Tatbestand an sich gibt, macht es für Nietzsche gar keinen Sinn, sich die Frage nach dem Wesen, nach der Essenz des Schönen (bzw. der Schönheit) zu stellen. Damit wird der Ausgang des Dialogs von Sokrates mit Hippias umgedreht. Bei Nietzsche wäre nicht Sokrates der „Sieger", sondern Hippias. Denn allein schon, sich die Frage nach dem Schönen als Wesen im Sinne einer „Wesenheit" bzw. eines „Tatbestands an sich" zu stellen, entlarvt Sokrates als Verlierer. In seinen Schriften aus den Jahren 1885 bis 1887, die uns nur mehr als „Nachgelassene Fragmente" in der von Colli und Montinari zusammengestellten *Kritischen Studienausgabe* von Nietzsches Werken zur Verfügung stehen, finden wir dazu: „‚Ein ‚Ding an sich' ebenso verkehrt wie ein ‚Sinn an sich', eine ‚Bedeutung an sich'. Es gibt keinen ‚Thatbestand an sich', *sondern ein Sinn muss immer erst hineingelegt werden, damit es einen Thatbestand geben könne.* Das ‚was ist das?' ist eine *Sinn-Setzung* von etwas Anderem aus gesehen. Die ‚*Essenz*', die ‚*Wesenheit*' ist etwas Perspektivisches und setzt eine Vielheit schon voraus. Zu Grunde liegen immer ‚was ist das für *mich*?' (für uns, für alles, was lebt usw.) ... Kurz, das Wesen eines Dings ist auch nur eine *Meinung* über das ‚Ding'. Oder vielmehr: das ‚*es gilt*' ist das eigentliche ‚*das ist*', das einzige, ‚das ist'. ... Man darf nicht fragen: ‚*wer* interpretiert denn?' sondern das Interpretieren selbst, als eine Form des Willens zur Macht, hat Dasein (aber nicht als ein ‚Sein', sondern als ein *Prozeß*, ein *Werden)* als ein Affekt" (Nietzsche 1988a). Hippias hat also im Sinne Nietzsches ganz Recht, wenn er dem Sokrates auf seine Frage nach dem Schönen antwortet: „Nämlich wisse nur, Sokrates, wenn ich es dir recht sagen soll, ein (für mich) schönes Mädchen ist schön." (Platon 2011a)

Als unbeugsamer Kritiker Platons findet sich Nietzsche in seinem Denken ganz in den Denkfiguren der sogenannten Vorsokratiker (Guthrie 2005) wieder; besonders in jenen der so oft von und seit Platon geschmähten Sophisten. Für Letztgenannte, und hier insbesondere für einen ihrer Hauptvertreter, Prothagoras, ist „Aller Dinge Maß ... der Mensch, der seienden, dass sie sind, der nicht seienden, dass sie nicht sind." (Turek 2005) Auch für Nietzsche ist der Mensch das Maß aller Dinge; und natürlich gerade auch dort, wo es um das Schöne geht. Nur der Mensch ist imstande, etwas als Schönes zu erleben, indem er dieses Etwas zum Schönen macht. Schönes ist daher bei Nietzsche, ganz so wie auch bei den Sophisten, nichts absolut Gültiges, sondern immer etwas Relatives; etwas, das dem steten Wandel der Zeit, der Vielfalt seiner Anschauungen in bestimmter Zeit und an bestimmten Orten unterworfen ist. Schönes ist also wandelbar und verwandelbar. Das Schöne ist aber auch fähig, uns zu verwandeln, unser Erleben in ein anderes und auch uns selbst als lebendige Individuen in andere umzuwandeln. Nietzsche geht in diesem Zusammenhang sogar so weit, für diese Prozesse das Verb „umbiegen" zu verwenden, um damit auch die ungeheure Kraft zu verdeutlichen, die vom Schönen ausgeht. Im Essay *Die dionysische Weltanschauung*, einer 1870 fertiggestellten Vorarbeit zur im Jahre 1872 erscheinenden *Geburt der Tragödie aus den Geiste der Natur* hält er dazu fest, dass die Schönheit der Tragödie es schaffte, „jene verneinende Stimmung (der Hellenen) wieder umzubiegen". Das Schöne ist somit für Nietzsche Vielfältiges und Wandelbares und zugleich auch Transformierendes. Hierin liegt auch die hohe Praxisrelevanz seiner Schönheitskonzeption. Schönes kann uns verändern, wir können uns im Schönen verändern – ein Konzept, das z.B. in der Behandlung schwerer psychischer Erkrankungen (und nicht nur hier) ungeheure Wirkkraft entfalten kann (Musalek 2010a).

Aber nicht alle Formen des Schönen verändern uns in gleicher Weise: Es ist vor allem das „dionysisch" Schöne, das imstande ist, uns unmittelbar zu verändern, während das „apollinisch" Schöne uns vielmehr auf Veränderungsmöglichkeiten verweist, als dass es selbst unmittelbar transformierend wirkte. Ein apollinisch Schönes einem dionysisch Schönen gegenüberzustellen, so wie es uns Nietzsche in seiner *Geburt der Tragödie aus dem Geiste der Musik* lehrt, ist in der Tat eine geniale Leistung. Die Genialität dieser Unterscheidung wird nicht einmal dann geschmälert, wenn man der überaus sorgfältig vorgetragenen Kritik Martin Vogels (1966) Glauben schenkt, dass sich die griechischen Gottheiten Apollon und Dionysos und die sich damit verbinden lassenden Traditionen im antiken Griechenland gar nicht in einem „äußersten Gegensatz" darstellten, wie dies von Nietzsche behauptet wird. Selbst Martin Vogel muss aber zugeben, dass es sich dabei – trotz des Vorhaltes, dass Nietzsche hier nicht ausreichend geschichtlich exakt recherchiert hätte – doch um einen „genialen Irrtum" handelt; so übrigens auch der Titel seiner kritischen Schrift zu den diesbezüglichen Thesen Nietzsches: „Apollinisch und Dionysisch. Geschichte eines genialen Irrtums". Ungeachtet dessen, ob die Gegenüberstellung der beiden Gottheiten als Repräsentanten zweier unterschiedlicher von einander streng zu trennenden Formen von Schönheit nun wissenschaftlich gesicherte Geschichtsinterpretation oder aber bloß genialer Irrtum ist, scheint eine solche Unterscheidung, wie nun im Weiteren zu verhandeln sein wird, in jedem Fall von hoher Relevanz für unsere Lebenspraxis zu sein.

Worin zeigt sich nun das apollinisch Schöne? Wer ist Apollon? Worin zeigt sich im Gegensatz dazu das typisch Dionysische? Wer ist Dionysos? Gott Apollon war in der griechischen Mythologie der Gott des Lichtes, der Schönheit, der sittlichen Reinheit und Mäßigung sowie der Heilung. Darüber hinaus war er aber auch noch Gott des Träumens, der Musik und der Dichtkunst sowie auch Gott des Gesanges und der Bogenschützen. Als Sohn des Zeus und seiner Geliebten Leto stand er gemeinsam mit seiner Zwillingsschwester Artemis, der Göttin der Jagd und der Frauen, ganz oben in der Hierarchie der griechischen Gottheiten. Dionysos ist ebenso wie Apollon zuständig für das Schöne, sein Schönes ist aber nicht das „apollinisch" Schöne des Ausgeglichenen, Wohlproportionierten und Wohltemperierten, sondern jenes des Rausches, der Begeisterung und der Ekstase. Er ist ebenso wie Apollon Sohn des Zeus, wer seine Mutter war, bleibt allerdings weitgehend im Unklaren.

Als Kandidatinnen werden in den griechischen Mythologien Demeter (als Muttergöttin zuständig für die Fruchtbarkeit), Io (die Tochter des Flussgottes Inachos und als Langzeitgeliebte des Zeus der eifersüchtigen Hera verhasst und über lange Zeit in eine Kuh verwandelt) und Persephone (Göttin des Totenreiches und der Fruchtbarkeit des Ackerbodens) ins Feld geführt, allesamt Mütter der Fruchtbarkeit und der Bewegtheit. Es wird aber auch Lethe als Mutter des Dionysos genannt, die Göttin des Vergessens und des

Verborgenseins (sic! - vgl. a-letheia - Wahrheit) – in diesem Fall wäre Dionysos als Gott des Schönen ein Zeugungsprodukt aus der männlichen Allmacht (Zeus) und dem weiblichen Gegenstück, der Wahrheit, der vergessenen bzw. verborgenen Wahrheit (Lethe) geboren.

Höchstwahrscheinlich ist Dionysos aber kein richtiger Gott, zumindest, wenn man den Mythos der Geburt des Dionysos aus dem Oberschenkel des Zeus als Referenz nimmt. In diesem Mythos entstammt Dionysos einer Verbindung des Zeus mit der nicht göttlichen, sondern sterblichen Semele, Tochter des Königs von Theben. In den *Metamorphosen* des Ovid (1994) lesen wir, dass Semele, die Zeus liebte, ihn bat, so zu ihr zu kommen, wie er auch zu seiner Frau Hera komme. Zeus, der zuvor den Schwur gab, dass er Semele keinen Wunsch abschlagen werde, kam daraufhin in seiner ganzen Pracht und Herrlichkeit als Blitz zu ihr. Dergestalt verbrannte Zeus die weltliche schon von ihm schwangere Semele. Zeus konnte aber zumindest seinen noch ungeborenen Sohn Dionysos retten, den er bis zu dessen Geburt in seinem Schenkel eingenäht austrug (siehe Ovid, Metamorphosen III, 259-315). Dionysos ist damit Bindeglied zwischen den Göttern und den Menschen (siehe auch: Wein als Trank der Götter); nicht Gott, wie Apollon, sondern nur Bastard oder vornehmer ausgedrückt, ein Gott-Menschen-Hybrid.

Dionysos ist auch kein Multitalent wie Apollon. Sein Wirken beschränkt sich auf den Bereich des Rausches: Trauben, Fruchtbarkeit, das rauschhaft Schöne, die Begeisterung, die Faszination und die Ekstase. Damit erscheint Dionysos gegenüber Apollon von Beginn an als Benachteiligter. Eine Benachteiligung, die in der Rezeption seiner mythischen Figur zumindest bis in die zweite Hälfte des neunzehnten Jahrhunderts nachwirkt: Immer wird Apollon gegenüber Dionysos der Vorrang gegeben. Erst in den Schriften Nietzsches kann er, zumindest bis zu einem gewissen Grad, seinen Platz als zentraler Gott des Schönen einnehmen. Das Verdienst Nietzsches ist gar nicht groß genug einzuschätzen, wenn er gerade in einer Zeit, in der unter (wirklich) Schönem praktisch nur das apollinische Schöne verstanden wird, das dionysische, also das maßlose, eruptive, orgiastisch Schöne, das Berauschende und Ekstatische als bedeutsames Gegenüber des apollinischen Schönen, im Sinne des Maßvollen, Harmonischen, Symmetrischen, Ausgewogenen und Ausgeglichenen zurück ins ästhetische Blickfeld holt.

In seinem Nachlass können wir dazu lesen: „ ... mit dem Namen ‚apollinisch' wird bezeichnet das entzückte Verharren vor einer erdichteten und erträumten Welt, vor der Welt des *schönen Scheins* als einer Erlösung von *Werden:* auf den Namen des Dionysos ist getauft, andererseits das Werden aktiv gefasst, subjektiv nachgefühlt, als wüthende Wollust des Schaffenden, der zugleich den Ingrimm des Zerstörenden kennt. Antagonismus dieser beiden Erfahrungen und der ihnen zugrunde liegenden *Begierden*: die erstere will die Erscheinung *ewig*, vor ihr wird der Mensch stille, wunschlos, meeresglatt, geheilt, einverstanden mit sich und allem Dasein: die zweite Begierde drängt zum Werden, zur Wollust des Werden-machens, das heißt des Schaffens und Vernichtens. Das Werden, von innen her empfunden und ausgelegt, wäre das fortwährende Schaffen eines Unbefriedigten, Überreichen, Unendlich-Gespannten und -Gedrängten, eines Gottes, der die Qual des Seins nur durch beständiges Verwandeln und Wechseln überwindet: – der Schein als eine zeitweilige, in jedem Augenblick erreichte Erlösung; die Welt als die Abfolge göttlicher Visionen und Erlösungen im Scheine. – Diese Artisten-Metaphysik stellt sich der einseitigen Betrachtung Schopenhauer's entgegen, welcher die Kunst nicht vom Künstler aus, sondern vom Empfangenden aus alleine zu würdigen versteht: weil sie Befreiung und Erlösung im Genuss des Nicht-Wirklichen mit sich bringt, im Gegensatz zur Wirklichkeit (die Erfahrung eines an sich und seiner Wirklichkeit Leidenden und Verzweifelnden) ..." (Nietzsche 1988a).

Der Mensch schafft sich das Schöne selbst, indem er sich auf dieses einlässt und sich ihm hingibt. Er ist also der „Künstler", der das Schöne zum Schönen werden lässt. Er ist nicht nur Erlösung Empfangender, also nicht nur Betroffener von einer ihm vorgegebenen Welt, quasi Spielball in seiner Welt. Der Nietzsche'sche Mensch, konzipiert als zum „Übermenschen" fähig, als über sich hinaus wachsen wollender Mensch, ist es selbst, der den Ball treibt – in die eine oder in die andere Richtung; im einen Fall in Richtung des apollinisch Schönen und damit ins Angenehme, Beruhigende und Entspannende, im anderen Fall in Richtung des dionysisch Schönen und damit ins Spannende, Berauschende, Ekstatische, Faszinierende und Begeisternde. Das Wort „Begeisterung", welch wunderbarer Begriff, der auf das von „Geistern" und gleichzeitig von „Geist", „geistig" Erfüllt-sein verweist! Aber auch das Wort „Faszination", als eine Form der Behexung und Verhexung (vgl.

lat,. fascinatio – Verhexung, Behexung) und das Wort „Ekstase“, das Sich-aus-sich-Heraustreten-lassen sind auf ein aus dem engen menschlichen Rahmen Fallen gerichtet. Und nicht zuletzt auch das mehrdeutige Wort „Rausch“: Es steht zum einen für alle Formen der Intoxikationen (vgl. engl. „intoxication“), dort wo es mit Überdosierungen von Rauschmittel in Verbindung gebracht wird, zum anderen aber auch für alle Zustände größter Freude, in denen wir voll und ganz im Erleben des Genussreichen aufgehen, wie bei der Berauschung durch Musik, durch Tanz oder wie in berauschenden Momenten der Zweisamkeit. Alle diese Begriffe sind Ausdruck dessen, was Nietzsche (1873/1988) so treffend mit dem Terminus „Verzückungsspitzen“ belegte.

Für Nietzsche bleibt das Schöne nicht auf sich selbst als „Erscheinung“, als „Erscheinendes“ beschränkt, das wir als solches einfach wahrnehmen, registrieren und bewerten können. Das Schöne, und das gilt insbesondere für das dionysische, hat auf uns Menschen immer auch unmittelbar verändernde Wirkung. Dionysisch Schönes und apollinisch Schönes sind für Nietzsche also nicht einfach nur zwei unterschiedliche Schönheitsmanifestationen, sondern sie sind vielmehr zwei entgegengesetzte „Naturkräfte“. Lou Andreas-Salomé (2013) berichtet in ihrer Nietzsche-Biographie darüber Folgendes: „Er versuchte ..., alle Kunstentwicklung auf die Bethätigung zweier entgegengesetzter ‚Kunsttriebe der Natur‘ zurückzuführen, die er nach den beiden Kunstgottheiten der Griechen als das Dionysische und das Apollinische bezeichnet. Unter ersterem versteht er das orgiastische Element, wie es sich in den wonnevollen Verzückungen, in der Mischung von Schmerz und Lust, von Freude und Entsetzen, in der selbstvergessenen Trunkenheit dionysischer Feste auslebte. In ihnen sind die gewöhnlichen Schranken und Grenzen des Daseins vernichtet. Es scheint das Individuum wieder mit dem Naturganzen zu verschmelzen ... Hergebracht wird uns das Wesen dieses Triebes durch die physiologische Erscheinung des Rausches. Die ihm entsprechende Kunst ist die Musik ... Den Gegensatz bildet der formenbildende Trieb, der in Apollo, dem Gott aller bildnerischen Kräfte, verkörpert ist. In ihm vereinigt sich maßvolle Begrenzung, Freiheit von allen wilden Regungen und weisheitsvolle Ruhe ... In der Versöhnung und Verbindung dieser beiden sich anfänglich bekämpfenden Triebe erkennt Nietzsche Ursprung und Wesen der attischen Tragödie ... Den schärfsten Kontrast zum Dionysischem und der aus ihm geborenen Kunstkultur bildet die Geistesrichtung des Theoretischen, aller Intuition entfremdeten Menschen, die auf den Namen des Sokrates getauft wird".

Die Verbindung des Apollinischen mit dem Dionysischen ist also für Nietzche der Ursprung und gleichzeitig das Wesen der attischen Tragödie. Die Versöhnung der beiden Gegenspieler kann aber noch viel mehr: Wenn es gelingt, im Rahmen eines Kultivierungsprozesses beide in kontrapunktischer Verbindung zu vereinen, kann uns diese Vermählung des Dionysischen mit dem Apollinischen zum Grundgerüst und Elixier für das Erschaffen einer für uns besseren und schöneren Welt werden. Das Schöne dient dann nicht mehr, wie noch bei Schopenhauer, nur der Erlösung von allem Bösen und Unschönen dieser Welt. Ein Ja-sagen zum apollinisch und dionysisch Schönen ist Aufruf zum Aufbruch in eine von uns zu erschaffende bessere Welt. „Ich will immer mehr lernen, das Nothwendige an den Dingen als das Schöne sehen: – so werde ich Einer von Denen sein, welche die Dinge schön machen. Amor fati: das sei von nun an meine Liebe! Ich will keinen Krieg gegen das Hässliche führen. Ich will nicht anklagen, ich will nicht einmal die Ankläger anklagen. Wegsehen sei meine einzige Verneinung! Und, alles in allem und grossen: ich will irgendwann einmal nur noch ein Jasagender sein!" (Nietzsche 1882/1988)

Das von Nietzsche geforderte Ja-sagen ist aber kein opportunistisches, kein angepasstes und schon überhaupt kein resignierendes Ja-sagen. Es geht beim *Amor-fati*-Konzept Nietzsches nicht um ein hilfloses Jasagen zu dem, was wir nun einmal nicht mehr ändern können, es geht auch nicht um billiges Umdeuten. *Amor fati* steht vielmehr für ein Projekt der „Transformation ins Schöne". Es ist „gerade nicht braves Hinnehmen von allem, was geschieht, sondern die Verwandlung der Hinnahme in eine eigene Veranstaltung. Der Kunstgriff des *amor fati* ist ein emotional-mentaler Judogriff, der die Kraft des Gegners aufnimmt, ihren Schwung verstärkt und sich dabei umwendet zu einer Kraft über den Gegner. Wo *amor fati* ist, da ist Umwendungskunst", führt dazu der Leipziger Philosoph Christoph Türcke (2000) in seinem Aufsatz „Das Leben ist schön. Nietzsches *amor fati* im Kino" aus und verweist dabei auf den vielfach preisgekrönten italienischen Film von Roberto Benigni aus dem Jahr 1997 *Das Leben ist schön* (Originaltitel: *La vita è bella*). Das Schöne wird hier durch „Umwendungskunst" zur Quelle eines im mehrfachen Wortsinn begeisternden Lebens. Da alles Schöne und Begeisternde bejahenswert ist, wird damit auch das von Nietzsche eingeforderte Jasagen erreicht, ein Jasagen zu einem für uns, aber auch für unsere Nächsten schönen Leben. Darin liegt die ungeheure Wirkkraft der Schönheitskonzeption Nietzsches. Sie kann uns als Anleitung zur Schaffung einer für uns schönen Welt dienen, selbst dann noch, wenn wir in Situationen geraten, in denen uns das Leben vorerst nicht mehr als schön erscheint.

Nietzsche bringt mit seinem Konzept *amor fati* also einerseits das Ja-sagen in den Schönheitsdiskurs mit ein – das Schöne ist für ihn unmittelbar zu Bejahendes. Umgekehrt betrachtet: Nur von uns zu Bejahendes kann auch zum für uns Schönen werden. Alles was wir in unserem Leben zu bejahen gelernt haben, kann auch zum Schönen unseres Lebens werden – eine Denkfigur, die wir in gering abgewandelter Weise auch in rezenten Arbeiten des Lebensphilosophen Wilhelm Schmid (1998, 2005) wiederfinden, wenn dieser behauptet, dass das Schöne gleichzeitig immer auch das Sinngebende ist. Das Bindeglied zwischen dem Schönen und dem Sinnhaften ist für ihn, ebenso wie für Nietzsche, das Bejahenswerte. Beide, das Schöne und das Sinnhafte, sind damit untrennbar miteinander verbunden. Wobei Wilhelm Schmid sogar so weit geht, einen neuen Lebensimperativ auszurufen: „Lebe dein Leben so, dass es bejahenswert ist" – weil Leben dann eben auch Sinn macht, das Leben eben ein sinnvolles wird. Das Bejahenswerte ist nach Wilhelm Schmid also immer Sinnstiftendes. Auch das Schöne wird ganz unmittelbar bejaht. Wer von uns lehnt ein schönes Leben ab, wer von uns möchte schon ein unschönes Leben leben? Oberflächlich betrachtet wären hier vielleicht jene Jenseitsgläubigen zu nennen, die ihr irdisches Leben ausschließlich als eine Prüfung verstehen, die, wenn sie bestanden wurde, mit einer Eintrittskarte in ein ewiges schönes Leben honoriert wird – aber sogar noch jene bejahen letztendlich ein schönes Leben, wenn auch ein erst nach dem irdischen Leben beginnendes, das ihrer Überzeugung nach ewig andauern wird.

Nietzsche bringt aber mit seinem Ja-zum-Leben-sagen-Konzept „*amor fati*" noch einen weiteren Aspekt in den Schönheitsdiskurs mit ein, der allein schon in der Namenswahl für seine wichtigste Lebenskonzeption sichtbar wird, nämlich den von amor, der Liebe. Wenn hier nun von Liebe die Rede sein wird, dann natürlich nicht restriktiv von geschlechtlicher Liebe, sondern von Liebe in einer viel umfassenderen Bedeutung, die am ehesten dem griechischen

Begriff der „philia“ gleichkommt, nämlich einer Form der Liebe, die wir in der Redewendung „der Liebe zu etwas“ bzw. „Liebe zu jemanden“ ausdrücken. Es geht dabei um ein überaus starkes Gefühl des Hingezogen-seins; eine feste im Gefühl begründete Zuneigung zu etwas oder zu einem Menschen, eine auf intensiver körperlicher, geistiger und/oder seelischer Anziehung beruhende Bindung an etwas oder an einen bestimmten Menschen, die eng verbunden ist mit dem Wunsch nach Zusammensein, Hingabe oder Ähnlichem, also um eine gefühlsreiche Beziehung zu einer Sache, Idee, Vorstellung oder zur Natur, zu einem Lebewesen oder eben zum Leben selbst (Duden 2013).

Diese Liebe ist auch das Bindeglied zwischen dem Etwas, das wir dann als schön bezeichnen, und uns als jene, die dieses Schöne als solches erleben können. Mit anderen Worten: Es braucht die Liebe zu etwas, um dieses Etwas auch als schön erleben zu können. Diese Liebe zu etwas passiert uns nicht nur, sondern sie kann darüber hinausreichend so kultiviert, entfaltet und weiterentwickelt werden, dass uns am Ende sogar ein genussvolles Erleben ermöglicht wird (siehe Kapitel „Der Wille zum Schönen als Kulturgeschehen“). Diese Kraft der Liebe zwischen dem als schön Erlebten und uns, die wir etwas als schön erleben können, diese „Anziehungskraft“ des Schönen, die gleichzeitig inneres Drängen und Gedrängt-sein nach dem Schönen ist, personifizieren die antiken Griechen mit dem Ur-Dämon Eros, also mit jener Urgewalt, die als Mittler zwischen dem Göttlichen (der göttlichen Idee) und dem Profanen (dem menschlichen Erleben) ein Schönheitserleben überhaupt erst ermöglicht. Eros, im Sinne der Kraft der Liebe zu etwas, wird damit zur unabdingbaren Voraussetzung des für uns Schönen. Der Frage, ob es sich dabei um eine „göttliche Kraft“ oder aber um eine archaische „Naturkraft“ handelt, kann hier nicht weiter nachgegangen werden; denn in jedem Fall bleibt sie für uns ein Geheimnis, als etwas für uns so unmittelbar Erfahrbares und doch hinsichtlich ihrer Herkunft und ihres Wesens so Unerklärbares, weil nicht weiter Reduzierbares.

Schönheitsdiskurse im zwanzigsten Jahrhundert

Im zwanzigsten Jahrhundert verebbt zusehends der Schönheitsdiskurs in der philosophischen Ästhetik und hier besonders im Feld der Kunstästhetik. Das heißt natürlich nicht, dass er gar nicht mehr stattfindet (siehe dazu auch: Sepp & Embree 2010, Gaut & McIver Lopes2005, Giovanelli 2012a,b, Pöltner 2008, Eco 2004 u.v.a.m.). Es treten statt der Fragen nach dem Schönen nun andere in den Vordergrund des ästhetischen Diskurses. Fragen wie z.B. die nach dem Wesen und den Aufgaben der Kunst: Was ist Kunst und was ist sie nicht, wo beginnt sie, wo endet sie? Soll sie Lust bereiten oder befriedigen, soll sie Wissen vermitteln, zum Nachdenken anregen, „Welt" und „Wirklichkeit" widerspiegeln, soll sie gesellschaftliche Veränderung induzieren etc.? (Beuys 1991) Oder auch Fragen nach der Beziehung zwischen Mensch, Kunst und Kunstwerk, bis hin zu Fragen nach dem „Menschen als Kunstwerk": Sind ästhetische Zugänge zur Welt und zu „Kunstverstehen" Fragen des Geistes, des Intellekts oder sind sie nicht doch viel mehr körperliche bzw. leibliche Geschehens- und Erlebnisweisen? Was ist Lebenskunst? Wie wird der Mensch zu einem Kunstwerk? (Merleau-Ponty 2004, Foucault 1983, Schmid 1998, Musalek 2015a,b). Und nicht zuletzt stellen sich hier auch noch ganz allgemeine Grundfragen der Ästhetik: Wie wirkt ein Kunstwerk, was heißt, etwas ästhetisch wahrnehmen, empfinden oder erfahren, was heißt ästhetisches Denken, was ist ästhetisch, was ist das Ästhetische, was ist Ästhetik? (Welsch 1996, 2000, 2003).

Da im letzten Jahrhundert und auch heute noch weder Ästhetik noch Kunst nur mehr auf Schönes allein ausgerichtet sind; ja nicht einmal mehr die schönen Künste („beaux arts", „belle arti") ausschließlich als Künste des Schönen angesehen werden, sondern in ihren Fokussierungen und Aufgabenstellungen viel weiter gefasst werden und demgemäß auch noch zahlreiche andere Arbeitsfelder umfassen, rückt das Schöne als Wesenheit immer mehr in den Hintergrund des Ästhetik- bzw. Kunstdiskurses, wobei dieser Abwertungsprozess ohne Zweifel dann auch noch durch eine schönheitsvermeidende bzw. schönheitsverneinende Haltung so mancher Künstler, Kunstkritiker sowie auch einiger Kunst- und Kulturphilosophen des 20. Jahrhunderts begünstigt wird (Adorno 1951, Enzensberger 1957/2009, v. Matt 2009).

Eine letzte Hochblüte des Kunstschönen in der Philosophie und „eine letzte radikale Engführung des Schönen mit der Kunst ließe sich allenfalls für den ‚Ästhetizismus' des Fin de Siècle behaupten. Wie nie zuvor wurde in dieser Epoche die Kunst auf die Schönheit verpflichtet ...", wie Konrad Paul Liessmann diagnostiziert (Liessmann 2009a). Die Künstler des Fin de Siècle fühlen sich dem Schönen auf ganz besonderer Weise verpflichtet, was Walter Benjamin in seiner mit *Das Kunstwerk im Zeitalter seiner technischen Reproduzierbarkeit* betitelten Schrift als „Schönheitsdienst" bezeichnet. Diese Verpflichtung trieb den einen oder anderen dann sogar in „künstlerische" bzw. „kunstvolle" Selbstinszenierungen – Oscar Wilde und Gabriele D'Annunzio, aber auch Gustav Klimt sind beredte Beispiele dieser Zeit.

In der Philosophie der zweiten Hälfte des zwanzigsten Jahrhunderts begegnen wir den Fragen nach dem Schönen wohl am ehesten noch in den Diskursen der „Alltagsästhetik" (Light & Smith 2005) und der „Naturästhetik" (Böhme 1989). Die Alltagsästhetik beschäftigt sich mit all dem Schönen, mit dem unser Alltagserleben ge- und erfüllt ist, also mit all jenen ästhetischen Erfahrungen, die wir an Gegenständen bzw. in Situationen, mit denen wir tagtäglich konfrontiert sind, machen. Wilhelm Schmid (2005) spricht in diesem Zusammenhang vom „Dingschönen" (das Schöne von Alltagsgegenständen wie z.B. Kleidung, Geschirr, Küchengeräte, Möbel, Auto, Stereoanlage, Computer etc.), vom „Verhältnisschönen" (die schönen Lebensumstände z.B. zu Hause, am Arbeitsplatz oder auch im Krankenhaus, in das ich im Krankheitsfall aufgenommen werde) und vom „Erlebnisschönen" (als all jenem Schönen, dem man in Situationen wie z.B. im Rahmen eines gemeinsamen Abends zuhause, eines Kaffeehaustreffens oder eines Kino- bzw. Konzertbesuchs begegnen kann).

Es sind also auch ganz „banale" Lebensumstände bzw. -situationen, wie die persönliche Erscheinungsform, die Innenausstattung der Wohnung, die Gestaltung des Arbeitsplatzes, aber auch Freizeitaktivitäten und Lebensraumgestaltung etc., die in der Alltagsästhetik analysiert werden (Leddy 2005). Eine Spezialform dieser sich mit dem Alltagsschönen beschäftigenden Ästhetik ist die eingangs bereits erwähnte Sozialästhetik (Berleant 2005), deren Hauptaufgabe in der ästhetischen Schau und Aufklärung von zwischenmenschlichen Beziehungen liegt, mit Forschungsthemen wie zum Beispiel Schönheitsaspekte der Gastfreundschaft und des Dialogs (Musalek 2011b). Gernot Böhme (1995) weitet diese Schönheitsbetrachtung der Alltagsästhetik in seiner Naturästhetik auf unser gesamtes Erlebnis- und Beziehungsfeld aus, wenn er uns dazu aufruft, die ästhetische Forschung auf die „Beziehung von Umgebungsqualitäten und menschlichem Befinden" auszurichten, womit bei ihm folgerichtig dann auch Atmosphären, als ubiquitäre und gleichzeitig so viel anderes Ästhetisches begründende Erlebensqualitäten, verständlicherweise in den Mittelpunkt des Forschungsinteresses treten.

Gerade die ästhetischen Arbeiten von Gernot Böhme (1995) zu Atmosphären belegen eindrucksvoll, dass der Forschungsfokus im zwanzigsten und einundzwanzigsten Jahrhundert immer mehr auf das ästhetische Erfahren und Wahrnehmen gelenkt wird, als dass man weiterhin den Fragen nach Wesen und Herkunft des *Schönen* bzw. von *Schönheit* nachgegangen wäre. Gernot Böhme sieht die ästhetische Wahrnehmung als eine Form der Wahrnehmung, die nicht mehr nur auf das Wahrzunehmende ausgerichtet ist, sondern die vielmehr die Wahrnehmbarkeit des Wahrzunehmenden auszuloten und zu erspüren versucht. Wahrnehmung ist bei ihm keinesfalls nur einfaches Registrieren bzw. Bewerten des uns Gegebenen im Rahmen einer simplen Reiz-Antwort-Abfolge, sondern weit darüber hinausreichend ein komplexer Akt des Erspürens von Atmosphären, in die Gegenstände, Situationen und letztendlich natürlich auch wir Menschen eingegossen sind. „Es sind weder Empfindungen noch Gestalten, noch Gegenstände oder deren Konstellationen, wie die Gestaltpsychologie meinte, was zuerst und unmittelbar wahrgenommen wird, sondern es sind die Atmosphären, auf deren Hintergrund dann durch den analytischen Blick so etwas wie Gegenstände, Formen, Farben usw. unterschieden werden", schreibt er dazu in seinem zentralen Werk *Atmosphäre* (Böhme 1995).

Konrad Paul Liessmann (2009b) erweitert das ästhetische Vokabular des philosophischen Schönheitsdiskurses dann noch um den Begriff der „ästhetischen Empfindung", die für ihn dann vorliegt, „wenn das Wahrgenommene einen spezifischen inneren, affektiven oder emotionalen Eindruck auslöst, der sich primär auf die angebotene Reizkonstellation und nicht auf deren lebensweltliche Bedeutung konzentriert." Er bezieht sich dabei auf Analysen von Eduard von Hartmann (1890/2009), der betont, dass sich eine ästhetische Empfindung von einer „bloss sinnlichen Empfindung" dadurch unterscheidet, „dass sie auf den Schultern jener steht, dass sie dieselben wohl als Material benutzt, auch als begleitende Vorstellungen, durch welche ihre besondere Qualität in jedem Fall bestimmt wird, dass sie aber als Empfindung über jenen steht und sich auf ihnen erbaut." Ästhetische Empfindung ist demnach nicht einfach nur auf Sinneswahrnehmung oder sinnliche Wahrnehmung zu reduzieren; sie wird hier zu einem komplexeren Empfindungsphänomen, das noch über der sinnlichen Wahrnehmung anzusiedeln ist. Eine solche differenzierte Betrachtung des Schönheitserlebens macht insofern Sinn, als das prinzipielle und auch praktische Vermögen zur ästhetischen Wahrnehmung über jenes der rein sinnlichen Wahrnehmung hinausreichend in besonderer Weise kultiviert werden kann und damit auch zur unverzichtbaren Grundlage des hochkomplexen Phänomens des tiefgreifenden ästhetischen Erlebnisses werden kann. Darauf wird noch im späteren Kapitel „Der Wille zum Schönen als Kulturgeschehen", in dem die Kultivierung des Wahrnehmens, des Empfindens und des Erlebens des Schönen zur Diskussion ansteht, näher einzugehen sein.

Ohne Zweifel müsste man noch viele andere Philosophen, Künstler, Psychologen, Soziologen etc. in diesem kurzen geschichtlichen Abriss zur Begriffs- und Ideenwelt des Schönen zu Wort kommen lassen. Aber schon die bloße Nennung all jener, die sich profund mit der Thematik des Schönen auseinandergesetzt und damit zur Klärung ästhetischer Fragestellungen Wesentliches beigetragen haben, würde den Rahmen dieser Schrift bei weitem sprengen. Es sollten hier die wesentlichsten Positionen im Schönheitsdiskurs aufgezeigt werden, um damit eine erste Grundlage für die nachfolgenden Diskurse zum Willen des Schönen als Kulturgeschehen bereitzustellen. Gleichzeitig soll damit aber auch die Vielfalt des uns von Natur aus gegebenen Schönen selbst und darüber hinaus auch die von uns geschaffene Bedeutungsvielfalt des Schönen verdeutlichet werden, um auf diese Weise über ausreichendes begriffliches Rüstzeug für die weiteren Ausführungen zur Stellung und Wertigkeit des Willens zum Schönen in der Gestaltung unseres Leben zu verfügen.

Der Wille zum Schönen als Kulturgeschehen

Geh in der Verwandlung aus und ein.
Was ist deine leidenste Erfahrung?
Ist dir Trinken bitter, werde Wein.
Rilke RM: Orpheus Sonette 2, XXVIIII

Das Schöne ist nicht einfach nur schön, weil es uns eben als etwas Schönes gegebenen ist, weil es uns in seinen Bann zieht, weil es als solches von uns gespürt, erfahren und erlebt werden kann und weil es uns in mehrfacher Weise bewegt. Das Schöne bewegt uns nicht nur in ganz besonderer Weise affektiv und emotional und ist damit auch allgemeine basale Antriebskraft. Der hinter all dem stehende Wille zum Schönen wirkt in uns nicht nur als eine naturgegebene innere Urkraft in Form eines inneren Gedrängt-seins bzw. Hingezogen-seins zum Schönen, nicht nur als affektiver Beweger und auch nicht nur als naturgegebene archaische Kraftquelle, sondern er entäußert sich vor allem auch darin, dass er uns Menschen dazu antreibt, von uns selbst aus Schönes zu schaffen. Er zeigt sich damit ganz wesentlich auch darin, dass wir Menschen in der Lage sind, aktiv unsere Welt verschönern zu können. Dieses Schönen unserer Welt geschieht einerseits dadurch, dass wir unser Schönheitserleben vermehren, bereichern, „kultivieren" können, andererseits auch darin, dass wir selbst Schönes in die Welt setzen können. In diesem Akt, Schönes in die Welt zu setzen, wird der Wille zum Schönen über eine Naturkraft hinausreichend zu einer Kulturkraft, zu einem Motor kulturellen Werdens. Der Natur gelingt es nicht nur mit und durch uns Menschen, sich selbst zu reflektieren und damit eben auch das ihr eigene Schöne als Schönes wahrzunehmen, zu erfahren und zu erleben – sondern sie kann durch uns Menschen darüber hinaus selbst Schönes autoaktiv entwerfen und produzieren.

Der Wille zum Schönen offenbart sich somit auf zweifache Weise: zum einen als eine natürliche Urkraft, die den Menschen mit seiner Fähigkeit zur Selbstreflexion zum Schönen hinführt und damit der Natur selbst ein bewusstes Erleben ihrer eigenen Schönheit ermöglicht. Als naturgegebene zum Schönen drängende innere Kraft bewegt uns dieser Wille zum Schönen in besonderer Weise emotional und wird dabei letztendlich als allgemeiner innerer Beweger von und in uns Menschen wirksam. Zum anderen wird er aber auch dadurch wirksam, dass er uns Menschen dazu bringt, die Welt, in die wir mit unserer Geburt gesetzt wurden, selbst zu „schönen". Dieses „Schönen der Welt" (auch das ist die Bedeutung des „Willen zum Schönen") kann nun entweder im Akt eines oberflächlichen „Beschönens" (einer Behübschung, Ornamentierung, Kosmetik, Dekoration etc.) erfolgen oder aber auch in weitreichenden und tiefgreifenden Transformationen unserer Welt von uns selbst hin zum Schönen im Sinne eines „tiefenästhetischen Verschönens", sei es nun durch Veränderung, Entwicklung und Entfaltung der uns gegebenen Welt oder aber überhaupt durch ein Neuschaffen von Schönem (Welsch 1996). Der Wille zum Schönen zeigt sich hier nicht mehr nur als eine naturgegebene Kraft des Schönen, die uns zu einem vorgegebenen Schönen hinführt, sondern vielmehr auch als eine Kraft, die den Prozess des „Schönens", dieses selbständige Gebären von Schönem durch und von uns Menschen, ermöglicht, ein Schönen, das wir als Werkschönes – weil es ein schönes Werk hervorzubringen imstande ist – bezeichnen wollen.

Werkschönes ist kein „natur-*gegebenes*" Schönes, also ein uns vorgegebenes Schönes, sondern ein durch uns als Teil der Natur geschaffenes, also „natur-*gemachtes*" Schönes. Dieses natur-*gemachte* Schöne wird – weil von Menschenhand geschaffen – üblicherweise als ein *Kunst-* bzw. *Kultur*schönes ausgewiesen. Da aber nicht alles auf diese Weise Geschaffene gleich auch ein Kunstwerk im engeren Sinn sein muss, empfiehlt es sich hier, von einem Werk- und Kulturschönen zu sprechen. Wenn nun im Folgenden vom Willen zum Schönen gesprochen wird, dann wird dieser Wille zum Schönen auch nicht mehr nur als ein uns vorgegebener Naturwille verstanden, sondern auch als eine in uns wirksam werdende Kraft, die es der Natur durch uns Menschen ermöglicht, mittels Kulturleistungen (noch) mehr Schönes in unsere Welt zu bringen. Indem wir Menschen als Teil unserer Natur neues Schönes hervorbringen und dieses Werkschöne dann weiterentwickeln und entfalten, um damit die menschliche Weltenschaffung zu einer Weltenschaffung im Schönen und für das Schöne transformieren, wird der Wille zum Schönen von einem allgemeinen „Naturwillen" zu einem „Kulturwillen".

Wenn im Nachfolgenden vom „Kulturwillen", von einem Willen zum Schönen als Kulturgeschehen die Rede sein wird, dann immer im Sinne dessen, dass es sich dabei um einen letztendlich naturgegebenen Willen zum Schönen handelt, der uns Menschen zum

Kultivieren von Schönem, aber auch zu einer Kultivierung unserer Welt im Schönen antreibt. Wir selbst sind es dann, die das uns als Schönes Gegebene noch intensivieren und verbreitern bzw. überhaupt neues Schönes, eben „Werkschönes" schaffen können. Der Wille zum Schönen ist es, der uns einerseits in diese Schaffensprozesse drängt, der uns andererseits aber auch jene Kraft gibt, die es braucht, um sich all dies nicht nur vorzustellen, sondern auch in die Tat umzusetzen, um all das Vorgestellte auch Wirklichkeit werden zu lassen. Wenn hier zwischen einem „Naturwillen" und einem „Kulturwillen" unterschieden wird, dann geschieht dies immer in dem Bewusstsein, dass der Wille zum Schönen als reine Naturkraft, als „Naturwille", uns letztlich verborgen bleibt, er von uns nur gedacht werden kann, wobei allein schon dieses Denken natürlich ein Werk von uns selbst ist. Ein rein Naturgegebenes kann es für uns, wie schon im Band „Der Wille um Schönen I" in extenso abgehandelt, gar nicht geben, ebenso wie natürlich auch ein rein von uns Gemachtes Fiktion bleiben muss. Beides kann von uns gleichsam nur gedanklich hochgerechnet werden, weil all die bezüglich eines uns Gegebenen zu machenden Erfahrungen schon wegen der dazu nötigen Wahrnehmungs- und Erfahrungsprozesse immer auch etwas von einem von uns Gemachten an und in sich haben (siehe Band „Wille zum Schönen I").

Trotz dieser Einschränkungen macht es zweifellos Sinn, zwischen einem „Naturwillen" zum Schönen, der von uns als etwas, das auf uns ohne unser Zutun wirkt, gespürt wird, und einem „Kulturwillen" zum Schönen zu unterscheiden, der uns dazu bewegt, zusätzlich Schönes in die Welt zu setzen. Wenn hier zwischen einem Naturwillen und einem Kulturwillen unterschieden wird, dann ist damit nicht gemeint, dass es sich hier um zwei völlig eigenständige Willensformen handelt, es sind vielmehr zwei verschiedene Aspekte ein und desselben Willens zum Schönen, die allerdings in Erscheinungsbild und Schwerpunktsetzung sich so markant unterscheiden, dass eine begriffliche Trennung geboten erscheint. Dabei ist in diesem Zusammenhang auch die zweifache Bedeutung von „... zum Schönen" zu beachten. Im ersten Fall, beim Naturwillen, meint „... zum Schönen": zu schönen Dingen, Situationen, Menschen, Beziehungen etc. und steht daher für all das diesem gemeinsame Schöne; im zweiten Fall, beim „Kulturwillen", handelt es sich um ein substantiviertes Verbum, das für den Akt des Schönens, im Sinne des Verschönen steht. Der Hauptfokus des Willen zum

Schönen als lebensbestimmender Naturkraft ist ein Schmackhaftmachen des Schönen sowie auch das uns Hindrängen zum Schönen und natürlich nicht zuletzt auch die Bereitstellung der dazu nötigen Kraft. Die Zielrichtung des „Kulturwillens", dieses Willens zum Schönen als Kulturgeschehen, ist es, durch uns Menschen das Schöne zu vermehren. Auch das braucht Kraft, die wiederum vom Willen zum Schönen zur Verfügung gestellt wird.

Dieses Vermehren des Schönen kann nun in dreierlei Hinsicht erfolgen: erstens als eine Vermehrung durch „Intensivierung" unseres Schönheitswahrnehmens. Wir Menschen sind dazu befähigt, eine rudimentäre Schönheitswahrnehmung wie z.B. ein primitives Lustempfinden bis hin zu einem genussvollen Erleben zu steigern. Zweitens als Vermehrung durch Erweiterung und Verbreiterung unseres all das Schöne betreffenden Erlebnisfeldes. Wir sind auch in der Lage, etwas, das wir primär noch gar nicht als Schönes wahrnehmen bzw. erfahren können, im Rahmen eines Lernprozesses als Schönes zu identifizieren und es dann als solches auch zu erleben. Und drittens als Vermehrung von Schönem in dieser unserer Welt durch selbstständiges, selbstgewolltes Schaffen. Als Menschen sind wir auch dazu befähigt, schöne Dinge, schöne Geschehnisse, schöne Situationen, schöne Beziehungen und vieles andere mehr zu schaffen und damit in unsere Welt zu setzen, um dann all das von uns geschaffene Schöne zu unserem Schönen zu machen. In all diesen drei Lebens- und Erlebensbereichen wird der Wille zum Schönen als Kulturgeschehen sichtbar und auch als schier unendliche Antriebskraft spürbar.

Die Vergrößerung unseres Schönheitserlebens durch Intensivierung desselben kann wiederum in zweifacher Hinsicht geschehen. Zum Ersten, indem man die am Beginn jedes Schönheitserlebens stehende Schönheitswahrnehmung verstärkt. Am Beginn des Wahrnehmens steht, wie bereits in Diskursen im *Willen zum Schönen I* erörtert und vertieft, ein primitives Lustempfinden, das sich uns üblicherweise als Spüren eines Angenehmen präsentiert (Kant 1790/1995b). Dieses Gefühl des Angenehmen kann nun eher gering ausgeprägt sein – wir sprechen dann von einem lauen Gefühl des Angenehmen, das uns zu einem Schönheitsurteil führt. Dieses schwache Lustgefühl erschöpft sich in Äußerungen wie „das ist eigentlich schon schön" oder „das ist doch (ein bisschen) schön". Das Gefühl des Angenehmen kann aber auch so stark ausgeprägt sein, dass es uns zu Ausrufen wie „das ist wunderschön" oder „das ist betörend schön" etc. verleitet. In beiden Fällen haben wir Angenehmes verspürt, einmal eher schwach, das andere Mal durchaus intensiv. Wie stark man etwas als angenehm verspürt, hängt von mehreren Faktoren ab. Neben denjenigen, die unbewusst wirksam werden, wie z.B. vertraute Vorerfahrungen zum jeweiligen Schönen oder ein ins Auge springendes glänzend Schönes oder aber eine primäre positive Gestimmtheit (wenn wir uns wohl fühlen, verspüren wir auch das uns Angenehme stärker). Wir sind aber auch dazu befähigt, das Gefühl des Angenehmen selbst zu maximieren, indem wir uns aktiv in das Angenehme fallen und uns im Spüren gehen lassen bzw. indem wir es durch mehrfache Wiederholungen in Rückkopplungsprozessen aktiv verstärken. Beide Male wird eine Intensivierung der Schönheitswahrnehmung, die dann als starke Lust, großer Spaß oder immenses Vergnügen ausgegeben werden, die Folge sein.

Zum Zweiten kann aber eine Intensivierung des Schönen auch erreicht werden, indem man die Qualität des Schönheitswahrnehmens weiterentwickelt und das primäre primitive Lustempfinden im Sinne eines nur Spaß-habens bzw. Vergnügen-habens durch das Erleben von Freude und in letzter Instanz durch Genusserleben, durch ein „Genießen im engeren Sinn" ersetzt. Das Erfahren von Schönem ist als ein sinnliches Erfahren im Gegensatz zum bloßen Wahrnehmen von Schönem nie nur emotionales Reagieren. Es ist aber auch nie nur kognitiv begründet. Schönheitserfahrung ist, wie auch von Liessmann (2009b) betont, immer Resultat eines komplexen Prozesses, dessen Basis sinnliche Wahrnehmungen sind, die hernach durch Kognitionen moduliert werden. Da unsere Erfahrungen insgesamt schon vorzugsweise ästhetisch (und nicht wie so oft behauptet vornehmlich rational), also im Sinnlichen begründet sind (Alexander 2013), können natürlich auch die Schönheitserfahrungen nur vorzugweise ästhetisch-emotional begründet sein. Für die Endgestalt der Schönheitserfahrungen spielen allerdings kognitive Prozesse bzw. Engramme insofern eine wesentliche Rolle, als sie eine Einordnung derselben in den Erfahrungsschatz des Einzelnen ermöglichen. Diese Schönheitserfahrungen, als Produkt komplexer emotionaler und kognitiver Prozesse, können dann in ihrer Intensität nicht zuletzt auch durch unser aktives Zutun so weit gesteigert werden, dass „uns das Schöne in unserer ganzen Leiblichkeit durchströmt" und eine solche Ausdehnung und Intensität erfährt, das wir „in jene geheimnisvollen Schwingungen versetzt werden", die uns dann die Tore zu einem sinnlich-leiblichen Erleben in „Selbstvergessenheit" öffnen (siehe auch: Band *Wille zum Schönen I*).

Die Dreieinigkeit des Schönen: Das Schöne, die Freude und die Liebe

Leiblich-sinnliches Erleben von Schönem im Rahmen dessen, was wir als Spaß bzw. Vergnügen bezeichnen, ist nur sehr kurzzeitig möglich. Schon Erich Fromm (1978/2011) verwies in seinem 1978 erstmals erschienenen Werk *Haben oder Sein* darauf, dass Lust und Spaß als „Gipfelerlebnisse" äußerst kurz andauernde Vergnügungen sind, denen immer ein „Omne animal post coitum triste", eine post-koitaler Tristesse folgt. Er schreibt dort: „Vergnügungen und Nervenkitzel hinterlassen ein Gefühl der Traurigkeit, wenn der Höhepunkt überschritten ist" und vergleicht dabei Spaß und Vergnügen mit *„lieblosem Sex"*, der ebenso wie Spaßhaben auch „ein mit starker Erregung verbundenes Gipfelerlebnis (ist) und daher enttäuschend, sobald es vorüber ist." Diesem lieblosen Sex stellt er die *„Sexuelle* Freude" gegenüber, die man nur dann spüren kann, „wenn physische Intimität gleichzeitig die *Intimität des Liebens* ist".

Im Gegensatz zu Spaß und Vergnügen, die ebenso wie deren Bedeutungsverwandte Lust und Gefühl des Angenehmen sich mehr oder weniger von selbst, ohne unser gestalterisches Zutun einstellen und damit unmittelbarer Ausdruck der Naturkraft Wille zum Schönen sind, ist die Freude eine wesentliche Kulturleistung des Menschen. Um Freude erleben können, braucht es unser gestalterisches Zutun. Wir müssen uns auf das Schöne aktiv einlassen und es dann in uns wirkend in unserem Herzen bewahren, nur so kann Freude als anhaltendes Plateauerlebnis erlebt werden. Dieses „das Schöne in unserem Herzen bewahren" ist nichts anderes als ein leibliches Verweilen im Schönen. Dieses aktive Verweilen im Schönen ist auch der Kernpunkt des Erlebens von Freude. Als besondere Form des Schönheitserlebens braucht die Freude ein menschliches Kultivieren des primitiven naturgegebenen Lustempfindens und wird auf diese Weise zu einem uns Menschen in besonderer Weise auszeichnenden Merkmal. Im Rahmen des Kultivierens von primitivem Lustempfinden wird die unmittelbare Schönheitswahrnehmung von uns mit so viel Emotion aufgeladen, dass dann Freude, als ein besonderes ästhetisches Ereignis, entstehen und bestehen kann.

„Freude ist (somit) eine Begleiterscheinung produktiven Tätig-Seins (des Menschen). Sie ist kein ‚Gipfelerlebnis', das kulminiert und abrupt endet, sondern eher ein Plateau, ein emotionaler Zustand, der die produktive Entfaltung der dem Menschen eigenen Fähigkeiten begleitet. Freude ist nicht die Ekstase, das Feuer des Augenblicks, sondern die Glut, die dem Sein innewohnt", betont Erich Fromm (1978/2011). Das Erleben dieser „Glut", die unserem Sein innewohnt, transformiert das Habens-verhältnis des Vergnügens und des Spaßes in den Seins-zustand der Freude. Nicht zufällig sprechen wir in diesem Zusammenhang dann auch von einem freud*vollen* Erleben und von einem mit Freude *vollen* Leben – unser Sein wird durch die als Plateauereignis erlebte Freude zu einem mit und von Freude erfüllten *Sein* und hebt sich damit wesentlich von einem kurzfristigen nur Spaß- oder Vergnügen-*haben* ab.

Diese Unterscheidung zwischen Spaß und Vergnügen auf der einen und Freude auf der anderen Seite fällt uns in der heutigen Zeit gar nicht leicht. Zu oft wird, wie dies Erich Fromm übrigens schon in den siebziger Jahren des vorigen Jahrhunderts beklagte, beides als Gleiches verhandelt. Da wir in einer Welt „freudlosen Vergnügens" (Fromm 1978/2011) leben, kennen wir den Unterschied zwischen Freude und Spaß gar nicht mehr. In der nun bestehenden Spaßgesellschaft ist die Freude leider weitgehend abhanden gekommen. Dabei hat die Unterscheidung zwischen den beiden Schönheitserlebensformen eine lange Tradition. Praktisch alle großen Religionen sind auf die Freude ausgerichtet und lehnen gleichzeitig einfaches Lustempfinden bis hin zur Vergnügungssucht mehr oder weniger ab. Die religiöse Ausrichtung des Christentums kann uns gleichsam als Prototyp dieser Differenz dienen. So lesen und hören wir im Johannesevangelium den Ruf von Christus: „Dies habe ich zu euch gesagt, damit meine Freude in euch ist und damit eure Freude vollkommen wird" (Bibel 1965; Jo 15,11). Aber nicht nur in den Evangelien des Neuen Testaments, der *Frohen* Botschaft Gottes, finden wir die Freude verherrlicht, auch im Alten Testament ist die Freude „die Grundstimmung, die das Sein begleitet", während Lustbefriedigung im Sinne von Befriedigung der Begierden und Vergnügungen verteufelt wird (Bibel 1965). In diesem Zusammenhang sei auch daran erinnert, dass im Judentum der „Sabbat", der *Tag der Freude* (in Jerusalem kann man auch heute chassidischen Juden begegnen, die den Sabbat schon freitags bei Sonnenuntergang mit freudvollen Tänzen und Gesängen beginnen) und auch die „Messianische Zeit", die *Zeit der Freude*, ist.

Die zentrale Rolle, die der Freude in der jüdischen Religion zukommt, wird durch den Talmud-Spruch illustriert: „Die Freude, die aus der Erfüllung einer *mitzva* (einer religiösen Aufgabe) kommt, ist der einzige Weg zum heiligen Geist" (Steinsalz 1998), als Sinnbild für Vollkommenheit. Auch für Spinoza ist Freude nicht nur ein längerdauerndes Angenehmes, sondern der „Übergang des Menschen von geringerer zu größerer Vollkommenheit". Im Gegensatz dazu ist die Trauer für ihn als Gegenbewegung der Freude ein „Übergang des Menschen von größerer zu geringer Vollkommenheit" (Spinoza 1677/2014). Schon diese wenigen Beispiele belegen eindrucksvoll, welch hohen Stellenwert die Freude in unserer Geisteswelt hatte bzw. haben sollte. Freude ist weit über bloßes naturgegebenes Lustempfinden hinaus *das* Kulturgut der Menschheit schlechthin. Die Freude, die wir ein bloßes (tierisches) Lustempfinden übersteigend als Menschen nur selbsttätig entwickeln und entfalten können, macht uns erst zu ganzen Menschen.

Im Gegensatz zu den Gipfelerlebnissen Spaß und Vergnügen, die aufgrund des raschen Spannungsabfalls und des darauf sich einstellenden Gefühlsvakuums, der „post-koitalen Tristesse", naturgemäß nach rascher Wiederholung von Lusterleben streben, stellen sich im Erleben der Freude aufgrund des erreichten Gefühlsplateaus Ausgeglichenheit und Zufriedenheit mit ein. Spaß und Vergnügen neigen daher auch zur Suchtentwicklung, die sich ganz zentral in einem nicht mehr kontrollierbaren Drang nach einem Immermehr entäußert, während Freude ganz ohne jedwede Suchtpotenz einfach nur zu stillem Verweilen einlädt. Dieses stille Verweilen ist dabei nicht nur Folge der Freude, sondern auch ihr Ausgangspunkt, ihre Vorbedingung und damit untrennbar wesensmäßig mit ihr verbunden. Ohne Verweilen keine Freude, ohne Freude kein Verweilen. Dabei ist streng zwischen Verweilen und Verharren zu unterscheiden. Beide Zustände haben einen „Stillstand" gemeinsam, sind aber dennoch in ihrer Phänomenologie und Erlebenswelt nicht vergleichbar: Im Fall von Verweilen handelt es sich um ein freudvolles und freudenreiches, uns erquickendes Stillstehen, im Fall des Verharrens um ein freudloses, manchmal sogar angstvolles, energie- und zeitraubendes Stillbleiben.

Hierin liegt auch das Problem von so vielen Menschen in der heutigen Zeit, die sich in ein freudloses Dasein geworfen sehen. Sie sind ebenso wie Goethes Faust Getriebene, die sich keine Zeit für ein Verweilen im schönen Augenblick gönnen können und sich damit im dauernden Streben nach Wichtigem der Freude gänzlich enthalten. Goethes Faust ruft dem Mephisto zu: „Werd ich zum Augenblicke sagen: / Verweile doch! Du bist so schön! / Dann magst du mich in Fesseln schlagen, / Dann will ich gern zugrunde gehn!" und setzt später dann noch dazu: „Wie ich beharre, bin ich Knecht, / Ob dein, was frag ich, oder wessen." (Goethe 1988a). Mephisto und die mit ihm Getriebenen befürchten, dass, wenn sie im Schönen verharren, sie allein schon deshalb zu dessen Knecht werden. Nicht mehr weiter streben zu können, ist für sie unerträglich. Diese Knechtschaft des Schönen spüren sie vor allem auch darin, dass sie sich ihr ausgeliefert wähnen. Das Schöne und dessen Wirkungen sind nicht kontrollierbar. Die dem Schönen entspringende Freude ist auch nicht kontrollierbar; sie ist nicht einfach produzierbar und schon gar nicht „wieder abstellbar". Wir können Freude nicht bestellen oder abbestellen. Sie stellt sich ein oder eben nicht. Sie stellt sich aber nur dann ein, wenn wir die Voraussetzungen für sie geschaffen haben und ihren Fortbestand zulassen. Dazu braucht es neben einer aktiven Hinwendung zum Schönen auch ein Zulassen des Schönen in dem Sinne, dass wir das Schöne in uns aufnehmen und aufbewahren und auf diese Weise in ihm verweilen. Das im Schönen Verweilen wird damit zum Kernstück des Plateauerlebnisses der Freude.

Wir verweilen nur überall dort gut und gerne, wo wir das dort Angetroffene bzw. Anzutreffende auch lieben. Die erlebte Freude und die Liebe zu dem, was uns erfreut, sind untrennbar miteinander verbunden. Das, was uns erfreut, lieben wir. Das, was wir lieben, bereitet uns Freude. Die Freude ist somit auch das Bindeglied zwischen dem Schönen und der Liebe – mehr noch und eigentlich richtiger: Das Schöne, die Liebe und die Freude sind nur verschiedene Aspekte von ein und demselben. Auf die untrennbare Verbindung von Schönem und der Liebe wurde bereits eingegangen. Auch die Freude und die Liebe sind eins und damit nicht voneinander zu trennen. Jedes einzeln für sich betrachtet, das Schöne, die Freude und die Liebe, bedingen sich jeweils gegenseitig – ganz so wie die Zelle, der Zellkern und die Zellmembran sich als „Einzelteile" im autopoietischen System gegenseitig bedingen und doch gleichzeitig in ihrer Untrennbarkeit immer eins bleiben.

Wie bereits im Band *Wille zum Schönen I* ausführlich dargelegt, kommt die Zelle als oberste Einheit ohne Zellkern (bzw. „Zellorganellen“) und ohne Zellmembran nicht aus. Auch wenn man die Zellmembran nur als eine untere Einheit der Zelle ansieht, so ist eine Zelle ohne diese nicht möglich. Aber auch ohne Zellkern, als weitere „untere“ Einheit, ist eine Zelle keine Zelle. Alle drei zusammen machen erst die Zelle als Ganzes aus, machen sie zum Einen. Ganz gleich verhält es sich auch mit dem Schönen, der Freude und der Liebe. Das Schöne ist die oberste Einheit. Das Schöne ist ohne die Freude und die Liebe als Untereinheiten des Schönen nicht möglich und doch sind alle drei das Eine, nämlich das Schöne. Dementsprechend ist auch der allem Schönen zugrundliegende und der es überhaupt erst ermöglichende Wille zum Schönen immer gleichzeitig ein Wille zur Freude und zur Liebe. Nur wir Menschen trennen fiktiv das eigentlich Untrennbare und verlieren uns dann in unfruchtbaren Diskursen über ein von Freude und Liebe unabhängiges Schönes, eine von Liebe und Schönem unabhängige Freude und eine von Freude und Schönem unabhängige Liebe.

Schönes, Freude und Liebe sind aber bei all ihrer Eigenständigkeit nicht nur eins, sondern in ihrer Dreieinigkeit auch für unsere Existenz als Menschen konstitutiv. Alle drei sind nicht nur irgendwelche einzelne Teilbereiche oder Aspekte des Menschen, sondern sie machen den Menschen in seinem Wesen selbst aus; sie sind sein Erlebens- und Lebenszentrum. Der Mensch ist nicht nur – wie es uns die Denker der Aufklärung glauben machen wollten – ein vernunftbegabtes Wesen, sondern er ist wesentlich auch ein zum Erleben des Schönen, der Freude und der Liebe begabtes Wesen. Wir heben uns also vom Rest der Natur nicht nur durch unsere Vernunft und unseren Verstand ab, sondern vor allem durch unsere besonderen sinnlich-emotionalen Fähigkeiten in den Erlebnisfeldern des Schönen, der Freude und der Liebe.

Indem wir Menschen uns diese Dreieinigkeit des Schönen, der Freude und der Liebe auch bewusst machen und sie verstandesmäßig reflektieren können, eröffnen wir der Natur – da wir selbst Teil dieser Natur sind – die Möglichkeit zu einer diesbezüglichen Selbstschau. Das Schöne, die Freude und die Liebe sind auch jene durch und durch menschlichen Erlebnisfelder, in denen sich jeder Einzelne weiterentwickeln und entfalten kann; oder um es in der Diktion Nietzsches auszudrücken: Das sind auch diejenigen Spielräume, in denen der Mensch zum Übermenschen werden kann. Das Schöne, die Freude und die Liebe als kulturelle Ausgestaltungen von sinnlichen Naturgegebenheiten sind auch jene Erlebens- und Tätigkeitsfelder, in denen der Mensch über sich hinauswachsen kann. Der von Nietzsche (1988b) kreierte Imperativ „Werde, der du bist" ist daher auch als ein „Werde im Schönen, in der Freude und in der Liebe der, der du sein kannst" zu verstehen.

Das ist es auch, wohin uns der Wille zum Schönen antreibt: dazu, immer mehr Schönes in unsere Welt zu setzen, indem wir lernen, das Schöne intensiver zu erleben, indem wir das Erleben von Freude kultivieren und indem wir damit die Liebe zum gelebten und erlebten Angelpunkt eines schönen und freudvollen Miteinanderseins machen. Durch die von uns gelebte und erlebte Freude und Liebe bleibt das uns gegebene Schöne untrennbar mit unserem Menschsein verbunden. Hier wird der Wille zum Schönen als naturgegebene Kraft zum Kulturgeschehen; als Teil des Menschen, als Teil von uns selbst kann die allgegenwärtige Natur den Willen zum Schönen nicht nur durch uns erfahren, sondern auch durch uns wirksam werden lassen. Das Gleiche gilt natürlich auch für die Gegenpole dieser Dreieinigkeit, das Nicht-Schöne, die Freudlosigkeit und Lieblosigkeit. Ohne diese Gegensätze zum Schönen wüssten wir gar nicht, was und wie viel an Schönem, Freude und Liebe uns gegeben ist und wie viel Schönes, wie viel Freude und wie viel Liebe uns in die Welt zu setzen möglich ist.

Der Mensch weiß um das Gute nur, weil es auch ein Nicht-Gutes gibt, das wir üblicherweise als Böses bezeichnen. Wir wissen auch nur deshalb vom Schönen, weil es eben auch ein Nicht-Schönes gibt. Dieses Nicht-Schöne wird von manchen mit dem Hässlichen gleichgesetzt, was aber insofern nicht zulässig ist, als auch das Hässliche eine Form des Schönen ist. Wir befinden uns in unserem Spüren und Erleben des Schönen auf einem Kontinuum, das zwischen zwei fiktiven (nur vorgestellten) Extrempositionen gespannt ist. Das eine Extrem ist das absolut gesetzte Schöne und das andere das „absolut gesetzte Nicht-Schöne". In unseren Erlebnisweisen befinden wir uns immer zwischen diesen Absolut-Setzungen. Wir erfahren bzw. erleben etwas als sehr schön bzw. außerordentlich schön oder weniger bzw. gar nicht mehr schön. Das Hässliche befindet sich auf diesem Schönheitskontinuum relativ nah an dem Extrempol des absolut „Nicht Schönen", noch näher an diesem Pol ist das Ekelige festzumachen. Auf der gegenüberliegenden Seite, nahe dem Extrempol des absolut „Schönen“ ist das Bewundernswerte und Wunderschöne zu lokalisieren; schon etwas weiter weg vom absolut Schönen als die beiden Letztgenannten können wir das Faszinierende ausmachen und ungefähr in der Mitte auf dem Kontinuum zwischen den beiden Extrempolen ist das Attraktive anzusiedeln.

Auch die Freude und die Liebe sind keine festgesetzten Größen, beide können in ihrer Intensität ganz unterschiedlich ausgeprägt sein. Auch hier sind Kontinua zwischen fiktiven Extrempolen gespannt, wobei es hier allerdings viel schwerer als beim Guten und Schönen fällt, Extreme dingfest zu machen. Bei der Freude ist der eine Extrempol ohne Zweifel die „absolute Freude“, also die Freude in ihrer maximalen Intensität und Dauer. Das Gegenüber ist demnach der Zustand der absoluten Nicht-Freude. Wann ist dieser aber erreicht bzw. richtiger: Wann sind wir dieser „Nicht-Freude“ am nächsten? – Ist es im Zustand tiefster Trauer oder aber im Rahmen einer schweren depressiven Verstimmung mit dem Gefühl von Gefühllosigkeit? Am ehesten ist mit Nicht-Freude wohl eine absolut gesetzte Freudlosigkeit gemeint. Ähnliche Schwierigkeiten erwarten uns auch bei der Festsetzung der Extrempole der Liebe. Ist das Gegenteil der „absoluten Liebe“ der tiefstreichende Hass oder aber die maximale gefühlsmäßige Abwendung vom Anderen oder gibt es noch andere Erscheinungsformen einer absoluten Nicht-Liebe, wie z.B. abgrundtiefe Feindschaft oder gefühlloses Nicht-(Be)Achten. Hier trifft der Begriff völlige Lieblosigkeit am ehesten das mit dem Extrem der Nicht-Liebe Gemeinte.

Ohne diese Fragen der Gegensätze von Freude und Liebe letztgültig klären zu können, bleibt doch offenkundig, dass die Freude und die Liebe sowie auch ihre Gegenpole Freudlosigkeit und Lieblosigkeit hinsichtlich ihrer Intensität und Dauer unterschiedlich stark ausgeprägt sein können. Da es sich bei beiden nicht um „reine Naturgegebenheiten“ handelt, wie z.B. beim Gefühl des Angenehmen, das sich im Angesicht des Schönen schon ganz unmittelbar einstellt, sondern es sich hier wesentlich auch um ein Machwerk des Menschen, also um Kulturleistung im eigentlichen Sinn handelt, kann und muss es uns als Menschen, die wir zum Kultivieren der uns gegeben Welt fähig sind, oberstes Anliegen sein, auf der einen Seite die Freude und die Liebe in unserer Welt möglichst zu vergrößern und auf der anderen Seite die Freudlosigkeit und Lieblosigkeit zu minimieren. Auf diese Weise können wir auch unsere hehrste Aufgabe erfüllen, nämlich unsere Welt zu einer schöneren Welt zu machen.

Wenn hier einer Trinität des Schönen, der Freude und der Liebe das Wort gesprochen wird, gilt es noch zu klären, was mit Liebe gemeint ist. Jeder weiß zwar bzw. glaubt zumindest zu wissen, worüber er redet, wenn er das Wort Liebe ausspricht – und doch ist die Bedeutung dieses Wortes so vielfältig wie verwirrend. Liebe bezeichnet zum einen ein starkes Gefühl des „Hingezogenseins bzw. eine starke, im Gefühl begründete Zuneigung zu einem nahestehenden Menschen", zum anderen aber auch eine besondere Form der Beziehung im Sinne einer „auf starker körperlicher, geistiger, seelischer Anziehung beruhenden Bindung an einen bestimmten Menschen, verbunden mit dem Wunsch nach Zusammensein, Hingabe oder Ähnlichem" (Duden 2013). Eine Sonderform der letztgenannten Liebe sind Beziehungsaufnahmen der reduzierten Art, die nur mehr auf sexuelle Handlungen abzielen, wie wir sie von der Phrase „mit jemandem Liebe machen" kennen. Es muss aber nicht immer ein Mensch sein, dem Liebe entgegengebracht wird. Wir können auch andere Lebewesen wie Hunde, Katzen, Vögel, Fische, Blumen, Bäume etc. oder Dinge wie Autos, Haus, Wohnung, Gemälde etc. sowie Tätigkeiten wie Rad fahren, Schifahren, Musizieren etc. und nicht zuletzt sogar Ideen und Überzeugungen wie den Goldenen Schnitt, die Demokratie, die Anarchie etc. lieben. Letztendlich können wir alles lieben, was um uns herum und in uns ist, bzw. alles, was wir tun und was uns getan wird. Wenn von dieser Liebe gesprochen wird, dann ist das nicht mehr nur Ausdruck einer gewissen Beziehungsform zu einem Anderen, sondern meint eine besondere Art und Weise der Beziehungssetzung im Sinne von Zuwendung und Zueignung bzw. Aneignung eines Anderen, die am ehesten mit herzenswarm bzw. warmherzig begrifflich festgemacht werden kann.

Im antiken Griechenland kannte man für das, was wir heute alles unter dem Sammelbegriff Liebe zusammenfassen, drei Begriffe: *Agape*, *Eros* und *Philia*. *Agape* ist die selbstlose Liebe, die sich den Anderen zu fördern zum Hauptziel macht. Als besondere Form von geistiger Liebe kennt sie kein leibliches Begehren. Als Beispiel mag hier die „Nächstenliebe" oder die „Gottesliebe" dienen. *Eros* steht für die sinnliche, eben die erotische Liebe. Bei dieser Art der Liebe, die auch sexuelles Beisammen- und Miteinander-sein umfasst, steht das leibliche Begehren im Vordergrund, ein sexuelles

Begehren des (leiblichen) Anderen, aber auch ein Begehren nach der Liebe des Anderen. Mit *Philia*, die üblicherweise mit Freundschaft übersetzt wird, ist die auf Gegenseitigkeit ausgerichtete liebevolle Beziehung gemeint, die keinen anderen Fokus kennt als den auf sich selbst. Sie ist als besondere Form der Zweisamkeit die Liebe der Liebe wegen.

Dessen aber noch nicht genug: Aristoteles (2013) unterscheidet in seiner *Nikomachischen Ethik* insgesamt vier Formen der „Philia": zum ersten diejenige, die wir am besten mit Partnerschaft übersetzen. Diese Form der Freundschafts- bzw. Liebesbeziehung ist immer auf einen bestimmten gemeinsamen Nutzen, der in der Regel ein ökonomischer ist, ausgerichtet. In diesem Zusammenhang entbehrt es nicht einer gewissen Komik, dass in unserer Gesellschaft langdauernde Liebesbeziehungen bzw. Ehebeziehungen als „Partnerschaften" bezeichnet werden – vielleicht ist die Mutation einer echten Liebesbeziehung zu einer Partnerschaft auch einer der Gründe dafür, warum heute so viele getrennt werden; nämlich vor allem dann, wenn ein „gemeinsamer Nutzen" nicht mehr gegeben scheint. In jedem Fall ist diese Art der „Philia" weit entfernt von jener, die Aristoteles als eigentliche „Philia", als „Philia im engeren Sinn" bezeichnet, nämlich jene Form der Freundschafts- bzw. Liebesbeziehung, die nur deshalb gelebt wird, um sie eben zu leben; quasi eine Freundschaft bzw. Liebe „l'art pour l'art".

Von dieser höchsten Form der „Philia" und der vorgenannten niedersten trennt dann Aristoteles eine dritte ab, die erotische Beziehung. Sie ist gleichsam eine Spezialform der ersten, der Partnerschaft, allerdings ist sie nicht auf irgendeinen Zweck ausgerichtet, sondern lediglich auf erotisch-sexuelle Befriedigung. Mit der Einbeziehung dieser Form von Beziehung in die Gruppe der „Philias" macht Aristoteles auch deutlich, dass er unter „Philia" eben nicht nur das versteht, was wir heute als Freundschaft bezeichnen – die in der Regel gelebte Erotik und Sexualität als Ausschlussgrund verzeichnet –, sondern dass sein Philia-Begriff ein weit über Freundschaftsbeziehungen hinausreichender ist und Liebensbeziehungen im engeren Sinn mitumfasst.

Die grundlegendste „Philia" ist für ihn aber die vierte Form, die Selbstliebe. Ohne sie sind alle anderen Formen der „Philia" gar nicht leb- bzw. erlebbar, so Aristoteles, der sich damit als durchaus moderner Psychologe ausweist. Selbstliebe ist für ihn die unabdingbare Basis für eine Liebesbeziehung zu bzw. für eine Freundschaft mit einem Anderen.

Dieser kurze und somit unvollständige Exkurs in die Bedeutungslandschaft der Liebe soll nur verdeutlichen, wie wichtig es für einen Diskurs zum Schönen und zur Liebe ist, sich vorher definitorisch festzulegen, um dabei nicht in ein heilloses begriffliches Durcheinander zu schlittern. Wenn nun im Folgenden von Liebe gesprochen wird, dann immer im Sinne der echten Freundschaft bzw. echten Liebe – „l'art pour l'art" des Aristoteles. Diese Liebe ist immer ebenso eine leiblich erlebte Liebe, auch dann, wenn ihr unmittelbare sexuelle Momente fehlen. Erotische Beimengungen im Sinne von einem Fühlen aus dem erotisch-sexuellen Gefühlsspektrum sind zwar nicht völlig ausgeschlossen, allerdings nie ausschließlicher Zweck dessen, was hier als Liebe bzw. Liebesbeziehung ausgewiesen werden soll. Die im folgenden Diskurs ausgeleuchtete und ausgelotete Liebe ist auch keineswegs nur auf zwei Menschen beschränkt. Das geliebte gegenüberstehende Andere kann in manchen Fällen sogar ein Ding oder eine Sache sein, oder ein Lebewesen, eine Situation, eine Idee, eine Überzeugung, aber auch eine Beziehung, also letztendlich alles, was um uns herum und in uns Bestand hat und als solches von uns im Rahmen einer innigen herzenswarmen Beziehung zu einem Anderen, im Sinne einer besonderen Zuwendung, Zueignung und Aneignung geliebt werden kann. Die Liebe zu einem zweiten Menschen stellt demnach nur eine, wenn auch, wie später noch aufzuzeigen sein wird, für das Schönheitserleben sehr wesentliche Sonderform der Liebe dar.

Die Liebe „als etwas , das jeder will, als etwas, dass beinahe für jeden das ausmacht, was dem Leben Intensität und Bedeutung verleiht, ... beginnt immer mit einer Begegnung." (Badiou 2015) Ohne ein offenes und warmherziges Zugehen auf das Andere und das Zulassen seiner Wirksamkeit kann keine Liebe entstehen. Dieses Zugehen, Zulassen und Einlassen auf das Andere ist nicht nur ein vorgestelltes, sondern immer ein leiblich erlebtes. Es gibt keine nur im Theoretischen verortet bleibende Liebe; es gibt keine Liebe im „als ob". Natürlich kann man so tun, als ob man liebte, man kann Liebe vortäuschen, dann ist sie aber keine Liebe mehr, sondern eben nur ein vorgetäuschtes Etwas. Dieses leiblich sich auf etwas bzw. jemanden Einlassen als unabdingbare Grundvoraussetzung für das Lieben birgt natürlich auch Risiken in sich und erhöht damit die

Fragilität und Verletzbarkeit der Liebenden. Oft weiß man am Beginn der liebenden Begegnung noch nicht, worauf man sich in der Öffnung, im Zulassen des Anderen einlässt. Ohne Risiko keine Liebe. Unter „den Bedingungen der gänzlichen Abwesenheit von Risiken ...“ kann die Liebe, die Liebesbeziehung gar „nicht dieses Geschenk an das Dasein“ (Badiou 2015) sein, das sie ohne Zweifel ist, wenn wir nur den Mut dazu haben.

Der größte Gegner der Liebe ist somit das kleinbürgerliche Sicherheitsdenken, die Regulationswut unserer Zeit, die gar nicht selten ihren Endpunkt in unkorrigierbaren Versicherungswahnideen findet, die einem zwar eine Welt der völligen Sicherheit vorgaukeln, in der man allerdings all jener Freiräume und Spielräume verlustig geht, die es braucht, um Liebe gedeihen zu lassen. Alles soll versichert werden, alles soll sicher sein, alles und jedes soll im Leben so geregelt sein, dass „nichts mehr passieren kann“. Wenn aber nichts mehr passieren kann, dann kann auch die Liebe nicht mehr passieren. Keine Liebe ohne Freiheit zur Liebe; keine Liebe ohne Spielräume, in denen Liebe gelebt werden kann und darf. Liebe ist kein Habens-verhältnis, das man erwerben kann und wenn einmal erworben dann auch besitzen kann, verbunden mit der Angst, der Liebe wieder verlustig gehen zu können. Echte Liebe kennt daher auch keine Eifersucht, die ja nichts anderes ist als eine Besitzstörungsklage, die natürlich immer nur dort eingebracht werden kann, wo sich gewähnte Liebe in einen Besitzanspruch auflöst. Die Liebe, eigentlich richtiger: das Lieben ist ein Seins-zustand, ein Seins-zustand im Sinne eines stetigen Werdens. Dieses Werden *der* Liebe und *in der* Liebe gilt es zu entwickeln, zu entfalten und zu kultivieren. Hier wird der Wille zum Schönen als Kulturgeschehen in und durch uns wirksam und auch als solcher in seinen Effekten sichtbar. Er gibt uns die Kraft, die nötig ist, um diese Liebe zu vermehren und schützt sie vor allem auch gegen ihre beiden größten Widersacher, das kleinliche Sicherheitsdenken und die unachtsame Nicht-(be)achtung.

In ihrer stärksten Ausprägungsform wird diese Liebe – die ihrerseits immer ein Prozess, ein Werden ist – vom bloßen Zustand zum *Ereignis.* In unserer begrifflichen Welt tun wir so, als bewegten wir uns von Zustand zu Zustand und von Gegenstand zu Gegenstand. Diese Zustände und Gegenstände sind aber nichts Statisches, sondern ganz im Gegenteil immer Dynamisches. Sie sind allesamt der dauernden Veränderung unterworfen, manche einer rascheren, andere einer langsameren, immer sind sie aber in Bewegung und damit eigentlich keine Zustände und Gegenstände, sondern Prozesse und Verläufe. Nur um unser Denken und unsere Kommunikation zu vereinfachen, behandeln wir all diese Prozesse und Verläufe wie Gegenstände und Zustände; wir frieren sie dann gleichsam ein, indem wir sie vergegenständlichen, sie zum „Gegenstand" und „Zustand" machen. Diese Vergegenständlichung kann so weit gehen, dass wir vergessen, dass wir etwas auf diese Weise fiktiv zum Gegenstand gemacht haben und dieses Bewegte ungeachtet seiner Bewegungen als etwas Feststehendes, dauerhaft Bestehendes ansehen und behandeln.

Wir sprechen von einem Fluss so, als ob er ein feststehender Gegenstand wäre, und wissen doch, dass er sich dauernd verändert. Keiner, so Heraklith, kann jemals zu zwei unterschiedlichen Zeiten in denselben Fluss steigen und doch tun wir so, als wäre dies möglich (Held 1980). Ein Fluss ist dauernd im Fluss, ist in dauerhafter Bewegung und doch sind wir immer wieder bestürzt, wenn er einmal nicht so ist, wie er immer ist und über die Ufer tritt, um seine eigenen Grenzen überschreitend eine Überschwemmung zu verursachen. Wir sprechen auch von Krankheit und von Gesundheit so, als ob sie Zustände bzw. Gegenstände ohne jede Dynamik wären: Man ist entweder krank und hat eine bestimmte Krankheit oder man ist gesund und hat eben keine Krankheit. Dass eine solche vereinfachte Sicht auf menschliches Kranksein in der Behandlung fatale Folgen haben kann, liegt auf der Hand: Befinden wir uns doch alle immer auf einem Kontinuum zwischen den beiden fiktiven Extrempolen völlig gesund und völlig krank. Wären wir, wenn wir krank sind, nicht auch in vielen Bereichen gesund, wäre ein ressourcenorientierter Behandlungsansatz (Musalek 2015b) nicht möglich; wären wir als Gesunde nicht auch immer etwas krank, würden wir keine Frühzeichen eines Krankseins aufweisen, womit eine Vorsorge- bzw. Früherkennungsmedizin unmöglich wäre. Auch bei den Menschen selbst tun wir so, als ob es sich dabei um Gegenstände handelte, die eben so wären, wie sie sind, ganz außer Acht lassend, dass wir als Menschen nie nur so sind, wie wir sind, sondern immer auch das sind, was wir werden bzw. werden können.

Auch vom Schönen, von der Liebe und von der Freude sprechen wir so, als ob sie Zustände wären, auch sie frieren wir zu Gegenständen ein. Wir meinen, die Liebe ist so, wie sie ist, die Freude ist so, wie sie ist, und auch das Schöne ist eben so, wie es ist – und schaffen uns damit eine Welt fernab der beobachtbaren Realität. Denn ganz so wie der sie mitschaffende Mensch sind sie allesamt Prozesse und Verläufe. Als solche sind sie in dauerhafter Bewegung, einmal stärker, einmal weniger stark ausgeprägt, einmal mehr im Vordergrund unseres Lebens und Erlebens, manchmal mehr durch andere uns wichtige Verläufe und Prozesse in den Hintergrund gedrängt. Die Kraft, die sie antreibt, das ist der Wille zum Schönen, der immer gleichzeitig auch ein Wille zur Liebe und zur Freude ist. Es ist ein Wille, der zum einen uns zum Schönen, zum Angenehmen und zum harmonischen Miteinander drängt, der uns gleichzeitig aber auch dazu verführt, selbst Schönes in die Welt zu setzen, uns an Schönem zu erfreuen und es zu lieben. Und mehr noch: Der Wille zum Schönen ist auch ein Wille, der uns direkt dazu treibt, uns zu freuen und zu lieben, um in Freude und Liebe ein Mehr an Schönem in die Welt zu bringen.

In ihrer höchsten Ausprägungsform werden die Liebe und das Schöne zum Ereignis. Ein Ereignis ist „ein Bruch im normalen Verlauf der Dinge", sagt Slavoj Žižek (2014) in einem jüngst erschienenen Buch. Ein Ereignis ist „... ein Effekt , der seine Gründe zu übersteigen scheint – ... der Raum des Ereignisses ist derjenige, der von dem Spalt zwischen einem Effekt und seinen Ursachen eröffnet wird." Das Ereignis ist immer auf etwas Besonderes ausgerichtet, es unterbricht den einfachen und damit auch vorhersehbaren Verlauf. Es ist etwas Herausragendes, Sublimes, das uns in besonderer Weise anzieht, ergreift und gefangen nimmt. Dort, wo uns die Liebe ergriffen macht, wo sie uns gefangen nimmt, dort, wo sie am größten ist, wird sie zum Ereignis. Dort wird sie zur „epochalen Enthüllung des Seins" und zur Entstehung einer neuen Welt (Heidegger 1927/2006), einer neuen schönen Welt. Die Liebe als Ereignis gebiert das Schöne in unsere Welt, das dann in seiner höchsten Ausprägung selbst zum Ereignis werden kann.

„Definitionsgemäß liegt etwas ‚Wunderbares' in einem Ereignis, von den Wundern unseres alltäglichen Lebens zu denen der höchst erhabenen Sphären, die Göttlichen eingeschlossen" behauptet Slavoj Žižek in dem eben zitierten Buch *Was ist ein Ereignis* und hat damit Recht: die Liebe in ihrer höchsten Ausprägungsform, das Schöne in seiner sublimsten Art, sie alle sind ein Wunder, ein Wunder der Natur und ein Wunder von uns Menschen, die das von Natur aus uns gegebene Schöne und die Liebe zu kultivieren, zu vermehren und zu intensivieren imstande sind. Beide, das Schöne und die Liebe, stehen in einem zirkulären Verhältnis und sind damit untrennbar miteinander verbunden, konstatiert auch Žižek (2014). Wir lieben den anderen Menschen nicht nur aus bestimmten Gründen, wie attraktives Äußeres, süßes Lächeln, glänzende Strahlkraft etc., sondern weil wir lieben, fühlen wir uns von und zu seinem Äußeren, Lächeln und von und zu seiner Strahlkraft angezogen, wobei diese Anziehungskräfte dann ihrerseits auch wieder unsere Liebe verstärken. Auf diese Weise kann das Lieben so weit gesteigert werden, dass es ereignishaft wird, wir stehen dann staunend und liebend einem Wunder, dem unserer Liebe, gegenüber.

Die Liebe und das Schöne, das Lieben und das Schönen, das Schöne in die Welt bringen, sind, wie bereits vermerkt, unmittelbar miteinander verbunden. Das Schöne lieben wir, das, was wir lieben, ist schön. Das heißt aber auch, dass, wenn wir die Liebe in unserer Welt vermehren, wir damit auch das Schöne in unserer Welt vermehren. Besonders deutlich wird der Zusammenhang zwischen dem Lieben und dem Schönen dort, wo wir uns in der Situation des Verliebtseins bzw. der Liebe zu einem andern Menschen befinden. Wenn wir getragen von einer solchen Liebesbeziehung offenen Auges durch die Welt gehen, fällt uns plötzlich Schönes auf, das wir vorher gar nicht als Schönes wahrgenommen bzw. erkannt haben; oder etwas, das wir schon früher für schön hielten, wird nun zum Wunderbaren und Wundervollen. Durch unsere zwischenmenschliche Liebe wird damit vermehrt Schönes in die Welt gebracht. Zwischenmenschliche Liebe dient somit keineswegs nur der Fortpflanzung des Menschen (wie uns manche unverbesserlichen Biologisten glauben machen wollen), sondern unser gelebtes Lieben ist, indem es Schönes gebiert, auch unverzichtbares konstitutives Element einer schönen Welt.

Ähnliches gilt auch für die Liebe zu Gegenständen, Situationen, Beziehungen etc. Wenn wir einen Gegenstand lieben, dann wird er dadurch auch zu einem für uns schönen. Wenn wir z.B. unsere Wohnung lieben, dann werden wir sie auch schön gestalten und damit zu einer schöneren Welt beitragen. Wenn wir Beziehungen zu Menschen oder auch zu Tieren und Pflanzen lieben, dann werden wir diese auch schön gestalten, was wiederum Platz und Raum für die Liebe schafft. Durch die Liebe wird die Welt schöner; durch das Schöne wird die Welt liebenswerter, darin liegt auch unsere Verantwortung als weltgestaltende Wesen. Auf diese Weise können wir es mit der vom Willen zum Schönen eingebrachten Antriebskraft schaffen, dass das Schöne und die Liebe in ihren höchsten Ausprägungsformen zum Ereignis werden.

Ereignisse unterbrechen, wie bereits angeführt, den normalen erwartbaren Verlauf der Dinge, sie überraschen uns, fesseln uns, überwältigen uns. Sie passieren uns und dies gar nicht selten außerhalb unserer Kontrollmöglichkeiten. Sie können uns dazu bringen, dass wir die Kontrolle über sie und manchmal auch über uns selbst verlieren. Dieses Kontrolle-verlieren, dieses Ausgeliefertsein im Ereignis macht vielen von uns so viel Angst, dass sie es vorziehen, lieber auf die Liebe als Ereignis zu verzichten, um sich in lauwarme Gefühlsduseleien zu flüchten, die möglicherweise dann sogar noch als „Liebe" ausgegeben werden. Um die Liebe als Ereignis erleben und leben zu können, braucht es innere Stabilität und Sicherheit, die wir nur durch Selbstliebe erreichen können. Keine Liebe ohne Selbstliebe. Auf diese bereits von Aristoteles (2013) formulierte conditio sine qua non wurde bereits verwiesen. Was ist aber diese Selbstliebe, was ist ihr Kern, wo liegen ihre Grenzen? Selbstliebe ist die warmherzige Zuwendung, Zueignung und Aneignung von uns selbst an uns selbst. Es ist die liebende Zuneigung in Herzenswärme, in der wir uns selbst so, wie wir sind, als einen von uns geliebten Anderen erfahren. Auf diese Weise können wir auch das Andere von uns, das uns noch fremde Andere in uns erfahren.

Streng zu trennen ist Selbstliebe von dem, was wir heute Narzissmus nennen, die bloße Verliebtheit in Abbilder von sich selbst, die als Trugbilder nur wenig mit unserem eigentlichen Selbst zu tun haben. Wie uns schon die griechische Mythologie lehrt, ist ein in seine eigene Trugbilder Verliebt-sein nicht nur der Liebe zu Anderen nicht förderlich, sie be- bzw. verhindert sie sogar. Der schöne Sohn des Flussgottes Kephissos und der Wassernymphe Leiriope, Narkissos, erblickt ein Antlitz im ihn widerspiegelnden Seewasser, in das er sich sofort unsterblich verliebt, womit er unfähig wird, andere Menschen zu lieben. Es ist nicht die Liebe zu sich selbst, die ihn daran hindert, dass andere Menschen keinen Liebesplatz mehr in seinem Leben finden. Die Verliebtheit des Narziss hat nichts mit der Selbstliebe zu tun, die von Aristoteles so vehement als Grundvoraussetzung der Liebe zu Anderen eingefordert wird. Denn Narziss liebt nicht sich selbst, er ist nur in ein sich im Wasser widerspiegelndes Antlitz verliebt, das er vorerst noch nicht als sein eigenes erkennt, das sich aber schon beim ersten Wellengang in seiner Verzerrung und im nachfolgenden Verschwinden als Trugbild erweist.

Man könnte sogar so weit gehen zu behaupten, dass Narziss, hätte er sich wirklich selbst geliebt, nämlich ganz so, wie er wirklich ist, sich gar nicht in dieses Trugbild von ihm hätte verlieben können. Selbstliebe ist nämlich nicht nur der Schlüssel zur Liebe des Anderen und damit auch *der* Öffner zu Schönheitserleben auf höchstem Niveau, sondern gleichzeitig immer auch Schutz vor einem ungezügelten Narzissmus. Wenn dieser so stark ausgeprägt ist, dass er einen signifikanten Freiheitsgradverlust nach sich zieht, bezeichnen wir ihn heute als Persönlichkeitsstörung, die ihrerseits neben massiv reduzierter Frustrationstoleranz vor allem von falscher Selbsteinschätzung im Sinne maßloser Selbstüberschätzung geprägt ist.

Echte Selbstliebe kann nicht käuflich erworben werden. Es genügt hier nicht – im Gegensatz zur Verliebtheit in sein eigenes Selbsttrugbild –, dass man Selbstverliebtheit ankurbelnde „Titel" oder „Orden", als oberflächliche Zeichen von Ansehen, einfach kauft, wie dies in manchen Gegenden dieser Erde möglich sein soll. Selbstliebe kann auch nicht vom Seelenarzt verschrieben werden und sie kann schon gar nicht jemandem (von wem auch immer) anerzogen werden. Selbstliebe kann nur von jedem einzelnen Menschen selbst entfaltet und entwickelt werden. Der erste Schritt zur Selbstliebe ist, sich selbst jene Aufmerksamkeit und Achtsamkeit entgegenzubringen, die man auch einem anderen geliebten Menschen zuteilwerden ließe. In einem zweiten Schritt gilt es, nochmals genauso mit sich selbst umzugehen, wie man mit einem geliebten Menschen verfahren würde. Das bedeutet, dort, wo es passt, ein zustimmendes nettes Wort, ein „ich mag dich", dort, wo es nötig ist, ein liebevolles Anmerken möglicher Verbesserungen, vor allem aber ein zuvorkommendes und warmherziges auf sich selbst Zugehen und ein liebevolles und rücksichtsvolles Miteinandersein in sich selbst, das geprägt ist von uneingeschränkter Wertschätzung und Herzenswärme. All das klingt so einfach, ist aber gar nicht so einfach in die Tat umzusetzen. Die wenigsten von uns sind in der Selbstaufmerksamkeit und Selbstliebe so geübt wie im Umgang mit Anderen. Dem einen oder anderen erscheint es vielleicht sogar peinlich, sich selbst liebend auf sich selbst zuzugehen. Den allermeisten aber fällt es nicht einmal auf, wie lieblos sie mit sich selbst umgehen.

Dabei ist die Selbstliebe ganz ohne Zweifel eine unverzichtbare Voraussetzung für ein liebendes und freudvolles Leben im Schönen. Um die Welt, um *unsere* Welt, zu einer schöneren zu kultivieren, braucht es als erste Grundlage einen kultivierten Umgang mit sich selbst, der in letzter Konsequenz nur ein sich selbst liebender sein kann. Nur so können wir jene Sicherheit und Stabilität erlangen, die es braucht, um sich auf all die Unsicherheiten, Überraschungen und Überwältigungen, die mit der Liebe zu Anderen und zum Anderen verbunden sind, und damit auch auf das Schöne, auf ein freudvolles Erleben des Schönen in höchstem Maße einlassen zu können. Nur mit Hilfe gelebter Selbstliebe können wir unsere Fragilität und Verletzbarkeit und die damit verbundenen Ängste überwinden. Nur auf diese Weise können wir das erreichen, was wir zur Kultivierung unserer Welt im Schönen brauchen: nämlich Stabilität und Resilienz (Antonovsky 1997) – und vor allem ungetrübte Freude, Freude an all dem Schönen, das uns von der Natur gegeben ist, Freude am Anderen, Freude an sich selbst und nicht zuletzt auch Freude am Leben selbst.

Der Wille zum Schönen und der Genuss

Die höchste und zugleich tiefste Erscheinungsform der Freude ist der Genuss; die höchste und zugleich tiefste Erlebensform des Sich-Freuens ist das Genießen. Die höchste Form ist es deshalb, weil es einfach keine Steigerung im Bereich des Schönheitserlebens mehr gibt; mit dem Genießen ist praktisch der Plafond des Schönheitserlebens erreicht. Im Genießen ist man gleichsam voll und ganz von maximaler Freude erfüllt. Die tiefste Form deshalb, weil dieses Erlebnis ein Erleben ganz tief in uns drinnen ist, ein Schönheitserleben, das uns bis in unsere tiefsten Tiefen erfüllt; alle anderen Formen der Schönheitserlebnisse werden damit vom Genießen in den Schatten gestellt.

Dort, wo die Freude, wo freudvolles Erleben selbst zum Ereignis wird, da beginnt das Genießen. Im Genießen zeigt sich der Wille zum Schönen, der gleichermaßen auch Wille zur Freude und Wille zur Liebe ist, in all seiner Pracht. Ebenso wie es Alain Badiou (2015) für die Liebe als so kennzeichnend ansah, ist auch das Genießen letztendlich ein Geschenk, ein Geschenk, das allerdings einer besonderen Vorbereitung bedarf, das gleichsam erst verdient werden muss. Genießen ist nicht machbar; man muss aber viel machen, um es geschehen lassen zu können, um es dann als Geschenk für alle vorangegangenen Bemühungen erleben zu können. Genuss passiert nicht aus dem Nichts heraus, sondern immer nur dort, wo fruchtbarer Boden dafür geschaffen wurde. Wir sind die Wegbereiter des Genießens. Der Weg, der sich damit eröffnet, das ist dann der des Genießens. Genießen ist kein einfaches Gefühl, das uns in bestimmten Situationen begleitet; es ist ein hochkomplexer sinnlicher Prozess im Sinne eines zutiefst freudvollen Ereignisses, das, wenn es sich einstellt, uns als Menschen in all unserer Leiblichkeit erfüllt.

Als Deutschsprachige sind wir in der glücklichen Lage, für diese höchste und zugleich tiefste Form freudvollen Erlebens ein eigenes Wort zur Verfügung zu haben. In anderen Sprachen, wie zum Beispiel im Englischen, fehlt ein solcher Terminus. Englische Begriffe für freudvolle Zustände bzw. Momente, wie zum Beispiel „pleasure", „joy", „enjoyment", „indulgence" oder „delight", greifen alle viel zu kurz. Genuss muss im Englischen daher mit mehreren Wörtern erklärend beschrieben werden. So kann Genuss als „ultimate appreciation" oder als „a mindful and deliberate reverie on delight/pleasure" (Ludvigson 2015) bezeichnet werden. Oder man folgt dem Rat des berühmten Wine-Decanters Andrew Jefford (2015), der in Bezugnahme auf einen Vortrag des Autors vorschlägt, mit „the Genuss" den deutschen Ausdruck einfach ins Englische zu übernehmen; ganz in Analogie zum Begriff „Dasein", der auch, weil unübersetzbar, direkt als deutsches Lehnwort ins Englische bzw. Französische übernommen wurde.

Obwohl es in der Tat ein Privileg ist, eine Sprache sprechen zu dürfen, die für den Zustand höchster Freude und tiefsten freudvollen Erlebens ein eigenes Wort bereit hat, wurde dieses besondere Wort Genuss gerade in den letzten Jahren einerseits durch inflationären Gebrauch und andererseits durch Fehlverwendungen seiner eigentlichen Bedeutung beraubt. Es degenerierte in der Alltagssprache immer mehr zu einem zahn- und konturlosen Begriff, der überall dort eingesetzt wird, wo etwas auch nur annähernd schön ist beziehungsweise als solches verkauft werden möchte. Da gibt es heute „Genusshotels", „Genussmenüs", ja sogar „Genusslandschaften", „Genussregionen" oder „-zonen" etc. Alles was mit Konsum auf hohem Niveau zu tun hat, also alles Höher- bzw. Höchstpreisige wird als Genussmittel bzw. als „etwas für Genießer" ausgegeben, um es an den Mann oder die Frau bringen zu können; selbst dann noch, wenn es in der dargebotenen Form oftmals ganz und gar ungenießbar wird. Nicht bewusst ist man sich dabei wohl, dass eine solche Verwässerung des Begriffes in Richtung einer oberflächlichsinnlichen Ebene wiederum als eine (sicher unbeabsichtigte) Rückführung zur ursprünglichen Bedeutung des Wortes „Genuss" angesehen werden kann.

Das Wort Genuss, das „eine recht merkwürdige Geschichte" aufweist und im „Hochdeutsch noch recht jung" ist, steht ursprünglich „wie (auch das Wort) ‚genieß' (nämlich) für Nutznießung", also für den Nutzen, den man aus einem Guten ziehen kann (Grimm & Grimm 1854/1999). Schon im 17. Jahrhundert wird es dann auch im Zusammenhang mit Lust verwendet, wobei Lust hier noch als ein Sammelbegriff für all das, was wir heute als Spaß, Freude und Genuss differenzieren, aufgefasst wird und nicht nur auf die Bedeutung eines primitiven Lustempfindens beschränkt bleibt. Im weiteren Sprachverlauf erhält Genuss bzw. Genießen immer mehr die Bedeutung des ganz besonders Lust- und Freudvollen, wobei im 19. Jahrhundert das Wort Genuss vor allem vordergründig für das Genießen von Speis und Trank eingesetzt wird (Grimm & Grimm 1854/1999). Weniger bekannt scheint zu sein, dass dieses ursprüngliche Nutznießen im Sinne eines Nutzenhabens von etwas immer als ein gemeinschaftliches Nutznießen verstanden wurde, womit die Verbindung zum Wort Genosse hergestellt ist. Ob die Genossen heutiger Prägung noch darüber Bescheid wissen, dass ihre Anrede ganz eng mit dem Genießen verbunden ist, mag hier außer Frage gestellt sein; den Zusammenhängen von Genießen und Zweisamkeit, von Genuss und Gemeinschaft wird aber in jedem Fall noch diskursiv nachzugehen sein.

Wenn in den folgenden Analysen zur Phänomenologie und Herkunft des Genießens das Wort Genuss in seinen Abwandlungen „genießen", „genussvoll", „genussreich" etc. verwendet wird, dann nie nur im Sinne von bloßem Nutznießen oder von Konsumieren auf hohem Niveau, sondern immer in der Bedeutung eines höchsten und zugleich tiefsten Erlebens von Freude. Das Genießen ist ein hochkomplexer Prozess, dort wo freudvolles Erleben zum Ereignis, zum Wunder, zum Wundervollen wird; ganz im Gegensatz zum sich im Angesicht des Schönen unmittelbar einstellenden Schönheitsempfinden in Form eines bloßen Lustempfindens. Der so verstandene Genuss ist als Urphänomen und Urmoment, als Urzustandsweise und archaische Erlebensform des Menschen auch der erhabenste Ausdruck des die Welt des Menschen bestimmenden Willens zum Schönen. Der Wille zum Schönen als menschliches Urmoment und Kraftquelle des Menschen macht das

Erleben von einer solch wundersamen und wundervollen Freude, die wir Genuss bzw. Genießen nennen, erst möglich. Genuss ist somit keine simple Wahrnehmung eines bestimmten Gefühlszustandes, sondern viel mehr als höchster Grad der Kultivierung des naturgegebenen Gefühls eines Angenehmen ein hochkomplexer sinnlicher Prozess, der nur dann in Gang gesetzt werden kann, wenn die nötigen Voraussetzungen dafür gegeben bzw. geschaffen sind.

a. Vorbereitung auf den Genuss

Der erste und (wie so oft im Leben auch) wichtigste Schritt, um etwas genießen zu können, ist die Vorbereitung auf den Genuss. Ein Genießen aus dem Nichts heraus, ein unvorbereitetes Genießen ist nicht möglich. Diese Vorbereitungsphase kann allerdings unterschiedlich lange dauern – wobei die ideale Dauer nicht zuletzt auch davon abhängig ist, wie geübt man bereits im Genießen ist. In jedem Fall umfasst sie drei Abschnitte: erstens die Planung und Prüfung der persönlichen Grundvoraussetzungen des Genießens, zweitens die Einstimmung auf das Genießen und drittens der Auftakt zum eigentlichen Genuss. Die Planung des Genusses bezieht sich natürlich zuvorderst auf die Wahl des Genussmittels bzw. auf die Wahl dessen, was es zu genießen gilt. Es braucht aber nicht nur die Wahl des zu Genießenden, sondern auch die Auswahl eines geeigneten Ortes und der rechten Zeit. Die Zeitplanung beschränkt sich dabei nicht nur auf die zeitliche Ausdehnung des Genießens, sondern muss ganz wesentlich auch auf den rechten Zeitpunkt fokussieren. Das antike Griechenland kennt zwei Götter der Zeit. Der eine, sehr prominente Gott der Zeit ist Chronos, jener seine Kinder fressende Gott der ausgedehnten Zeit, einer fortlaufenden Zeit, die letzten Endes doch alles verschlingt (Cacchiari 1986). Daneben gibt es aber noch einen zweiten Gott der Zeit, der zwar weniger prominent, aber für das Gelingen des Alltags zumindest genauso wichtig ist, wenn nicht sogar noch wichtiger als Chronos: Es ist Kairos, der Gott des rechten Augenblicks. Er wird üblicherweise mit einem Büschel Haare in der Hand abgebildet („die Gelegenheit beim Schopfe packen") und zeichnet dafür verantwortlich, dass man etwas zum richtigen Zeitpunkt tut (Musalek 2015b). Gerade dieser „rechte" Zeitpunkt ist für den Genuss von entscheidender Bedeutung: Was zum einen Zeitpunkt zu einem Hochgenuss führen kann, bleibt zu einem anderen in schalem und fahlem Erleben stecken.

Besonders deutlich wird die Wichtigkeit des rechten Zeitpunkts im Rahmen der zweisamen Liebe. Wie wunderschön kann es sein, den Satz: „ich liebe dich" aus dem Mund des geliebten und verehrten Gegenübers zu hören, wenn er zum rechten Zeitpunkt ausgesprochen wird – vielleicht gerade in dem Augenblick eines verliebten einander in die Augen Blickens. Wie bedrückend bzw. angsterregend kann der gleiche Satz in einem anderen Moment werden – dann vielleicht, wenn im Zusammensein die vertrauensvolle Hingabe abhanden gekommen ist und die Beziehung nun nur mehr von eifersüchtig-paranoidem Vorbeireden und Vorbeischauen geprägt wird. Einmal schwingt man in den Höhen des Hochgenusses, das andere Mal steigt man in die Niederungen des Nicht-mehr-Genießen-Könnens. Aber auch bei etwas weniger fragileren Genüssen als jenen in Zweisamkeit, wie z.B. beim Musikhören beziehungsweise bei einem guten Essen oder Trinken, ist der rechte Zeitpunkt wichtig, um in die höchsten Sphären des Genießens gelangen zu können. Man kann nicht zu jeder Zeit sich dem Musikgenuss oder dem kulinarischen Genuss in gleicher Weise hingeben, einmal gelingt es spielerisch, die höchsten Höhen des Genießens zu erklimmen, ein anderes Mal ist auch mit Anstrengung nicht einmal ein mittelstarkes freudvolles Erleben zu erreichen.

Das Genießen ist aber nicht nur vom Genussmittel und von der rechten Zeit des Genießens abhängig, sondern ganz wesentlich auch von der prinzipiellen Genussfähigkeit des Genießers. Unter Genussfähigkeit versteht man die Fähigkeit eines Menschen, etwas zu genießen, und meint damit alle jene Voraussetzungen, die Menschen mitbringen müssen, um etwas genießen zu können. Die Genussfähigkeit ist einerseits einer hohen interindividuellen, andererseits aber auch einer hohen intraindividuellen Variabilität unterworfen. Nicht jeder ist im Vergleich zu einem Anderen in jedem Bereich in gleichem Maße genussfähig. Nicht jeder ist auch für sich selbst in verschiedenen Zeiträumen gleichermaßen genussfähig. Diese Fähigkeit, etwas genießen zu können, hängt zum einen vom Erfahrungsschatz des Einzelnen, zum anderen von seinen ihm prinzipiell gegebenen Erlebnismöglichkeiten ab. Genussfähigkeit ist darüber hinaus eng an den jeweiligen Gemütszustand des Einzelnen gebunden.

Es gibt Gemütszustände, die dem Genießen durchaus förderlich sind, wie z.B. Euphorie, gemütvolle Ausgeglichenheit, innere Ruhe und Gelassenheit, aber auch Verliebtheit. Hölderlin fasst Letzteres in seiner Ode an die geliebte Diotima in die wundervollen Worte: „Wie so anders ist›s geworden! / Manches, was ich trauernd mied / Stimmt in freundlichen Akkorden / Nun in meiner Freude Lied, ..." (Hölderlin 1957). Demgegenüber gibt es auch Gefühlszustände, die dem Genießen keineswegs förderlich sind, wie z.B. Angst, gereizte Missstimmung, Aggression oder depressive Verstimmung. Und nicht zuletzt ist die Voraussetzung, genießen zu können, dass wir es überhaupt jemals gelernt haben. Als Menschen sind wir nämlich durchaus dazu fähig, Genießen im Sinne eines erweiterten Ermöglichens und/oder vertiefenden Intensivierens zu entwickeln und zu kultivieren. Ob und in welcher Intensität wir genießen können, hängt auch wesentlich davon ab, ob und wie uns das Genießen nahegebracht bzw. ermöglicht wurde. In jedem Fall ist die Genussfähigkeit untrennbar an die emotionale Erlebnisfähigkeit gekoppelt.

So wie das Genießen die höchste Form des Schönheitserlebens ist, so ist die Genussfähigkeit die höchste und zugleich differenzierteste Form der Fähigkeit, Schönes zu erleben. Bereits bei leichten Beeinträchtigungen der Erlebnisfähigkeit verliert man an Genussfähigkeit. Man ist dann zwar durchaus noch fähig, Freude zu erleben, schafft es aber nicht mehr in jenen Intensitätsgrad freudvollen Erlebens zu gelangen, den man dann zu Recht als Genießen bezeichnen darf. Bei stärkerer Beeinträchtigung der Erlebnisfähigkeit fällt auch ein Sich-Freuen-Können aus, während ein oberflächliches Spaß-haben oder etwas als angenehm zu erleben noch möglich bleibt. Bei ausgeprägten Erlebensstörungen, wie zum Beispiel im Rahmen einer schweren Depression, verschwindet dann auch noch die Fähigkeit, Angenehmes lustvoll zu empfinden. Man weiß zwar noch, dass es sich bei einer bestimmten Situation, einem bestimmten Augenblick um etwas Angenehmes handelt, das als Schönes zu erleben wäre, das Schöne kann aber nicht mehr als ein Angenehmes gefühlt werden. Die Kognition des Schönen bleibt zwar erhalten, das emotionale Erleben des Schönen versiegt jedoch im „Gefühl der Gefühlslosigkeit".

Diese Erlebensleiter kann auch in der Gegenrichtung beschritten werden, zum Beispiel im Rahmen des Heilungsprozesses einer solchen Depression. Dabei wird zuerst wieder das basale Fühlen des Schönen im Sinne eines etwas als angenehm Empfindens möglich, während sich ein Spaßhaben noch nicht in emotionaler

Reichweite befindet. Bei fortschreitender Besserung des Gemütszustandes wird auch wieder oberflächliches Spaßhaben erlebbar, und in weiterer Folge auch das Empfinden von Freude und ganz zuletzt als Ausdruck psychischen Gesundseins auch noch das Genießen. Aufgrund der Regelhaftigkeit dieser Ausfälle bzw. des vorgegebenen Wiedererlangens von Gefühlsfähigkeiten kann auch der Schweregrad einer Gemütsstörung im Allgemeinen und einer Depression im Besonderen über diese Erlebniskaskade bestimmt werden. Etwas genießen zu können wird auf diese Weise zum indirekten Zeichen psychischen Gesundseins. Wenn jemand genießen kann, dann muss er im Wesentlichen psychisch gesund sein. Der Umkehrschluss ist jedoch nicht zulässig: Wenn jemand unfähig ist zu genießen, dann kann nicht schon allein daraus geschlossen werden, dass er psychisch nicht (mehr) gesund sei. Zu viele andere Faktoren können unabhängig von einer krankheitsbedingten Empfindungsstörung Ursache für ein nicht bzw. noch nicht in vollem Maße Genießen-Können verantwortlich zeichnen.

Auch das Schönheitserleben unterliegt somit nicht einer Entweder-Oder-Beziehung, sondern bewegt sich, ebenso wie alle Erlebnisformen menschlichen Lebens, auf einem Kontinuum zwischen den fiktiven Extremvarianten „Gar-kein-Schönheitserleben" und „Absolutes-Schönheitserleben" (im Sinne eines in keiner Weise mehr steigerbaren). Da Schönheitserleben nicht einfach nur Gegebenes ist, sondern von uns entfaltet und weiterentwickelt werden kann, liegt es zuletzt immer an uns selbst, eine Steigerung des Schönheitserlebens bis hin zum Genusserleben zu ermöglichen. Genießen kann gelernt werden, jeder von uns kann seine Genussfähigkeit weiterentwickeln und entfalten. Das wird auch dadurch unterstrichen, als in den letzten Jahren vom Autor ein Behandlungsprogramm zur Förderung der Genussfähigkeit von Suchtkranken entwickelt wurde, das als „Orpheus-Behandlungsprogramm" bereits in der klinische Praxis etabliert werden konnte (Musalek 2010a).

Genießen kann man nicht aus sich heraus, es ist nicht gleichsam „aus dem Stand" möglich. Es braucht nach der Abklärung der prinzipiellen Genussmöglichkeiten immer noch eine mehr oder weniger lange Einstimmungsphase (siehe Abbildung 1). In dieser Vorbereitungsphase steht ein „Emotionales-Sich-Öffnen" im Zentrum der Aktivitäten. Um sich aber dem zu Genießenden und dem Genuss selbst in gehörigem Maße öffnen zu können, muss man sich zuvorderst in eine *„ästhetischen Haltung“ zu* der uns gegebenen Erlebniswelt bringen, um sich dann ästhetisch auf das zu Erlebende zu fokussieren. Die Schweizer Philosophin Guenda Bernegger (2011) spricht in diesem Zusammenhang von *„ästhetischen Koordinaten“* und *„ästhetischen Vektoren“*. Das Einnehmen einer ästhetischen Haltung, das von Hegel sinngemäß als ästhetische Einstellung bezeichnet wird (Hegel 1842/1976), ermöglicht das Ausloten und Einziehen von ästhetischen Koordinaten als jeweiligen Erlebensrahmen sowie das Schaffen und Festsetzen von einzelnen Erlebensbezugspunkten, in deren Rahmen dann ein zu Genießendes zu genießen ist. Das jeweils Genossene ist dann die Summe jener ästhetischen Vektoren, die als gerichtete Kraftströme in dem durch die ästhetischen Koordinaten vorgegebenen ästhetischen Rahmen zu verorten sind.

VORBEREITUNG
- Wahl des (der) Genussmittel(s) - (was?)
- Wahl von Genussumgebung/Zeitpunkt - (wo? wann?)
- Erlebnisfähigkeit/Genussfähigkeit - (wer? mit wem?)

EINSTIMMUNG
- allgemeine ästhetische Haltung
- emotionales Sich-Öffnen („inneres Lächeln“)
- konkretes ästhetisches Fokussieren

AUFTAKT
- „Vorfreude“ („romantisieren“ - Novalis)
- Handlungsintention
- Aufmerksamkeit, Achtsamkeit

Abbildung 1

Völlig zu Recht trennt Hegel (1842/1976) die ästhetische Einstellung von dem, was er sinnliche Begierde nennt, also jene innere Kraft, die uns zum Genießenden treibt. Das Erste, die ästhetische Einstellung, tritt als ein Aufbauen eines bestimmten Verhältnisses zu dem zu erfahrenen Gegebenen gegenüber in Erscheinung, als ein Schaffen von Bezugsrahmen, in dem dann Genussvektoren verortet werden können. Das Zweite, die sinnliche Begierde, ist eine jener Ausdrucksformen, die wir als konkrete ästhetische Fokussierung auf ein unmittelbar zu Erlebendes kennen. Diese Fokussierung kann vom Individuum selbst willentlich festgesetzt werden und damit im eigentlichen Sinne als selbstgewollte Zuwendung erfahren werden. Sie kann aber dem Individuum auch (zumindest bis zu einem gewissen Grad) passieren, was dann eben als sinnliche Begierde erlebt wird.

Die ästhetische Einstellung ist keineswegs nur kognitiv analytischer und planender Zugang zu einem nachfolgend zu Genießenden, sie ist im Kern immer auch emotionales Geschehen. Auf diese Weise hilft sie uns im Besonderen beim Aufspüren von neuem Schönen, auf das dann wieder als ein neu zu Genießendes fokussiert werden kann. Indem wir eine bestimmte *ästhetische Haltung einnehmen*, betrachten wir ganz automatisch die uns gegebene Welt aus ästhetischer Perspektive, womit eben gerade in besonderem Maße das Schöne der uns umgebenden Welt sichtbar wird. Betrachten wir die Welt zum Beispiel nur aus einer finanziell-ökonomischen Perspektive, sehen wir wirtschaftliche bzw. finanzielle Zusammenhänge und Benefite; betrachten wir sie aus einer physikalisch-chemischen Perspektive, werden uns physikalische und chemische Eigenschaften und Zusammenhänge sichtbar. Das Schöne bzw. das im Weiteren möglicherweise auch zu Genießende bliebe uns in den beiden hier nur beispielhaft angeführten Sichtweisen verborgen. Mit der Festlegung der Bezugspunkte und Koordinaten und der Verortung des Schönen als Wirk- und Kraftvektoren im jeweiligen ästhetischen Feld können wir das Genossene für später auch in der Erinnerung speichern. Die gespeicherte Erinnerung an ein bestimmtes genossenes Schönes kann dann selbst wieder zum Ausgangspunkt *für ein* neues Erleben von Schönem werden.

Eine konkrete ästhetische Fokussierung ist naturgemäß eng mit unseren Wünschen und Sehnsüchten verbunden. Der Mensch ist nicht nur zum Denken und Fühlen, sondern vor allem auch zum Wünschen und Sehnen fähig. Er bleibt nicht nur im gegenwärtig bestehenden „Wirklichen" verhaftet, er ist nicht nur gegenwartsbezogener Wirklichkeitsmensch, sondern er ist wesentlich auch auf seine Zukunft, auf das Noch-nicht-Wirkliche ausgerichtet und damit immer auch Möglichkeitsmensch (Musil 1978). Unsere Sehnsüchte, als maximale Ausprägungsform unseres Wünschens – wie sie sich im Beethovenfries von Gustav Klimt auf so eindrucksvolle Weise veranschaulicht finden (siehe Beethovenfries in der Wiener Sezession – Koppensteiner 2002) – bestimmen in wesentlichen Zügen unser Leben: Sie sind Vektoren und Motoren unseres Lebens zugleich. Ihnen allen liegt eine Ursehnsucht zugrunde: die Sehnsucht nach Schönem. Gerade in dieser Sehnsucht nach Schönem wird uns der Wille zum Schönen als lebensbestimmende Urkraft unmittelbar spür- und erfahrbar. Um uns auf das Genießen in gehöriger Weise vorzubereiten, gilt es daher, vorerst unseren Sehnsüchten nachzuspüren, um hernach auf sie konkret fokussieren zu können.

Die konkrete ästhetische Fokussierung als Ausgangspunkt jedweden Genießens ist damit eine von uns vorgenommene Ausrichtung auf das Schöne, das in der Regel aber nicht bloß irgendein Schönes ist, sondern vielmehr ein von uns bewusst oder aber auch (noch) unbewusst ersehntes. Das Schöne im Allgemeinen und damit auch das für uns höchste Schöne, das wir als zu Genießendes ansehen, ist selbst keine feststehende Größe, sondern von außerordentlicher Plastizität: Wir können das für uns (Noch-)Nicht-Schöne als Schönes erleben lernen; wir können uns dem Schönen öffnen, um es dann auch als ein solches erleben zu können. Wir können uns aber auch dem Schönen verschließen und damit verhindern, dass Schönes auch von uns als Schönes wahrgenommen wird (vgl. Musalek 2015c). Es sind demnach wir selbst, die bestimmen, ob und in welcher Form und Intensität prinzipiell Schönes von uns auch als konkret Schönes erlebt wird.

Diese Bestimmung eines prinzipiell Schönen zu einem für uns konkret Schönen ist auf das Engste mit unseren Wünschen und Sehnsüchten verbunden, die uns zu einem Großteil bewusst, zum Teil aber auch unbewusst im Sinne eines Noch-nicht-Bewussten sind. Die Bestimmung dessen, auf was wir im Genießen fokussieren, ist demnach zum Teil selbst bewusst gewählt, zum Teil spiegelt es aber ganz einfach nur unsere inneren, oft noch nicht bewussten Wünsche und Sehnsüchte wider. Diese unsere Wünsche und Sehnsüchte sind nicht immer nur selbstgewählte, auch sie entwickeln sich in einem schier unüberschaubaren Meer von wiederum uns bewussten bzw. nicht bewussten Bedingungskonstellationen, sodass unser Wunsch- und Sehnsuchtsgefüge in seiner Herkunftskomplexität in der Regel nicht mehr in seine Einzelkomponenten zerlegbar ist und damit im Einzelnen nie nachvollziehbar ist. Wir sind als Menschen unseren Wünschen und Sehnsüchten aber nicht völlig willen- und hilflos ausgeliefert. Wir treiben nicht einfach nur in Wunsch- und Sehnsuchtswellen auf hoher stürmischer See steuerlos umher. Wir sind bei allem bestehenden Ausgeliefertsein doch auch befähigt, diese Wünsche und Sehnsüchte zu kultivieren.

Wir können unsere Erlebnis- und Genussfähigkeit dahingehend entwickeln, entfalten und kultivieren, dass vieles, das uns vorher noch nicht als Schönes imponierte, dann doch als Schönes erlebt und verstanden werden kann. Diese Entwicklung und Entfaltung erfolgt nicht einfach aus dem Nichts heraus, sondern findet ihren Keim in früherem als schön Erlebten bzw. schon Genossenen. Im gespürten inneren Drang, neues Schönes aus früher schon als schön Erlebtem zu entfalten, zeigt sich auch der Wille zum Schönen. Er wird hier zum einen unmittelbar als Naturkraft spürbar, zum anderen darin erkennbar, dass er uns als Triebfeder und Kraftquelle zur Kultivierung des uns Gegebenen zu einem Schönen dient. Auf diese Weise wird der Wille zum Schönen zu einem für uns erkennbaren Kulturgeschehen.

Wir sind von einer schier unbegrenzten Fülle von Schönem umgeben – wir müssen nur lernen, es zu sehen, zu hören, zu riechen, zu schmecken und zu fühlen. Auf all dieses Schöne können wir uns in der Vorbereitung auf das Genießen fokussieren. Wilhelm Schmid (2005) listet in seinem Buch *Schönes Leben? Einführung in die Lebenskunst* verschiedenste Formen von prinzipiell Schönem auf, die von uns zu einem für uns konkret Schönen gemacht werden können. Zum einen unterscheidet er zwischen einem Kunstschönen, dem wir zum Beispiel in schönen Kunstwerken in Museen begegnen, und einem „Naturschönen“, das wir zum Beispiel im Angesicht eines wunderschönen Nachtmonds, einer feurigen Morgensonne oder beim wunderbaren Duft des Meeres erleben können; zum anderen zwischen einem „Menschlichschönen“, wie es in äußerlicher „Beauty“, in einem faltendurchfurchten Gesicht, in einer besonderen Gestalt eines Menschen, aber auch in Gestik, Mimik, Lächeln bzw. innerlicher Beauty, d.h. im Liebenswerten sichtbar wird, und einem „Charakterschönen“, das sich in Duldsamkeit, Geduld, Offenheit, Selbstbehauptung, Aufmerksamkeit, Achtsamkeit, Hilfsbereitschaft etc. entäußern kann. Darüber hinaus nennt er noch ein „Beziehungsschönes“, wie es in der Liebe und Freundschaft erlebt werden kann, ein „Verhältnisschönes“, wie z.B. schöne Lebensumstände, bejahenswerter Arbeitsplatz, gemütliche Wohnung oder schönes Krankenhaus, ein „Sinnlichschönes“, wie zum Beispiel eine reizende Gestalt, Melodie oder Berührung, ein betörender Geruch etc., und auch ein „Negativschönes“, faszinierendes Disharmonisches, Schmerzmachendes, Angsterzeugendes, wie zum Beispiel das Schöne eines Wahns, eines Kriminalfilms oder einer „Subkultur". Und nicht zuletzt verweist er noch auf das „Dingschöne" (wie schöne Kleidung, Küchengeräte, *Möbel, Auto etc.),* „Fantasieschönes" (wie Traumbilder, geliebte Vorstellung, projizierte Zukunft, Erinnerung an vergangene Erfahrungen, Fotoalbum, Buchlesen) und „Abstraktschönes" (kühne Ideen, hellsichtige Gedanken, Schönheit und Faszination der Zahlen, Schönheit der Transzendenz und Metaphysik). Aus all diesem Schönen können wir jenes herausnehmen, das wir zum konkreten Brennpunkt unserer ästhetischen Fokussierung machen.

Nach der hier nachgezeichneten generellen Einstimmung erfolgt der eigentliche Auftakt zum Genießen. Er ist von Aufmerksamkeit und Achtsamkeit, von einer unmittelbar aufkeimenden und dann zu kultivierenden Vorfreude gegenüber dem zu Genießenden sowie von der darauf folgenden konkreten Handlungsintention geprägt. Aufmerksamkeit und Achtsamkeit sind die Wegbereiter einer sich damit mehr oder weniger von selbst einstellenden Vorfreude auf ein später in vollem Maße zu Genießendes. Die heute so oft im Bereich von Psychotherapie und Psychosozialer Betreuung angeführten Achtsamkeitsansätze haben allesamt ihre Wurzeln im Buddhismus: Achtsamkeit, in seiner Funktion „Reinen Beobachtens" ist gleichsam das Herzstück aller buddhistischen Geistestraditionen (Weiss et al. 2010). Sie ist „das klare, unabgelenkte Beobachten dessen, was im Augenblick der jeweils gegenwärtigen Erfahrung (einer äußeren oder inneren) wirklich vor sich geht. Es ist die unmittelbare Anschauung der eigenen körperlichen und geistigen Daseinsvorgänge, soweit sie in den Spiegel unserer Aufmerksamkeit fallen" (Nyanaponika, 2000). Achtsamkeit, wie wir sie hier verstehen, setzt sich aus vier psychischen Momenten zusammen: Sie basiert erstens auf einer bewussten Lenkung der Aufmerksamkeit; zweitens ist sie „auf den jeweils gegenwärtigen Moment" ausgerichtet, sie ist drittens „charakterisiert durch eine Akzeptanz dieses Erlebens, ohne zu urteilen, zu kritisieren oder etwas anders haben zu wollen"; und viertens ist ihr wesentliches Kennzeichen die „Disidentifikation", ein Prozess, in dem ein sogenannter „Innerer Beobachter" kultiviert wird, „der durch teilnehmendes Beobachten Abstand zum Beobachteten schafft und ermöglicht aus Identifikationen herauszutreten" (Weiss et al. 2010).

Achtsamkeit ist demnach untrennbar mit dem verbunden, was wir in der psychologischen Sprache als gerichtete Aufmerksamkeit bezeichnen, geht aber insofern weit über diese hinaus, als sie in ihrer Ausrichtung auf das wahrzunehmende und erlebende Objekt bzw. Ereignis immer auf einer inneren Distanzierung zu diesem Objekt bzw. Ereignis beruht, um eine etwaige Kontamination der Wahrnehmung mit eigenen Vorstellungen und Erwartungen tunlichst zu vermeiden und damit Raum für eine möglichst „reine" Wahrnehmung des Wahrzunehmenden zu eröffnen. Diese Achtsamkeit steht damit jenen Vorgangsweisen nahe, die Edmund Husserl (1913/1993) als Epoché bezeichnet und die Karl Jaspers (1913/1973) später unter dem Begriff „phänomenologische Intuition" zusammenfasst. Immer geht es darum, als Beobachter möglichst weit zurückzutreten und auf diese Weise ein „reines Wahrnehmen bzw. Erleben" zu ermöglichen. Im Falle des Genussauftakts muss danach getrachtet werden, nicht sich selbst einiger prinzipieller Genussmöglichkeiten bzw. -facetten zu berauben, indem man im eigenen Erinnerten, bisher Erlebten so weit verhaftet bleibt, dass damit die Sicht auf all das sonst noch Schöne und zu Genießende verstellt wird.

Unabhängig von dieser Form von Achtsamkeit im Sinne *gerichteter Aufmerksamkeit*, die uns eine Intensivierung des Erlebens von allem zu Genießenden eröffnet, ist zum Auftakt des Genusses auch das erforderlich, was in der psychologischen Terminologie als *ungerichtete Aufmerksamkeit* bezeichnet wird, also jene Form von Aufmerksamkeit, die unser Erleben nicht so wie die gerichtete Aufmerksamkeit auf etwas Bestimmtes ausrichtet und damit unser Erleben zwar intensiviert, gleichzeitig aber unser Erlebensspektrum insgesamt in seiner Breite einengt. Die ungerichtete Aufmerksamkeit, also jener psychische Vorgang, der uns viele verschiedene Sinneseindrücke praktisch gleichzeitig ermöglicht, verbreitert unsere Erlebniswelt dahingehend, dass uns auch bisher noch ungekannte Genussmöglichkeiten nahegebracht werden. Mittels der gerichteten Achtsamkeit können wir uns nachfolgend dann auf das jeweils gewählte zu Genießende so konzentrieren, dass wir es in seiner ganzen Fülle in vollen Zügen genießen können.

Die „Vorfreude" auf das Genießende ist bereits ein erster Übergang zum eigentlichen Genießen. In ihr steckt das Potential für alle jene Handlungen, die nötig sind, um sich dem Genuss auch in vollem Maße hingeben zu können. Wenn wir wissen, dass wir etwas Schönes und Genussvolles erwarten können, dann stellt sich bereits zu diesem Zeitpunkt, also noch bevor wir mit dem Genussmittel oder der genussreichen Situation in Berührung kommen, eine erste Freude ein. Diese erste aufkeimende Freude kann dann durch unsere Vorstellungskraft noch weiter intensiviert und kultiviert werden. Es ist daher im Zusammenhang mit dem Genießen immer ratsam, schon einige Zeit vor Beginn des eigentlichen Genusses sich auf das Genießende vorzubereiten. Dabei ist darauf zu achten, dass in der Vorfreude nicht ein solch hohes Maß an Erwartungen genährt wird, dass diese dann im Rahmen des eigentlichen Genusses nicht mehr übertroffen oder vielleicht sogar nicht einmal erreicht werden können. So kann man sich zum Beispiel auf einen Schiurlaub mit Sonnenschein und Pulverschnee so freuen, dass, wenn dann nicht wirklich dauernd Sonnenschein herrscht bzw. der Schnee nicht zu jeder Tageszeit auch wirklich Pulverschnee ist, ein eigentlich ganz schöner Urlaub nicht mehr als solcher genossen werden kann. Das Gleiche gilt für die Vorfreude auf ein Gourmetmenü oder auf ein Konzert eines wunderbaren Orchesters. Man freut sich schon so sehr auf die wundervolle Speisenabfolge oder auf eine so begeisternde Musik und erlebt damit den Auftakt des Genusses in der Vorstellung in solch maximaler Ausprägung, dass demgegenüber die wirkliche Darbietung des Essens bzw. der Musik in ihrer Schönheit abfällt und man dementsprechend trotz hoher Qualität wegen der hohen Erwartungshaltung enttäuscht ist. Der Wiener Kabarettist Karl Farkas fasste die zentrale Bedeutung der Vorfreude in den humoristischen Satz: „Das Schönste am Seitensprung ist der Anlauf."

Wie immer im Leben kommt es auch im Auftakt des Genießens auf die richtige Dosierung an. Ein Zuviel an Vorfreude kann den eigentlichen Genuss verhindern, ein Zuwenig kann dazu führen, dass man nicht ausreichend auf das freudvolle Erleben vorbereitet ist und damit nicht mehr die vollen Höhen des Genussakts erreichen kann bzw. sich überhaupt den ersten Teil des Genießens, nämlich die Freude am Auftakt zum Genuss selbst verwehrt. Am ehesten ist dieser Auftakt hinsichtlich seiner zentralen Relevanz für das Erreichen eines Hochgenusses mit dem Absolvieren der ersten Tore bei einem Schislalom oder mit dem Spielen der ersten Takte einer Symphonie zu vergleichen. Erreicht ein Schirennläufer in den ersten Toren einen ausgeglichenen Rhythmus, erreicht ein Orchester in den ersten Takten einer Symphonie einen ausgewogenen Zusammenklang, dann können beide in den folgenden Momenten die Höchstform ausspielen. Ähnliches gilt für das Genießen: auch hier geht es um ein sich mit dem Schönen rhythmisieren, um sich damit die Möglichkeit zu eröffnen, in den Schwingungen des Genießens völlig aufgehen zu können. Im Anlauf auf das zu Genießende befinden wir uns somit bereits im Übergangsbereich zum Genießen. In der Vorfreude auf den Genuss erahnen wir bereits die Schönheiten des Genussvollen.

b. Der „Genusskreis“

Nach all den genannten Vorbereitungen und Einstimmungen wird es nun möglich, in das eigentliche Genießen einzutauchen. Im freudvollen Anlauf auf das Schöne eröffnet sich die Möglichkeit, in den sich selbst verstärkenden „Genusskreis“ einzutreten (siehe Abbildung 2). Denn Genuss selbst ist kein *Zustand*, der einfach als solcher weiterbesteht, nur weil er einmal in Erscheinung trat. Das Genießen ist vielmehr ein komplexer *Prozess*, der über verschiedene Stadien abläuft, wobei dieses „Ablaufen der Stadien“ kein automatischer Vorgang ist, weil er einmal in Gang gesetzt wurde. Genießen erfordert immer auch die aktiv gestaltende Teilnahme und Teilhabe dessen, der genießt. Dabei kann der Genusskreis mehrmals durchlaufen werden und auf diese Weise durch Wiederholung des Gleichen in seinen Erlebniswirkungen noch potenziert werden.

Schritt 1: Auf etwas, auf jemanden zugehen („Romantisieren“)

Der erste Schritt in diesem Genusskreis ist das aktive Zugehen auf das Schöne. Um zum Genießen vorzudringen, genügt es nämlich nicht, wie bei einem einfachen Schönheitswahrnehmen, dass wir uns dem Schönen aus der Entfernung hin- bzw. zuwenden, sondern es braucht eine aktive Überwindung der Distanz zwischen dem zu Genießenden und dem Genießer. Man kann nicht aus der Ferne genießen. Das Schöne kann uns aus der Entfernung anlocken, um es aber dann auch wirklich genießen zu können, braucht es die Überwindung des Abstandes zwischen dem Schönen und demjenigen, der es nicht nur in der Weite betrachten möchte, sondern es auch in vollen Zügen genießen will. Ganz so wie ein schönes Gemälde aus der Entfernung zwar auf uns anziehend wirken kann, uns quasi „ins Auge sticht“, erregen auch schöne Situationen oder schöne Lebewesen gerade aus gewisser Ferne unsere Aufmerksamkeit. Es ist der Wille des Schönen als Naturkraft, der hier auf uns wirkt. Indem wir auf ein uns anziehendes Schönes, auf ein schönes Kunstwerk, eine schöne Situation oder ein schönes Lebewesen aktiv zugehen, folgen wir dem Willen zum Schönen als naturgegebener Anziehungskraft und setzen damit gleichzeitig den ersten Schritt in einen Prozess, der uns eine nachhaltige Kultivierung dieses natürlichen Willens zum Schönen erlaubt. Dieses Hingehen zum Schönen ist nicht nur ein einfaches auf das Schöne hinschauendes Zugehen, sondern es ist vielmehr geprägt von einem Aufgehen aller Sinnesmöglichkeiten im Schönen. Es ist ein Zu- und Hingehen des ganzen Menschen in all seiner Sinnlichkeit, um damit all unser sinnliches Spüren für eine leibliche Aufnahme des zu Genießenden zu mobilisieren.

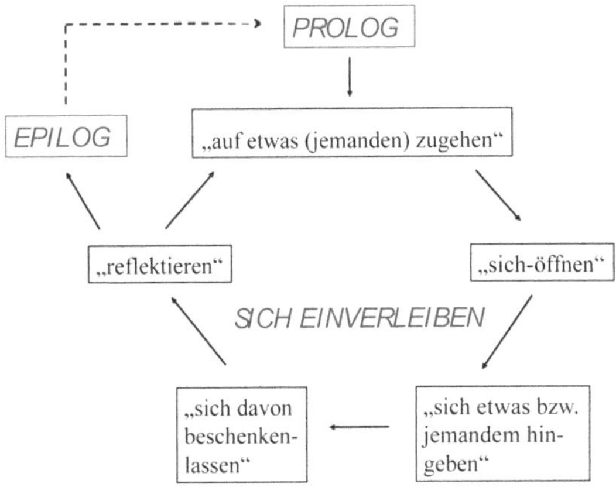

Abbildung 2

Dieses Mobilisieren aller sinnlichen Möglichkeiten des Menschen im Dienste des tiefgründigen Erlebens von uns gegebenen Schönen nennt Friedrich von Hardenberg alias Novalis „romantisieren". „Die Welt romantisieren heißt, sie als Kontinuum wahrzunehmen, in dem alles mit allem zusammenhängt", lesen wir von ihm in seinen *Fragmenten und Studien* (Novalis 2008). Diese besondere Art des Wahrnehmens, von der Novalis hier spricht, bleibt nicht auf reines Sinneswahrnehmen beschränkt, sondern umfasst weit darüber hinausreichend all das, was Alfried Längle (2015) unter „Spüren" und „Erspüren" zusammenfasst (siehe auch Kapitel: „Prolog. Das Schöne in der Menschheitsgeschichte") und ist damit auch weit entfernt von einem Akt der reinen Abbildung des Gegebenen. Romantisieren ist ein menschlicher Schaffensakt im eigentlichen Sinn. „Erst durch diesen poetischen Akt der Romantisierung wird die ursprüngliche Totalität der Welt als ihr eigentlicher Sinn im Kunstwerk ahnbar und mitteilbar.“ (Novalis 2008).

Ohne diesen poetischen Akt des Romantisierens bleibt das Schöne einfach nur ein als schön zu beurteilendes Etwas und bewirkt in uns bestenfalls ein Gefühl des Angenehmen, womit man vom Genießen des Schönen noch meilenweit entfernt ist. Das Genießende bleibt uns auf diese Weise noch in vielen Aspekten verborgen. Erst durch den Akt des Romantisierens wird das Schöne auch zu einem Besonderen, Außergewöhnlichen, zu einem alles andere Überstrahlenden, Erhabenen, Sublimen, ja in manchen Fällen sogar zum uns Heiligen. „Romantisieren ist nichts als eine qualitative Potenzierung. Das niedere Selbst wird mit einem besseren Selbst in dieser Operation identifiziert. So wie wir selbst eine solche qualitative Potenzen-Reihe sind. Indem ich dem Gemeinen einen hohen Sinn, dem Gewöhnlichen ein geheimnisvolles Ansehen, dem Bekannten die Würde des Unbekannten, dem Endlichen einen unendlichen Schein gebe, so romantisiere ich es.“ (Novalis 2008). Im Romantisieren des gegebenen Schönen wird ein besonderer Wahrnehmungsmodus damit zum Schlüssel, der uns das Tor vom Erlebensraum der Freude zum Genuss öffnet.

Im aktiven Zugehen auf das zu Genießende kommt auch der Erotisierung des zu genießenden Schönen eine zentrale Rolle zu. Im Prozess des Romantisierens wird das Schöne nämlich zum Begehrenswerten, zum Noch-nicht-Erreichten. Unsichtbarkeit bzw. Noch-nicht-Sichtbarkeit des Schönen in all seinen Facetten entfalten hier ungeheure Wirkkräfte. Die „Ahndung“ (Novalis 2008), das Erahnen von Genuss, das erahnte Genießen machen das zu Genießende noch begehrenswerter. Verschleierung bzw. teilweise Bedeckung des Begehrten, der noch nicht erreichbare und noch nicht betretbare, aber bereits erahnbare Ort, der *U-topos*, und nachfolgende Entschleierung, das Erreichen des Begehrten zum rechten Zeitpunkt, im *Kairos*, sind von Beginn an unverzichtbare Fundamente des Genießens.

Genießen braucht die Ausrichtung auf einen Utopos, auf den Noch-nicht-Ort, um ihn dann zum rechten Zeitpunkt, im Kairos, erreichen zu können. Kairos, als Gott des rechten Zeitpunktes, muss uns zur Entschleierung des zu Genießenden geleiten. So wie das Ablegen von Kleidung zum rechten Zeitpunkt etwas hoch

Erotisches und Wunderschönes sein kann (und dieselbe Handlung zum falschen Zeitpunkt zu etwas höchst Unattraktivem und Unschönem, vielleicht sogar Peinlichem werden kann), so ist die Entschleierung des zu Genießenden generell an den rechten Zeitpunkt gebunden. Wird er versäumt, entschwindet uns das Genießen. Trifft das Schöne in seiner ganzen Pracht den Betrachter ganz ohne entsprechende Vorbereitung und Einstimmung, wird er davon im besten Fall nur geblendet werden, im schlechtesten geht das zu Genießende als ein bloß Nettes an ihm vorüber, ohne die für den Genuss so charakteristische Wirkkraft auch nur andeutungsweise entfalten zu können. Das Auffinden des richtigen Genussortes sowie des rechten Zeitpunktes muss damit zentrales Anliegen all jener sein, die Schönes nicht nur oberflächlich wahrnehmen, sondern weit darüber hinausreichend auch in vollen Zügen genießen wollen. Das gilt in besonderem Maße schon für den ersten Schritt im Sinne des Romantisierens des uns umgebenden Schönen, noch mehr aber für den zweiten Schritt im Genusskreis, für das Sich-Öffnen dem Schönen gegenüber.

Schritt 2: Das Sich-Öffnen („Bewunderndes Staunen")

Das Sich-Öffnen einem bestimmten Schönen gegenüber heißt nicht nur gleichsam eine Tür zu öffnen, um etwas vom Schönen wahrnehmen und erfahren zu können. Ebenso wie beim ersten Schritt im Genusskreis geht es beim zweiten um einen aktiven Prozess der Zu- und Hinwendung. Es genügt hier nicht mehr nur ein Schärfen der sinnlichen Wahrnehmung, hier ist ein *„Öffnen des Herzens"* vonnöten. Hauptaufgabe ist es, sich selbst von und mit dem zu genießenden Schönen in Schwingung versetzen zu lassen, um es dann in aller Leiblichkeit verinnerlichen zu können und sich so vom Schönen ergreifen zu lassen. Die Ergriffenheit offenen Herzens ist oberstes Prinzip. Sich so weit einem zu Genießenden zu öffnen, dass man es zum rechten Zeitpunkt auch ergreifen kann, um dann voll und ganz davon ergriffen zu werden, ist höchster Imperativ.

Man kann nur „auf der Stelle genießen", man kann das Genießen nicht einfach auf einen späteren Zeitpunkt verschieben. Man muss das Schöne „schnell im Lauf (der Zeit) ergreifen" und „damit gleichzeitig die Zeit aufhalten, um das an uns vorüberziehende Schöne" auch „wirklich genießen zu können" (Kohla 2015). Dieses Sich-dem-Schönen-Öffnen, das gleichzeitig ein in Ergriffenheit Zugreifen auf das Schöne ist, beglückt uns in besonderem Maße. Das Beglücktwerden durch das Schöne in völliger Herzensoffenheit ist dann der Ausgangspunkt des Staunens über den unsagbaren Reichtum des Schönen – ein beglückendes Staunen. Dieses sich im Öffnen zum Schönen eingebettete beglückende Staunen ist auch der erste Akt zur Entfaltung der eigenen Möglichkeiten im Genusserleben.

Nur wer staunen kann, ist auch zum Genuss fähig. „Staunen angesichts von Schönheit – das ist die Ergriffenheit vom Wunder des Seins. Dieses Wunder stimmt ehrfürchtig. Das ist die eine Seite ... Im Staunen – und das ist die andere Seite – liegt aber auch eine Zustimmung. Wer staunt, hat ein unvergleichliches Ja gesagt" (Pöltner 2008). Am Anfang des Genießens steht somit ein ehrfürchtiges Ja-Sagen, das zugleich uneingeschränkt und unvergleichlich ist. Unvergleichlich ist dieses Ja-Sagen deshalb, weil es nicht Endpunkt eines vornehmlich kognitiven, also mehr oder weniger logischen Entscheidungsprozesses ist, sondern ganz unmittelbare Folge des Sich-Öffnens für ein hervorragend Schönes. Wer lehnt schon besonders Schönes als ein ihm Widerwärtiges ab? Schönes in seiner besten, reinsten und erhabensten Form erzwingt gleichsam unser Ja-Sagen; ein Ja-sagen, das immer auch ein Ja-sagen des Herzens ist. Dieses unmittelbare und uneingeschränkte Ja-sagen ist es auch, das uns in den Gefühlszustand der Ergriffenheit versetzt, welcher uns dann das Schöne als ein Wunder des Seins und mehr noch als ein Wunder unseres Daseins erleben lässt.

Das uns in Ergriffenheit versetzende Staunen im Angesicht des unvergleichlich Schönen „ist vom (bloßen) Bewundern und Sich-Wundern zu unterscheiden" (Pöltner 2008). Wenn wir etwas bewundern, dann vergleichen wir es mit einem Anderen. „Die Andersartigkeit des Außergewöhnlichen bemisst sich am Gewöhnlichen ..." (Pöltner 2008). Diese Andersartigkeit des Bewunderten ist immer eine Steigerung des Alltäglichen. Das nur Durchschnittliche wird nicht bewundert. Um etwas bewundern zu können, braucht es schon eine selten erreichte Leistung, eine nicht alltägliche Situation oder einen von der Norm abweichenden Menschen. Allein ein Abweichen von der Norm selbst, allein ein Seltenes bzw. Nicht-alltägliches ist jedoch noch immer nicht genug, um es auch schon zu bewundern – das Bewundernswerte muss im positiven Sinn weit über ein gewöhnliches Schönes hinausragen. „Schönheit ist nicht das Außergewöhnliche. Wäre sie etwas Vergleichbares, verschwände sie, wenn sich der Maßstab des Gewöhnlichen veränderte" (Pöltner 2008). Schönes ist vom Maßstab des

Gewöhnlichen völlig unabhängig. Es gibt gewöhnlich Schönes und auch außergewöhnlich Schönes. Schönes bleibt aber immer Schönes, selbst dann noch, wenn es täglich zur Verfügung steht.

Im Gegensatz zum Bewundern gelingt das Staunen auch im Angesicht des uns alltäglich Begegnenden. Wir können uns von einem uns täglich Gegebenen in beglückendes Staunen versetzen lassen, nämlich dann, wenn wir das Gewöhnliche zum Außergewöhnlichen machen. Dann kann alles genossen werden - auch das primär noch Gewöhnliche. Im einsetzenden Genießen, als höchstem und zugleich tiefstem Schönheitserleben, wird auch das Gewöhnliche zum Außergewöhnlichen, das Alltägliche zum Besonderen, das Profane zum uns Heiligen. Das ist es auch, was Novalis unter „romantisieren" verstanden wissen wollte; es ist das Moment der „qualitativen Potenzierung", wie es Novalis (2008) genannt hat, der uns in bewunderndes Staunen versetzt.

Bewunderndes Staunen hat nichts zu tun mit dem, was man umgangssprachlich als *sich wundern* bezeichnet. „Wer sich wundert, sucht nach Erklärungen, Gründen und Ursachen" (Pöltner 2008). Im Staunen geht es nicht um Erklärungen. Staunen zeigt sich vielmehr in einem mehr oder weniger naiven Hoffen und manchmal sogar Erwarten eines uns gefühlsmäßig in besonderem Maße Bewegenden. Bewunderndes Staunen ist das Verharren im Augenblick des Sich-Öffnens dem außergewöhnlich Schönen gegenüber. „Das Schöne lässt sich nicht als Wirkung von etwas Schönem erklären ... Der Erklärung ist der Weg zur Ausgangserfahrung, von der sie ausgehen muss, verwehrt" (Pöltner 2008). Das Schöne ist einfach von Anfang an schön, ganz ohne Grund, ganz so wie ein schönes Mädchen eben einfach schön ist, wie es uns Hippias schon vor zweieinhalb Jahrtausenden kundtat.

Im bewundernden Staunen erfahren wir auch die ganze erotische Kraft des auf uns zukommenden Schönen, das hier vom Alltagschönen zum erotisch Schönen mutiert. Diese Erotisierung erfolgt nicht nur, wie oben bereits angeführt, mittels Verschleierung am rechten Ort und nachfolgender Entschleierung zum rechten Zeitpunkt. Sie benötigt als unabdingbare Voraussetzung auch das, was die antiken Griechen *Lanthanein* nannten – *Selbstvergessenheit*. Das selbstvergessene Staunen, dieses gelebte Lanthanein, wird vom Genießer als ein erstes Überwältigt-werden vom Schönen, als ein erstes Sich-überwältigen-lassen erlebt und leitet damit zum dritten Schritt im Genusskreis über, zur Hingabe an das Schöne.

Schritt 3: Sich Hingeben („Selbstvergessene Ent-faltung“)

Die angesprochene Selbstvergessenheit im Staunen prägt somit die Hingabe und wird auf diese Weise zu einem vorentscheidenden Kriterium für das Genießen. Hier scheitern auch die meisten, weil diese Selbstvergessenheit aufs Engste mit der Aufgabe von Selbstkontrolle verbunden ist. Selbstkontrolle und Selbstvergessenheit schließen sich gegenseitig aus: In der Selbstvergessenheit gibt es keine Selbstkontrolle, Selbstkontrolle verunmöglicht Selbstvergessenheit. Das Aufgeben der eigenen Kontrolle ist aber für viele heute eine unerträgliche Vorstellung. Gerade in einer Zeit, in der Kontrolle eine so prominente Rolle spielt – in der alles und jedes kontrolliert werden soll, alles und jedes in Richtlinien oder gar Gesetzen festgeschrieben werden soll, um es damit noch besser kontrollieren zu können – ist ein drohender Kontrollverlust ein in höchstem Maße beunruhigender Tatbestand. In der Öffnung dem Schönen gegenüber und im nachfolgenden bewundernden Staunen in Selbstvergessenheit haben wir dazu die ersten Schritte zu wagen. Es sind quasi noch spielerische, die dann in der völligen Hingabe zum Schönen voller Ernst werden. „Was Proust so spielerisch begann, ist ein atemraubender Ernst geworden. Wer einmal den Fächer der Erinnerung aufzuklappen begonnen hat, der findet immer neue Glieder, neue Stäbe, kein Bild genügt ihm, denn er hat erkannt: Es ließe sich entfalten, in den Falten erst sitzt das Eigentliche ...“ (Benjamin 1970). Erst in diesem dritten Schritt des Genusskreises, im Sich-völlig-Hingeben an das Schöne können vom Einzelnen alle Möglichkeiten des Schönheitserlebens entfaltet werden. In diesen durch die Hingabe zu öffnenden Falten sitzt in der Tat erst das Eigentliche des Genusses. Diese Falten, die es vom Einzelnen in Selbstvergessenheit zu ent-falten gilt, bergen die ganze Fülle unserer Genussmöglichkeiten.

Die Entfaltung des für uns im Genießen Möglichen kann somit nur in bedingungsloser Hingabe an das Schöne unter Aufgabe der Selbstkontrolle erfolgen. Das heißt aber nicht zwangsläufig, dass dafür jedwede Kontrolle, vielleicht sogar auf immer, aufgegeben werden muss. Eine probate Alternative zum „grenzenlosen Kontrollverlust“ ist das Konzept des „kontrollierten Kontrollverlusts“, ein Kontrollverlust, der nur im vorher genau festgelegten zeitlichen und örtlichen Rahmen stattfindet. Den Rahmen für einen solcherweise kontrollierten Kontrollverlust können religiöse Rituale oder festgelegte Abläufe bei Festveranstaltungen, wie Abendeinladungen, Partys oder Tanzveranstaltungen, mit festgesetztem Regelwerk sein. Mit dem Regelwerk wird festgeschrieben, was erlaubt ist und was nicht, wo die nicht zu überschreitenden Grenzen liegen, innerhalb derer man sich berauschenden und ekstatischen Zuständen bzw. Handlungen hingeben darf. Natürlich bleibt es jedem einzelnen unbenommen auch für sich selbst und für sein ganz persönliches Genießen eigene Grenzbedingungen für einen solchen kontrollierten Kontrollverlust festzulegen. Egal welche Grenzen man hier zieht, der Akt des Genießens selbst kann dann immer nur in selbstvergessener Hingabe erfolgen.

Diese Selbstvergessenheit entäußert sich in einer Ortsvergessenheit und Zeitvergessenheit. In der völligen Hingabe verlieren wir die örtliche Orientierung, wir bewegen uns abgehoben schwebend in Ortsvergessenheit und Zeitvergessenheit.

Die Zeit steht still. Die unaufhörlich fortschreitende alles zerstörende Zeit wird vom immerwährenden Augenblick abgelöst. Der immerwährende Augenblick, dieses Heraustreten aus der fortlaufenden, alles verschlingenden Zeit (Cacciari 1986), dieses Eintreten in den zeitlosen Raum ist Sein im wahrsten Sinn des Wortes, ein Sein ohne Werden, ein Verharren im Augenblick. Dieses Heraustreten aus der Zeit, das gleichermaßen ein Heraustreten aus dem dauernd sich verändernden Raum und daher auch aus dem immer unvollständigen, weil unvollendeten Raum und ein Eintreten in denjenigen eines immerwährenden Seins, in den Raum der Vollendung ist, kennen wir zumindest andeutungsweise wohl am besten vom Zustand des Einschlafens. Das Einschlafen ist auch der Zustand, der jenem der Vollendung eines Menschenlebens im Angesicht des eintretenden Todes erlebnismäßig in besonderer Weise nahesteht.

Auch der eintretende Tod kann als immerwährender Augenblick, als Form des Seins ohne jedwedes Werden gesehen werden. Die Welt bewegt sich aber immer weiter. Schon Heraklit betont: Sie ist und bleibt ein stetes Werden (Held 1980). Der Tod des Einzelnen ist damit ein Durchbrechen dieses immerwährenden Werdens. Das einzelne Subjekt tritt auf diese Weise aus dem steten Werden unserer Welt heraus und in den immerwährenden Augenblick ein. Auch im Genießen, in der völligen Hingabe an das zu Genießende treten wir aus der Welt des dauernden Werdens heraus, um in eine Welt des immerwährenden Augenblicks, in die des wahrhaften Seins einzutreten und können so in selbstvergessener Hingabe erahnen, wie viel Schönes uns im Augenblick unserer Vollendung erwartet. Im tiefen Genießen können wir diesen Zustand des immerwährenden Augenblicks erlebend „ahnden“ (Novalis 2008) und sind damit auch der Vollendung am nächsten, wir erleben damit gleichsam schon zu Lebzeiten einen (kleinen) ersten Tod. In diesem Zusammenhang werden auch volkstümliche Redensarten höchst bemerkenswert, wie die Bezeichnung des sexuellen Orgasmus als „kleinen Tod“ oder dass „etwas zum Sterben schön“ sein kann.

Das Genießen ist somit immer gegenwartsbezogenes Erlebnis. Wir können uns zwar an vergangenes Genießen erinnern, wir können uns auch auf zukünftiges Genießen freuen. Genießen selbst können wir aber immer nur in der Gegenwart. Mehr noch: Im Genießen sind wir ganz Gegenwart, sind wir ganz gegenwärtig. Im Moment der genießenden Hingabe an ein zu Genießendes leben wir in einer Zeit ohne Chronos. „Nur die augenblickliche Zeit, ausschließlich der gegenwärtige Moment ist eine Zeit ohne Kronos, heißt Kairos: Die Ewigkeit gehört uns jetzt! Das ist die Botschaft des Angelus Novus“ (Cacciari 1986). Im Genießen gehört uns die Ewigkeit. Im Moment des Genießens steht für uns die Zeit still. Alles Alltägliche rückt in weite Ferne, alle Mühsal des Lebens verschwindet. Wir ergötzen (abgeleitet vom mittelhochdeutschen „ergezzen“ – „vergessen machen“) uns am Schönen und gehen dabei ganz im zu Genießenden auf. In der griechischen Mythologie findet sich dazu ein höchst eindrucksvolles Bild: Als Orpheus in der Unterwelt musiziert, um auf diese Weise seine Frau Eurydike zu befreien, wird auch Sisyphos, der unaufhörlich den Stein auf den Berg schiebt, von dem er dann immer wieder herunterrollt, von den wunderschönen orphischen Klängen umfangen. In genussvoller Hingabe an die Musik des Orpheus setzt er sich selbstvergessen auf einen Stein und geht ganz im Musikgenuss auf – auch für ihn steht die Zeit nun still, vergessen ist alle Mühsal und Pein, was bleibt, ist vom Schönen durchflutetes verklärtes Sein.

Der Moment genussvoller Hingabe bringt uns aber nicht nur dazu innezuhalten, er wird uns auch zur schier unversiegbaren Kraftquelle. In diesem Moment sind wir uns in besonderer Weise dem in uns und durch uns wirkenden Willen zum Schönen gewahr. „Dieser Moment erneuert, re-kreiert. Er erweckt und sammelt alle Energie, um den Himmelswagen wieder auf den Höhepunkt des Firmaments zu bewegen“, konstatiert der italienische Philosoph und langjährige Bürgermeister Venedigs Massimo Cacciari (1986).

Der Moment der völligen Hingabe an das Schöne lässt also nicht nur die Zeit stillstehen, er reißt uns nicht nur aus der Bewegung aller Mühsal, sondern gibt uns auch jene Kraft, die wir brauchen, um die höchsten Höhen des Genießens zu erklimmen – um den Himmelswagen des Schönen und der Freude auf den Höhepunkt des Firmaments bewegen zu können. Das Bild des Himmelswagens von Apollon erscheint insofern als durchaus passend, als wir in der genießenden Hingabe in der Tat das Gefühl entwickeln, den festen Boden unter den Füßen zu verlieren, wir glauben „abzuheben" und beginnen im freien Raum zu schweben.

In der Hingabe erleben wir Schwerelosigkeit und fliegen außerhalb jeglicher Anziehungskraft ziellos im Äther. In der Hingabe an das Schöne kommen wir in einen Schwebezustand, der sich wie von selbst in der selbstvergessenen Hingabe an das Schöne einstellt. Es ist ein Zustand, der sich wesentlich von anderen Daseins- und Erlebensformen unterscheidet. Dieses Schweben ist nicht einfach nur vorgestelltes, es ist auch nicht „eingebildetes" Schweben. Es ist ein unmittelbar leiblich Erlebtes, es ist unmittelbar erlebte Realität. „Das Schweben ist ... die Mater aller Realität, die Realität selbst." (Mähl & Samuel 1978) Dieses Schweben ist auch die Mutter des Genusserlebens, aus diesem Schweben entspringen die Genussrealitäten, also all unser Erleben des Genussvollen. Im Genießen werden wir Menschen uns Menschen zum Fisch – „homo homini piscis". Um wie viel schöner ist dieses Bild, im Gegensatz zu dem von uns Menschen so oft bemühten des Menschen, der dem Mitmenschen bloß ein Wolf ist, „homo homini lupus" (das auf einen Satz zurückreicht, der in den *Asinaria* des Titus Maccius Plautus zu lesen ist: „lupus est homo homini, non homo, quom qualis sit non novit" – ein Wolf ist der Mensch dem Menschen, nicht ein Mensch, wenn man sich nicht kennt).

Fische und Vögel leben in Schwärmen: „Schwärme schweben, Fischschwärme schweben im Wasser, Vogelschwärme schweben in der Luft" (Pschera 2013) – Landtiere und damit auch wir Menschen schweben nicht und müssen uns auf dem Erdboden fortbewegen. Dieses Landleben, dieses Fortbewegen am Lande wirkt ermüdend. Landtiere brauchen im Gegensatz zu schwebenden Fischen, die von der Schwerkraft befreit sind, daher auch ihren Schlaf. Das Genießen als besondere Form des Schwebens kennt ebenso keine Müdigkeit; im Gegenteil: es gibt uns sogar Kraft. Im Schweben des

Genießens lernen wir die ungeheure Kraftquelle des Willens zum Schönen ganz unmittelbar und in höchstem Ausmaß kennen.

„Schwärme sind bewegliche Kollektive ohne Zentrum“ (Pschera 2013), sie haben keinen Anführer, sie kennen keine hierarchischen Systeme. Auch im Schweben des Genießens werden Hierarchien aufgelöst, alle, die gemeinsam schweben, schweben in gleicher Weise und gleichem Rang. Man kann niemandem nachschweben (im Gegensatz zum jemandem nachgehen oder nachlaufen). Wenn man schwebt, dann schwebt man immer für sich selbst allein. Selbst wenn man mit jemand anderem oder in einer Gruppe etwas genießt, mit einem anderen oder in einer Gruppe (besser: in einem Schwarm) schwebt, schwebt man immer zuvorderst für sich selbst, hier eben dann Seite an Seite mit Anderen. Auch dann, wenn wir uns im Schweben mit anderen synchronisieren und unsere Schwebebewegungen in gleicher Weise wie die anderen vollziehen, ist es immer ein Schweben ohne Leithammel, ohne Führung. Den Vögeln gleich, die immer höher in den Himmel hinein schweben, können wir im Schweben des Genießens die höchsten und zugleich tiefsten Höhen des Schönheitserleben ausloten, um mit Nietzsche ausrufen zu können: „ ... *fliegen* allein will mein ganzer Wille, in *dich* hineinfliegen ... Oh Himmel über mir, du Reiner! Tiefer! ... In deine Höhe mich zu werfen – das ist *meine* Tiefe! ... Zusammen lernen wir Alles; zusammen lernen wir über uns zu uns selber aufsteigen und wolkenlos lächeln: - wolkenlos hinab lächeln aus lichten Augen und aus meilenweiter Ferne, wenn unter uns Zwang, Zweck und Schuld wie Regen dampfen ...“ (Nietzsche 1886/1988).

Das Schweben „ist eine Form der Ortlosigkeit. Schweben ist der Verlust der Unterlage ... das Schweben eröffnet einen Abgrund, über dem sich dieses Schweben ereignet“ (Pschera 2013). Auch das Genießen hebt uns hinauf in luftige Höhen. Im Schweben befreit und „entwurzelt“ es uns. Man hebt ab, schwebt, fühlt sich frei wie ein Fisch oder ein Vogel und „verliert ... den Boden unter den Füßen, fühlt sich verloren“ (Pschera 2013). Man verliert Bodenhaftung und damit sich selbst in der Weite des Schönen. Dieses im Schweben ohne Geländer den Boden unter den Füßen verlieren macht vielen Angst. Es mobilisiert damit den unmittelbaren Feind des Genießens. Angst macht das Genießen unmöglich. Im Zustand der Angst können wir zwar noch kurzfristigen Spaß und Vergnügen haben, wir können uns sogar an der Angst selbst vergnügen, ein schwebendes Sich-hingeben im Genuss ist im Zustand der Angst jedoch nicht möglich. Tritt Angst im Zustand des Genießens in ihrer Übermacht auf, dann endet genau in diesem Moment ihres Auftretens der Genuss. Er verschwindet im Nichts – ganz so, als ob es ihn nie gegeben hätte. Die im Zusammenhang mit dem hingebungsvollen Abheben am häufigsten erlebte Angst ist jene um das eigene Sich-Verlieren. Sie ist damit auch der größte Gegner des Genusses, ganz so wie die Flugangst der größte Gegner des Fliegens und die Angst unterzugehen der größte Gegner des Schwimmens ist. Genauso wie man erst dann schwimmen kann, wenn die Angst des Untergehens überwunden ist und man auf seine eigene Schwimmfähigkeit vertraut, so können wir auch erst dann genießen, wenn wir darauf vertrauen können, dass wir nach dem völligen „Abheben" im Genießen auch wieder sanft landen können, ohne im Meer der Berauschung unterzugehen.

Neben der Angst um das eigene Sich-verlieren gibt es noch einen zweiten Erzfeind des Genusses. Es ist die heute überall um sich greifende Beschleunigung. Hingabe braucht Zeit, Hingabe braucht den Stillstand der Zeit. Nur dann, wenn man aus der fortlaufenden Zeit heraustreten kann, wird man zur Hingabe fähig. Je größer die Beschleunigung und Lebensgeschwindigkeit, desto geringer ist die Chance auf ein solche Hinaustreten. Eine rasch dahineilende Zeit ist nicht erst ein Phänomen unserer Tage, auch wenn sie gerade heute durch die immer stärker zunehmende Akzeleration besondere Bedeutung erlangt. Schon vor rund 250 Jahren beklagte Johann Gottfried von Herder (1744-1803) in seinem Gedicht "Lied des Lebens" diese uns entfliehende Zeit, wenn er fragt: „Flüchtiger als der Wind und Welle flieht die Zeit, was hält sie auf?", um in den nächsten Verszeilen die einzig mögliche Antwort auf diese Frage zu geben: „Sie genießen auf der Stelle / Sie ergreifen schnell im Lauf; / Das, ihr Brüder, hält ihr Schweben, / Hält die Flucht der Tage ein." Herder führt uns damit eindrucksvoll vor Augen, was unser hehrstes Ziel sein muss: ein Anhalten der Zeit im Genießen, ein ergriffenes Aufgehen im Augenblick, um eben in jenen Schwebezustand zu gelangen, von dem Novalis sagt: „Alles Seyn, Seyn überhaupt ist nichts als ... *Schweben* zwischen Extremen, die nothwendig zu vereinen und nothwendig zu trennen sind. Aus diesem Lichtpunkt des Schwebens strömt alle Realität aus – in ihm ist alles enthalten – Object und Subject sind durch ihn, nicht er durch sie ... das Schweben – bestimmt, produzirt die Extreme, das wozwischen geschwebt wird – ... das Schweben ... ist der Quell, die Mater aller Realität, die Realität selbst“ (Samuel et al 1960, Herder 1878/1967). Das Schweben im Genießen wird zum Lebensquell, einem Lebensquell, der vom ubiquitären Willen zum Schönen gespeist wird.

Das Aufgehen im Augenblick in der Hingabe an das Schöne ist nicht nur bloß gedachte Größe. Hingabe kann nie im „als ob“ von statten gehen. Es gibt kein Hingeben ohne denjenigen, der sich auch wirklich hingibt. Es gibt auch kein Ergreifen des Augenblicks ohne denjenigen, der ihn auch wirklich ergreift. Ebenso wenig gibt es ein nur vorgestelltes Sich-Hingeben. Das bloße Vorstellen eines Sich-Hingebens liefert zwar ein Abbild von Hingabe, ist aber selbst noch keine. Echte Hingabe kann nur *leiblich* erlebt werden. Michel Foucault (1983) hat diesen Unterschied zwischen einem bloß Vorgestelltem und dem wirklich Erlebtem in seinem Essay über das mit „Ceci n'est pas une pipe“ betitelten Bild von Renée Magritte in brillanter Weise verhandelt. Die von Magritte gemalte Pfeife ist eben *keine* Pfeife, wie übrigens auch vom Maler selbst schon im auf die Leinwand gemalten Untertitel festgehalten. Sie ist nur das Abbild einer Pfeife.

Die auf dem Gemälde Magrittes sichtbare Pfeife kann nicht als Pfeife in die Hand genommen, sie kann nicht zum Mund geführt werden und schon gar nicht geraucht werden. Die wesentlichste Eigenschaft und Funktion, die eine Pfeife erst zu einer Pfeife macht, die uns eine Pfeife erst als Pfeife erleben lässt, ist es aber, dass sie in die Hand genommen, zum Mund geführt und geraucht werden kann. Erst hier wird sie von der vorgestellten zu einer erlebten, von der fiktiven zur wirklichen Pfeife. Genauso verhält es sich auch mit dem Genießen. Man kann sich Genießen zwar bildlich vorstellen. Ein sich bloßes Vorstellen des Genusses genügt aber noch nicht, um auch wirklich genießen zu können. Jeder Raucher kennt nur allzu gut den Unterschied zwischen einem vorgestellten und wirklichen Rauchen. Erst wenn wir uns das zu Genießende einverleiben, wenn wir es in all unserer Leiblichkeit in uns aufnehmen, können wir das erleben, von dem hier in diesem Diskurs die Rede ist: dem Genießen als höchstem und zugleich tiefstem Schönheitserleben.

Genussvolles Erleben des Schönen, Genießen ist somit immer ein zutiefst leiblicher Akt. Das Schöne muss einverleibt werden, um es auch wirklich genießen zu können. Ganz offensichtlich ist dieses Einverleiben bei Essens- und Trinkgenüssen. Speisen und Getränke, die uns Genuss bereiten können, werden über den Mund und in weiterer Folge im Magen-Darmtrakt aufgenommen und auf diese Weise ganz unmittelbar einverleibt. Auch bei uns Genuss bereitenden Düften ist das Einverleiben von zu Genießendem noch leicht nachvollziehbar. Die Duftstoffe gelangen durch Mund- und Nasenöffnung gleichsam ins Körperinnere und entfalten dort jene Wirkung, die wir dann genießen können. Schon schwieriger wird es, wenn auch für das Genießen von Gesehenem und Gehörtem oder gar von auf der Haut Gespürtem ein Einverleiben als unabdingbare Grundlage des Genießens gefordert wird. Der Vorgang des Einverleibens von Gesehenem, Gehörtem und Gespürtem wird besser verständlich, wenn wir es mit dem in Verbindung setzen, was Nietzsche unter *Rhythmisieren* versteht. „Nietzsche fasst unsere inneren Rhythmen gleichsam als verlängerte Erkenntnisorgane auf: der Mensch muss alles ihm Begegnende rhythmisieren, es in seine eigenen Formen übersetzen. Erst dadurch eignet er es sich an“ (Carbone & Jung 2012). Unter diesem Blickwinkel erscheint das im Genießen geforderte Einverleiben als ein sich mit dem zu Genießenden Rhythmisieren, als ein sich vom Schönen soweit in leibliche Schwingungen Versetzenlassen, um auf diese Weise das wahrgenommene Sch*öne* in uns leiblich aufzunehmen. In unsere Alltagssprache übersetzt hieße das: Mit dem Kopf allein kann man nicht genießen, man kann immer nur mit dem Herzen genießen; es braucht „Herz“, um zum wirklichen Genuss vorzudringen. Genuss wird damit zu einer im wahrsten Sinne des Wortes Herzensangelegenheit.

Erst in dieser leiblichen Aneignung ist Hingabe an das Schöne möglich; jene genießende Hingabe, die uns zum Abheben und Schweben bringt. Ein sich völlig dem Schönen Hingeben muss aber nicht gleich auch schon Selbstaufgabe oder gar Selbstverleugnung bedeuten. Ganz im Gegenteil: Hingabe ist überhaupt nur in Selbstliebe möglich. Nur wenn wir uns selbst lieben, können wir uns auch voll und ganz leiblich auf das von uns erlebte Schöne einlassen, uns dem Schönen hingeben, ohne Sorge haben zu müssen, uns selbst in diesem Hingeben zu verlieren. Unsere von uns selbst geliebte Leiblichkeit ermöglicht uns somit erst ein hingebungsvolles Genießen. Diese „Leiblichkeit gibt es ... nur in der ersten Person ... Im Unterschied zu allen anderen Körpern, auf die ich einwirken kann, die ich verändern und bewegen kann, wirke ich *durch* meinen Leib: Ihm verdanke ich meine Bewegungen, kraft derer ich mich zu meiner Umwelt in Beziehung setze und durch die ich meine Umwelt verändere." (Alloa & Depraz 2012). Im leiblichen Beziehung-setzen im Genießen bin ich immer ganz „Ich".

Als leibliches Ich treten wir mit uns selbst und mit unserer Umwelt in Kontakt und gleichzeitig bleiben wir dabei gewissermaßen auf Distanz zu beiden. Wir sind sowohl Beobachter wie auch Betroffener. Im Akt des Genießens, in der völligen Hingabe im Schönen, ist diese Distanz nicht nur deutlich zu verringern, sondern muss letztendlich ganz aufgehoben werden – der Beobachter muss immer mehr zum selbstvergessenen Betroffenen werden. Erst in selbstvergessener Entfaltung unserer Leiblichkeit können wir uns das Schöne so weit einverleiben, dass es uns im Ganzen erfüllt. Im selbstvergessenen Einverleiben dringt das zu Genießende in unser Innerstes vor und wir werden mit dem Schönen immer mehr verschmelzend ganz eins mit ihm. Dieses Verschmelzen mit und im Schönen liegt jedoch außerhalb unserer Planbarkeit. Wir können nur die Voraussetzungen dafür schaffen, die Verschmelzung selbst geschieht uns, womit wir im nächsten Schritt des Genusskreises angelangt sind, dem Schritt der Bescherung.

Schritt 4: Sich beschenken lassen („Bescherung")

Mit diesem vierten Schritt im Genusskreis, dem Sich-vom-Schönen-beschenken-lassen, wird dann das Hochplateau des Genießens erreicht. Hier verschmelzen wir mit dem zu Genießenden, werden im Hochgenuss ganz eins mit ihm. Das Genießen stellt sich damit in seiner Gesamtheit als ein Prozess dar, der vom Einzelnen zwar aktiv intendiert und auch aktiv begonnen werden kann, der im Erreichen des Höhepunktes aber ein passiv erlebtes Geschehen ist. Das Erreichen der höchsten Höhen des Genießens, das Erleben des Berauscht-seins vom zu Genießenden ist für uns nicht mehr direkt machbar und somit letztendlich ein uns Gegebenes, Geschenktes. Dass aber das Genießen dann zu einem uns geschenkten Hochgenuss wird, dazu braucht es all die bisher beschriebenen intensiven Aktivitäten und Bemühungen des Einzelnen im Genusskreis. Das sich Hingeben an das Schöne ist somit der Übergang zwischen dem Gemachten und dem Gegebenen. Ohne aktive Hingabe an das Schöne ist das Plateau des Genusserlebens nicht erreichbar. Im Hingeben überlässt sich der Mensch dem Genießen so weit, dass er nur mehr auf ein Beschenkt-werden hoffen kann. Der auf diese Weise erhoffte Hochgenuss stellt sich dann gleichsam von selbst als

Geschenk ein – oder eben nicht. Dass Sich-hingeben im Genuss ist eine Hingabe ohne Garantien.

Unabdingbare Voraussetzung für das Beschenkt-werden ist die Bereitschaft, dass wir uns überhaupt beschenken lassen. Auch hier scheitern viele noch, die sich bis zur Hingabe an das Schöne vorgewagt haben. In unserer heutigen Welt wird ein Beschenkt-werden oft nur mehr als Startpunkt eines Tauschhandels angesehen. Während man „beschenkt" wird, denkt man zuvorderst schon, wie man auch den Schenkenden beschenken könnte, ganz nach dem Motto: Ich bekomme etwas von dir und gebe dir dafür etwas anderes. Dafür erwarte ich mir wieder etwas von dir, wofür ich dir im Gegenzug wieder etwas anderes gebe. Um Peinlichkeiten und Schamgefühle zu vermeiden, wird dabei in der Regel auf eine gewisse Reziprozität Wert gelegt. Das „Zurückgeschenkte" (eigentlich richtiger: das Zurückgegebene) soll dem „Geschenkten" (dem Gegebenen) hinsichtlich seines Wertes zumindest ungefähr entsprechen. All das hat aber natürlich mit Schenken und etwas Geschenkt-bekommen nichts mehr zu tun, sondern ist nichts anderes als eine Abwicklung von Tauschgeschäften ohne vorher festgelegte Preisvereinbarung und Deklaration.

Echtes Schenken kennt keine Notwendigkeit des Zurückschenkens. Es ist der Akt des Schenkens selbst, das bedingungslose Geben, ohne dafür eine Gegenleistung zu erwarten, der das Schenken als Besonderheit des Gebens ausmacht. Im echten Schenken ist der „objektive" Wert des Geschenkes weitgehend unerheblich, es zählt hier vielmehr der Wert, den das Geschenk für den Beschenkten hat. Dementsprechend kann es für den Beschenkten auch nicht erstes Ziel sein, das erhaltene Geschenk mit einem Gegengeschenk auszugleichen. Sowie im echten Schenken die größte Freude im Akt des Schenkens liegt, so ist die größte Freude des Beschenkten, denjenigen, der ihn beschenkt, an der Freude über das Beschenkt-werden teilhaben zu lassen. Das Geschenk gewinnt damit an Wert, dass es den Beschenkten in besonderem Maße bewegt. Nicht nur der Akt des Schenkens, sondern auch die Art und Weise des Sich-Beschenken-lassen und des Teilhaben-lassen an den Freuden über das Beschenkt-werden steigert den Wert des Geschenkes. Derjenige, der schenkt und derjenige, der beschenkt wird, sind gleichermaßen am Erfolg des Schenkens beteiligt. Ziel einer Kultivierung des Schenkens und des Beschenkt-werdens ist demnach ein gelungenes Wechselspiel zwischen den beiden im Schenkungsakt.

Das Kultivieren von Beschenkt-werden ist im Rahmen des Genießens von zentraler Bedeutung. Beschenkt-werden muss gelernt sein – und kann erlernt werden. Grundvoraussetzung ist die Fähigkeit, Danke sagen zu können. Nur wenn wir gelernt haben, „Danke" zu sagen, können wir uns so beschenken lassen und damit das Hochplateau des Genusses erreichen. Sich beschenken zu lassen und sich zu bedanken – beides ist untrennbar miteinander verbunden. Mit Danke-sagen-Können ist hier nicht nur ein bloßes Aufsagen einer Dankesformel gemeint, es geht vielmehr um die Dankbarkeit als besondere Form der Weltbejahung. Hochgenuss ist nur da möglich, wo wir dem Wunderschönen und Wunderbaren bejahend und dankbar gegenüberstehen. Ein mehr oder weniger achtloses Vorbeigehen an einem Wunderbaren und Wunderschönen, ohne dieses von Grund auf zu bejahen und ihm für sein Erscheinen zu danken, macht das Erreichen der höchsten Gefilde des Genießens unmöglich.

Wenn wir im Zusammenhang mit dem Genießen von Beschenkt-werden sprechen, stellen sich unweigerlich die Fragen, wer hier von wem beschenkt wird und womit der Beschenkte beschenkt wird. Die erste Frage wird wohl in letzter Konsequenz immer unbeantwortbar bleiben müssen. Natürlich sind wir es vornehmlich selbst, die uns im Genießen beschenken. Wenn es aber wirklich nur in unserer Hand läge, uns selbst zu beschenken, warum gelingt es dann in so vielen Fällen nicht. Die neuropsychologische und neurophysiologische Forschung versucht hier Antworten mit Daten zu Hormonausschüttungen bzw. Neurotransmitterwirkungen, wie z.B. die von Oxytocin, Endorphinen oder Dopamin, zu geben (Kringelbach & Berridge 2010). Aber auch diese Studien können uns nicht schlüssig die Frage beantworten, warum das eine Mal ein zu Genießendes nur als recht lustvoll erlebt wird und ein anderes Mal eben dann doch dazu führt, dass der Genießer im Hochgenuss schwebend sich im Erleben von Genussspitzen verliert. So schwer es auch fällt; wir müssen akzeptieren, dass diese Frage in ihrem wesentlichen Kern für uns unbeantwortbar bleibt.

Leichter ist es da, eine nachvollziehbare Antwort auf die zweite Frage zu finden, womit wir beschenkt werden, wenn wir es schaffen, uns dem Schönen genießend voll und ganz hinzugeben. – Das Geschenk ist das Erscheinen von Gott Dionysos! Man muss nicht gleich an eine personale Existenz des Gottes glauben, um das dionysische Moment im Genuss zu erleben. Diejenigen, die an personale Götter glauben können, haben es vielleicht etwas leichter, sich jene Phänomene zu erklären, die sich im Hochgenuss einstellen. Sie alle werden in der griechischen Mythologie eben dem Erscheinen von Gott Dionysos zugerechnet. Aber auch jene, die in ihrem Erdendasein ganz ohne Götterwelt auskommen wollen, werden im Hochgenuss mit den so außergewöhnlichen (und deshalb von vielen eben einem Göttlichen zugeordneten) „dionysischen" Erlebnisweisen beschenkt werden. Es sind das Berauschung und Ekstase im Schönen, d.h. jene Erlebensqualitäten, die in ihrer unvergleichlichen Intensität und Qualität uns über uns selbst in den Himmel des Wundervollen und Wunderreichen hinaustreten (siehe auch: *ékstasis* (griech.) – aus sich heraustreten, außer sich sein) lassen. Der an Wundern volle und reiche Himmel steht hier für den zeitlosen Nicht-Ort (u-topos), in dem wir im Zustand des Berauscht-seins steuerlos schweben und das Schöne in uns als Wunder erleben.

Wenn heute von Berauschung die Rede ist, dann denkt man in unseren Breiten unweigerlich an Alkoholrausch, vielleicht auch noch an Drogenrausch. Von diesen Formen des Rausches ist hier aber nicht die Rede. Sowohl der Alkohol- wie auch die meisten Formen von Drogenrausch haben mit dem Hochgefühl des Genießens insofern nur sehr wenig (wenn überhaupt) etwas gemein, als Alkohol, aber auch die derzeit am häufigsten eingenommenen Drogen, wie Opiate, Kokain und Cannabis, eine nicht unbeträchtliche anästhetische Wirkung aufweisen und daher allein aufgrund ihres pharmakologischen Wirkprofils schon in mittlerer Dosierung nicht geeignet sind, die hier gemeinten Rauschzustände zu ermöglichen. Ohne Zweifel kann die enthemmende Wirkung des Alkohols und auch anderer Drogen dem einen oder anderen helfen, zumindest in die Nähe solcher Rauschzustände zu gelangen. In über ganz geringe Mengen hinausreichenden Dosierungen überwiegt dann aber immer deren anästhetische Wirkung und macht so das Erleben der höchsten Höhen des Genießens zunichte. Man kann das Berauschtsein von etwas dann nicht mehr in seiner vollen Intensität einfach spüren, es überwiegt das dumpfe Gefühl der Benommenheit.

Wenn hier die Rede von Rausch bzw. Berauschung ist, dann immer nur im Sinne des Erlebens eines Über-sich-Hinaustretens, der alle Rahmen sprengenden Ekstase und nicht von Rauschzuständen im Sinne von Betäubung und Intoxikation (vgl. Rausch engl.

– intoxication), in denen man ganz und gar unfähig wird, nuancenreich und farbintensiv zu erleben. Es sind hier auch nicht bloße Raserei oder einige wenige, vereinzelt auftretende Vergnügungsgipfel gemeint. Unter genussvoller Berauschung wird ein Zustand der Entrücktheit verstanden, der uns wie ein erklommenes Plateau umgibt. Auf diesem Hochplateau erleben wir die kontrapunktische Vereinigung dessen, was Nietzsche als Apollinisches und Dionysisches bezeichnet. Dort, wo wir uns in völliger Selbstvergessenheit dem Genießen hingeben und uns von dem Zusammenspiel solch eines apollinisch und dionysisch Schönen in genussvoller Berauschung beschenken lassen, tauchen wir in den immerwährenden Augenblick ein und haben das Hochplateau des Genießens erreicht, ein Plateau ohne festen Grund, in dem wir schwebend außerhalb von Ort und Zeit durch und durch mit Freude erfüllt sind. An dieser Stelle sei nochmals angemerkt, dass eine strenge Trennung zwischen einem Apollinischen und Dionysischem, wie sie erstmals von Nietzsche vollzogen wird, kulturhistorisch nicht haltbar ist (siehe auch: Kapitel „Prolog – Das Schöne in der Menschheitsgeschichte"). Auch wenn eine Trennung in apollinisch und dionysisch Schönes im Verständnis des Genusserlebens didaktisch hilfreich sein kann (im Abschnitt „Schritt 5: Das Genießen reflektieren (Reflexion)" wird darauf noch zurückzukommen sein), ist gerade im Hochgenuss eine solche Unterscheidung nicht mehr möglich. Apollinisches ist da mit Dionysischem aufs Engste verwoben, was im Übrigen durchaus mit der griechischen Auffassung des Dionysischen in Einklang zu bringen ist. Den Analysen von Martin Vogel (1966) zufolge werden in der griechischen Mythologie Gott Dionysos auch viele apollinische Merkmale zugeschrieben, während im Vergleich dazu Apollon deutlich weniger dionysische Momente zugesprochen werden. In der Diktion von Nietzsche könnte man von einem Dionysos angereichert mit Apollinischem sprechen. Daran orientiert sich auch die Verwendung der Begriffe Dionysos bzw. Dionysisches im nachfolgenden Diskurs. Wenn hier auf Dionysos bzw. auf Dionysisches rekurriert wird, dann immer in diesem Sinne einer Vereinigung von apollinischen *und* dionysischen Anteilen im Dionysos bzw. Dionysischen.

Freudvolles Sein in völliger Seins- und Selbstvergessenheit – das ist Genuss, das ist Erleben von Freude auf höchstem Niveau, das ist höchstes und zugleich tiefstes Schönheitserleben. Hier wird die Dreieinigkeit des Schönen, der Freude und der Liebe uns zum konkreten Ereignis; hier verlieren wir uns im Schönen, und werden so selbst zum gelebten Schönen, zur gelebten Freude und zur gelebten Liebe. Das Schöne und wir werden in unserem tiefen Erleben des Schönen ganz eins, das als Schönes zu Erlebende und der das Schöne Erlebende werden dabei untrennbar miteinander verbunden, sie verschmelzen miteinander – ebenso wie Liebende im Liebesakt ihre Grenzen im Aufgehen im Anderen nicht mehr erfahren und so in den höchsten Momenten des leiblichen Verbunden-seins zu einem einzigen Leib werden, genauso wird der das Schöne Genießende am Höhepunkt des Genusses (nochmals: der kein einfaches Gipfelerlebnis ist, sondern ein Auskosten des Hochplateaus tiefster Freude) ganz eins mit dem jeweils zu Genießenden und Genossenen. Im als zeit- und raumlos erlebten Schweben löst er sich selbst im Schönen auf und wird damit selbst zum inkarnierten Schönen.

Dieses Aufgehen ist nicht nur ein Auflösungsprozess, indem wir uns in unserer Selbstvergessenheit im Schönen verlieren, es ist auch ein Aufgehen im Sinne eines Erglänzens. Ganz so, wie die Sonne am Morgen aufgeht und alles Dämmrige überstrahlt, das von ihr Beschienene zum Glänzen bringt, so gehen wir im Beschenkt-sein auf und erstrahlen im Glanze des zu Genießenden. Hier können wir dann auch erahnen, was Thomas von Aquin mit göttlichem Glanz als höchster Schönheitsmanifestation meinte (Kovach 1961). Auch wenn darüber nichts überliefert ist, könnten es gerade solche Genussmomente gewesen sein, die ihn dazu veranlassten, das in höchstem Maße Schöne mit dem Glanz und Glänzenden in untrennbare Verbindung zu bringen. Das außerordentlich Schöne und der Glanz verhalten sich wie die zwei Flächen einer Münze. Sie sind zwei Seiten von ein- und demselben, nämlich des wundervollen Wunderschönen. Das glanzvolle Schöne bringt uns auch selbst zum Glänzen. Denken wir doch an die glänzenden Augen von Kindern, wenn sie völlig in dem auf sie einwirkenden Schönen aufgehen – wie z.B. an einem gelungenen Weihnachtsabend im Anblick des Lichterbaumes. Später dann sind es Begegnungen mit anderen Menschen, die uns in Liebe erglänzen lassen; und noch später kann es auch Naturerleben oder Kunstgenuss sein, der uns Glanz in unser Antlitz bringt. Alles was uns in besonderem Maße berührt, was unser Herz rührt, verleiht uns auch Glanz und lässt unsere Augen glänzen.

Für all das und vieles mehr steht Gott Dionysos in der griechischen Mythologie. Dionysos ist, wie schon im Kapitel „Prolog

– Das Schöne in der Menschheitsgeschichte" angeführt, der wohl vielgestaltigste, vielschichtigste und facettenreichste Gott im griechischen Götterreigen (Schmidt & Schmidt-Berger 2008). Nicht umsonst nennt ihn Sophokles (2008) in seiner *Antigone* den „Vielnamigen" und nicht von ungefähr konstatiert Cicero (2011) in seiner Göttergeschichte *De natura deorum*: „dionysos multos habemus". Dionysos ist der Gott des Weines, aber auch jener der Sexualität und der Fruchtbarkeit. Er ist Vegetations- und Blumengott, andernorts auch Gott der Unterwelt, Gott der Feste und des Tanzes und nicht zuletzt auch Gott der Dichter, um nur einige seiner Bedeutungen und Wirkkräfte herauszunehmen. Allen diesen Dionysosgestalten ist aber gemein, dass sie für ein in der Berauschung Über-sich-Hinaustreten stehen. Im Kern ist Dionysos also Gott der Berauschung und Ekstase. Ovid (1994) bezeichnet ihn in seinen Metamorphosen als „Brauser und Löser, ... Vater des Jubels, als Jauchzer und Johler". Im Zustand des Genießens, im Zustand des Rausches, dort wo uns zum Jubeln, Jauchzen und Johlen zumute ist, begegnen wir diesem Gott. Da, wo wir unsere Kontrolle aufgeben, werden wir von ihm im Genießen mit Zuständen höchster Freude beschenkt, da verschmelzen wir, da werden wir eins mit und in der Dreieinigkeit des Schönen, der Freude und der Liebe, da durchwirkt uns der Wille zum Schönen in all seiner Gewalt.

Wenn wir lieben, wenn wir einfach etwas Schönes, einen schönen Gegenstand oder eine schöne Situation lieben, vor allem aber wenn wir einen uns lieb gewordenen Menschen lieben und ganz besonders dann, wenn wir in ihn bzw. sie gar frisch verliebt sind, intensiviert sich noch unser Schönheitserleben auf wundersame Weise. Gegenstände, Situationen und Landschaften, deren Schönheit wir vorher gar nicht richtig wahrgenommen haben bzw. deren Attraktivität und Ausstrahlung uns nicht gefangen nahmen, werden plötzlich zu wunderbaren und wunderschönen. Hölderlin beschreibt dieses Phänomen der Schönheitsintensivierung durch erlebte Liebe in seiner Ode an Diotima, die eigentlich ein Liebesgedicht an die einzige große Liebe seines Lebens, Susette Gontard, ist, mit Worten, die man schöner nicht setzen kann: „Leuchtest du wie vormals nieder, / Goldener Tag! und sprossen mir / Des Gesanges Blumen wieder / Lebenatmend auf zu dir? / Wie so anders ist's geworden! / Manches, was ich trauernd mied, / Stimmt in freundlichen Akkorden / Nun in meiner Freude Lied, ..." (Ibel 1957). Die Liebe zu einem von uns geliebten und uns liebenden Menschen öffnet uns das Herz; nicht nur für den bzw. die Geliebte, sondern auch für alles Schöne rund um uns herum.

Wir können im Rahmen des Kultivierens des Schönheitserlebens unser Genießen somit noch verstärken und intensivieren, wenn wir uns gemeinsam mit einem geliebten Menschen vom zu Genießenden beschenken lassen. Dieses gemeinsame Sich-beschenken-lassen ist zuvorderst ein zutiefst leibliches Erlebnis des Einzelnen. Leib und Leiblichkeit sind bei Husserl, wie bereits andernorts angeführt, untrennbar an das Ich gebunden: Nur *ich* kann mich in meinem Leib, in meiner Leiblichkeit erleben; nur mit meinem Leib kann *ich* leben und erleben. Der Leib des Anderen bleibt mir immer fremder Körper. Husserl unterscheidet daher auch folgerichtig zwischen einem Eigenleib und einem Fremdleib. Alloa und Depraz (2012) bemerken dazu, sich auf Husserl berufend: „Der Leib des Anderen ist mir unvermeidlich auch nur als Körper gegeben; ich kann nicht im Körper des Anderen ‚walten', d.h. ich kann ihn nicht bewegen, so wie ich meinen eigenen Leib bewegen kann. Aus diesem Grund ist der Leib des Anderen mit meinem nicht vertauschbar, ...". Man kann sich aber liebend so weit nahekommen, dass man im gemeinsamen Genießen diese letztlich unverrückbare Grenze zwischen Eigenleib und Fremdleib zumindest so weit aufweicht, dass man sich „kugelmenschlich" mit dem anderen verbunden erlebt – man schwingt dann auf gleicher Wellenlänge und Frequenz und erlebt damit im gemeinsamen Genießen ein Eins-werden mit dem Anderen als höchstes Glück.

Der japanische Schriftsteller und Dichter Haruki Murakami (2008) lässt die Ich-Figur in seinem Roman *Gefährliche Geliebte* im Zusammenhang mit dem von ihm gemeinsam mit seiner Geliebten erlebten Musikgenuss beim Hören der Klavierkonzerte von Franz Liszt sagen: „Ich hatte (durch sie) eine Welt entdeckt, von der niemand in meiner Umgebung etwas ahnte – einen geheimen Garten, den nur ich betreten durfte. Ich fühlte mich hervorgehoben, auf eine höhere Daseinsebene versetzt ... diese fünf Finger, diese Handfläche waren wie eine Vitrine, die absolut alles enthielt, was ich wissen wollte – und was ich wissen musste ... Während dieser zehn Sekunden wurde ich zu einem kleinen Vögelchen, das in die Luft aufflatterte, in den rauschenden Wind ... Wir waren, sie ebenso wie ich, noch fragmentarische Geschöpfe, die gerade erst begannen, die Existenz einer unerwarteten Wirklichkeit zu erahnen, die wir uns noch würden aneignen müssen, die uns ausfüllen und vervollständigen würde. Wir standen vor einer Tür, die wir noch nie zuvor gesehen hatten. Wir beide ...". Haruki Murakami gibt uns hier ein eindrucksvolles Beispiel vom erlebten Wunder im gemeinsamen Genießen, von einem Wunder, das sich wissenschaftlichen Erklärungen entzieht, uns aber in den Worten des Dichters erahnbar wird.

In diesem Eins-werden mit dem Anderen werden jene höchsten Höhen des Genusses erreicht, die wir in Anlehnung an Friedrich Nietzsche *Verzückungsspitzen des Genießens* nennen wollen. Ein Mehr an Genießen ist nicht mehr möglich. In gemeinsamer Verschmelzung wird das zu Genießende in all seiner Schönheit, Anmut und Wirkkraft in sich aufgenommen, um als wunderbar und wundervoll Schönes wieder in Gemeinsamkeit in die Welt gesetzt zu werden. Dieses Verschmelzen ist ein doppeltes Verschmelzen:

Es ist ein Eins-werden mit dem Schönen, das wir als Genießen im eigentlichen Sinne bezeichnen, und es ist auch ein Eins-werden mit dem Anderen im Schönen, womit das erreicht wird, was wir unter Hochgenuss verstehen. In dieser doppelten Verschmelzung erleben wir dann ganz unmittelbar auch die Dreieinigkeit des Schönen in höchster Ausprägung. Natürlich können Schönes, die Freude und die Liebe auch voneinander getrennt betrachtet und analysiert werden. Im Zustand des in Liebe gemeinsamen Genießens treten sie aber in ihrer dreieinigen Zusammengehörigkeit so unmittelbar in unser Leben, dass sie eins mit uns werden, Wir können uns ihnen nicht mehr entziehen, wir selbst werden damit zum Schönen, zur Freude und zur Liebe. Meister Eckehart beschreibt dieses mit unserer Vernunft nicht mehr erklärbare, mit dem Herzen aber doch gut „verstehbare" Mirakel mit einem ganz einfachen Beispiel: „Wenn der Vater den Sohn anlacht und dieser lacht zurück, da bringt das Lachen Lust hervor und die Lust schafft Freude und die Freude gebiert Liebe und die Liebe bringt die Person hervor und diese erschafft den heiligen Geist. Durch die Freude werden wir zu dem, was wir sein können" (Pfeiffer 1857).

Gemeinsam mit einem geliebten Menschen können wir so die höchsten Höhen des Genusses erreichen und begegnen da Dionysos in all seinem Glanz. Hier dürfen wir mit Goethe sagen: „Augenblick ... Verweile doch, du bist so schön" (Goethe1988a). Das ist auch jenes Erlebnis, das Nietzsche (1873/1988) eigentlich mit Verzückungsspitzen gemeint hat, also jene glänzenden Gipfel höchsten Genusses, die das Hochplateau größter Freude noch überragen können. Dieses Erleben des Schönen so weit intensivieren zu können, ist eine hohe Kunst, die es zu entwickeln und entfalten gilt. Hierzu ist anzumerken, dass Intensität insgesamt, so wie hier im Besonderen jene des genussvollen Rausches, eine zentrale Rolle in der Menschheitsentwicklung einnimmt. Ist Intensivierung des Lebens „doch ein einziges großes Streben zu einer großen Erfüllung und Erlösung hin ... Das Leben verlangt von uns Intensität. Wir verlangen Intensität vom Leben ... Intensität ist die Zusammenfassung aller Lebensinstinkte und aller geistiger Kräfte (von uns Menschen)", wie dies der österreichische Aktionskünstler Nitsch im Gespräch mit Martin Poltrum und dem Autor im Rahmen eines Seminars zu Rausch und Ekstase im Wiener Anton Proksch Institut so treffend feststellte (Nitsch 2008).

Nicht nur im Spielerischen, wie es Friedrich Schiller behauptet (Donhauser 2007), sondern vor allem im Intensivieren des Erlebens von uns gegebenen Schönen werden wir Menschen erst wirklich zu Menschen. Ein solches Intensivieren des Schönheitserlebens ist gleichzeitig ein Intensivieren unseres Lebensgefühls. „Hier bin ich Mensch, hier darf ich's sein", ruft Faust (Goethe 1988a). Das Genießen, und noch mehr das gemeinsame Genießen mit von uns geliebten Menschen öffnet uns das Tor zu einem solch tiefen Erleben von all dem uns gegebenen Schönem, dass wir damit schon zu Lebzeiten eine paradiesische Welt betreten können. Nicht in der Abkehr vom Leben, sondern ganz im Gegenteil im bedingungslosen Zukehren zum Leben, im Sich-beschenken-lassen in höchstem Genuss, eröffnet sich uns das Paradies auf Erden. Hier begegnen wir Gott Dionysos und all seiner facettenreichen Macht auf intensivste Art und Weise und werden wir von Faszination (fascinatio – Verhexung sic!) und Begeisterung in einem solchen Maße erfasst, dass wir von dem so vielfältigen und uns überwältigenden Willen zum Schönen hin- und mitgerissen werden und diesen ganz von ihm durchflutet als *das* Kulturgeschehen schlechthin erleben.

Überall dort, wo der Mensch mit einem für ihn letztlich unerwarteten, weil exzeptionellen Wundervollen beschenkt wird, neigt er dieses Beschenkt-werden auf eine supernatürliche Kraft zu projizieren. Diese übernatürliche, weil exzeptionelle Kraft wird von jenen, die zu einem Gott- bzw. Götterglauben fähig sind, im Göttlichen verortet. Von jenen, für die ein solcher Gottglaube in ihrer Welt keinen Platz haben darf oder kann, wird diese sie beschenkende exzeptionelle Kraft in der Regel dann in die „Natur" projiziert, um sie ihrerseits damit in einen Status des „Supernatürlichen" (also einen weit über alles greifbare Anorganische, Pflanzliche, Tierische und Menschliche hinausragenden zu heben. Ob wir nun an „supernatürliche" Kräfte oder aber an personal Göttliches glauben, wir alle können von den Gefühlsgeschenken, die wir im Rahmen echten Genießens erleben dürfen, überwältigt werden. Im Genießen schwelgend und schwebend, im Berauscht-sein durch das Schöne, in der Ekstase treten wir über uns hinaus und werden im genießenden Beschenkt-werden selbst in die Sphäre des Supernatürlichen, in die Sphäre des Göttlichen gehoben.

Die Personifikation des uns in diese Sphären emporhebenden göttlichen Geschenks ist Gott Dionysos in all seinem Facettenreichtum und all seiner Strahlkraft. Nun wird auch klar, warum die Antwort auf die am Beginn des Diskurses über die Bescherung im Genießen gestellte Frage, womit wir im Genießen beschenkt werden, nur lauten kann: mit der Erscheinung von Gott Dionysos. Er ist göttliche Personifizierung alles Wundervollen und Wunderbaren, das uns Menschen widerfährt, wenn wir uns in Selbstvergessenheit auf das Schweben und Beschenkt-werden im Genießen einlassen. Er ist damit auch die Personifikation jener Kraft, die wir in uns als Willen zum Schönen in Form einer uns überwältigenden Naturkraft spüren können und die durch uns, indem wir unser Schönheitserleben bis hin zum Genießen kultivieren, zur basalen Kulturkraft wird.

Dionysos ist aber keineswegs nur hinsichtlich seiner Wirkkraft eine facettenreiche und vielfältige Gottheit. Auch seiner Herkunft nach ist er vielgestaltig und vieldeutig. Herodot (480/490 - 424 v.Chr.), behauptet als erster griechischer Geschichtsschreiber, dass Dionysos gleichsam ein griechischer Ableger des ägyptischen Gottes Osiris sei (Reinhadt 2011). Mehrere Mythen verweisen darauf, dass der berühmteste Sänger der Antike und Mysteriengründer Orpheus den Osiris-Kult unter dem Namen Dionysos-Kult nach Griechenland brachte. Andere Traditionen verlagern den Ursprung des Dionysos-Mythos nach Kleinasien oder gar nach Indien (Schmidt & Schmidt 2006). Nach der wohl bekanntesten Herkunftsgeschichte entstammt er, wie schon im Einleitungskapitel erwähnt, der Liebe von Zeus und Semele, der Tochter des Kadmos, dem Gründer der Stadt Theben. Ebenso wie Orpheus ist er damit seiner Herkunft nach nur ein Gott-Mensch-Hybrid, nur ein Halbgott. Er entspringt einer liebenden Verbindung eines Gottes – und sogar des obersten Gottes Zeus – mit einer Weltlichen. Dionysos ist damit in seiner Zwischenstellung zwischen dem Göttlichen und dem Weltlichen ein wesentlicher Mittler zwischen der Götter- und der Menschenwelt, ein Mittler zwischen dem Sublimen und dem Normalen sowie zwischen dem Heiligen und dem Profanen.

Bereits da, noch vor seiner Geburt, zeigt sich der enge Zusammenhang seiner Existenz mit dem Verderben. Er ist letztendlich ein Symbol der Überwindung der zerstörerischen Kraft des göttlich Schönen. Viel später ruft Rainer Maria Rilke (1912-1922/2002) in seiner ersten Duineser Elegie „Alle Engel sind schrecklich ...". Auch Schönheitserleben kann uns gefährlich werden, vor allem in seiner intensivsten Ausprägung, im Genießen mit Verlust der Selbstkontrolle. Genießen braucht deshalb Mut und auch Risikobewusstsein. Mit Mut ist nicht so sehr nur Risikobereitschaft, sondern vielmehr „etwas mit Herz tun" gemeint; und Risikobewusstsein soll nicht als ängstliche Zaghaftigkeit verstanden werden (die ihrerseits ja ein Genießen in höchstem Maße unmöglich machte), sondern steht vielmehr dafür, sich selbst erfahrungs- und vernunftgesteuert Sicherheitszonen zu schaffen. An diesem Punkt des Genießens scheitern viele. Sie bleiben auf der Stufe eines ganz angenehmen und netten Erlebens des Schönen stehen und werden aus dem Genusskreis exkludiert.

Dieses hier geforderte etwas Geschehen-lassen, etwas mit sich Geschehen-lassen, dieses Aufgeben der Kontrolle, das ganz unweigerlich dazu führt, dass man etwas nicht mehr „im Griff" hat, das ängstigt viele so sehr, dass sie lieber die Kontrolle behalten und damit gleichzeitig auf ein Genießen verzichten. Dabei geht es auf dieser Genussstufe gar nicht um ein völliges Aufgeben jedweder Kontrolle, sondern vielmehr um das, was wir früher bereits als „kontrollierten Kontrollverlust" bezeichneten, also um einen Kontrollverlust, der in einem ganz bestimmten geschützten Rahmen stattfindet, der weder ein zügelloses Entgleiten noch eine völlige Selbstaufgabe im Wahnsinn erlaubt. Die Gefahr, die vom zügellosen Verharren im Dionysischen ausgeht, die zerstörerische Kraft des Übergangs in den Wahnsinn wird uns in besonderer Deutlichkeit im Dionysos-Mänaden-Mythos vor Augen geführt.

Als Mänaden („Rasende") werden diejenigen bezeichnet, die das Gefolge des Dionysos ausmachen. Es sind vorzugsweise Frauen, die gemeinsam mit den triebhaft-lüsternen Satyrn, dämonischen Mischwesen in Menschengestalt, versehen mit Rossschweifen, Pferde- oder Bocksbeinen und kurzen Hörnern, in wilden Tänzen unter lautem Gejohle und Schreien dem Rauschgott nachgeeifert haben sollen. Bei Euripides (1975) endet ihre Ekstase sogar in selbstzerstörerischem und andere zerstörendem Wahnsinn und macht nicht einmal vor der Tötung des Sohnes durch dessen Mutter halt. Auch Platon behauptet, dass der für Dionysos so charakteristische Wahnsinn zum Mysterienkult gehörte (Platon 2011d). Das Wort Wahnsinn ist hier wohl eher in seiner eigentlichen Bedeutung als Zustand der Vernunftleere zu verstehen (van – althdt. leer, sinn – Verstand, Vernunft – Grimm J & Grimm W 1854/1999) und nicht so sehr als (im Volksmund so oft verwendetes) Synonym für psychische Krankheit.

Ob die von Euripides in den *Bakchen* beschriebenen Exzesse und jene von Platon im *Phaidros* geschilderten Begebenheiten einen realen Hintergrund hatten oder ob mit ihnen nicht vielmehr die Verunglimpfung eines damals weit verbreiteten und wirkmächtigen Kultes verbunden war, ist heute nicht mehr mit Sicherheit zu beantworten. Die Ausschweifungen, Raserei und Exzesse, wie sie dem Dionysoskult vorgeworfen wurden, führten ja letztendlich auch dazu, dass die Teilnahme an Festen und Riten des Dionysoskultes im Jahre 186 v. Chr. mit einem Ermächtigungsgesetz des „Senatus consultum de bacchanalibus" verboten wurde.

Mit Sicherheit kann aber davon ausgegangen werden, dass bereits damals die potentielle Gefahr eines Aufgebens der Selbstkontrolle im Rahmen der Hingabe an das Schöne bekannt war.

Dieser potentiellen Gefahr der Berauschung und des Ekstatischen ist auch im Genießen entgegenzuwirken. Um mögliche desaströse Folgen eines zügellosen Verharrens im Ekstatischen zu vermeiden, braucht es daher „Sicherheitszonen" mit entsprechenden Rahmen, die im nächsten und letzten Schritt des Genusskreises, dem Reflektieren des zu Genießenden, aufzusuchen sind. Das Schaffen und auch Aufsuchen von Sicherheitszonen hat aber nichts mit einer Low-Dose-Hingabe oder einem Rauschzustand im Sicherheitsanzug gemein. Der Höhepunkt des Beschenkt-werdens in völliger Hingabe an das Schöne im Stadium des Hochgenusses ist, bleibt und kann nur ein ekstatischer sein. Ohne Kontrollverlust kein Hochgenuss. Kontrollverlust heißt aber nicht zwangsläufig völlige Selbstzerstörung bzw. Zerstörung von Anderen. Um zu verhindern, dass ein solches zügelloses (aber deshalb noch lange nicht grenzenloses) Rauscherleben in einem grenzenlosen, alles zerstörenden Rausch-Exzess endet, wird eine Phase der Rückbesinnung auf das Genießen und auf sich selbst im Genießen nötig.

Schritt 5: Das Genießen reflektieren („Reflexion")
Mit dem Reflektieren des Genießens ist nicht nur ein einfaches kognitives Rekapitulieren und vernunftgeleitetes Analysieren des im Genießen sinnlich Erlebten gemeint. Es geht dabei vor allem auch um ein aus der Distanz erfahrenes Erspüren des im Genuss Erlebten. Das Wesentliche bei diesem Schritt ist es, wieder eine gewisse Distanz zum bisher Erlebten aufzubauen. Das Herstellen einer Distanz zum Rausch und zur Ekstase ist zugleich ein vorläufiges Aussteigen aus dem selbstvergessenen Sich-Hingeben und Beschenken-lassen im Genießen. Martin Buber (1999) unterscheidet in seinem epochalen Werk zum mitmenschlichen Leben *Ich und Du* zwischen einer *Ich-Du-Beziehung* und einer *Ich-Es-Beziehung*. In kurzen Worten, und damit natürlich sehr verkürzt zusammengefasst, ist die Ich-Du-Beziehung dadurch gekennzeichnet, dass man *mit* dem Anderen spricht, in einem echten Dialog ganz in sein Gegenüber eintaucht, sich gleichsam auf gleicher Ebene ganz unmittelbar und selbstvergessen auf den Anderen einlässt. Dabei wird das Ich zum Du und das Du zum Ich. Die Ich-Es-Beziehung ist demgegenüber eine Beziehung, in der einer über den Anderen spricht, also nicht mehr direkt mit seinem Gegenüber in unmittelbarem Kontakt steht, sondern, die Beziehung selbst ins Auge nehmend, sich aus der Begegnung mit dem Anderen beschreibend und analysierend herausnimmt.

Auf das Genießen übertragen bedeutet das, dass man sich in den Phasen der Hingabe und Bescherung in einer Ich-Du-Beziehung mit dem zu Genießenden befindet, also ganz in der Beziehung mit dem zu Genießenden aufgeht. In der Phase der Reflexion verlässt man dann diese Ich-Du-Beziehung *mit* dem zu Genießenden und tritt in eine Ich-Es-Beziehung *zu* dem zu Genießenden ein. Man spricht dann nicht mehr verinnerlicht *mit* dem zu Genießenden, sondern innerlich über das zu Genießende und vor allem auch über den Akt des Genießens selbst und das hierbei Erlebte. Grundlagen für dieses „Sprechen" in der Ich-Es-Genussbeziehung sind auf der einen Seite kognitive Prozesse des Beschreibens, Analysierens und Erklärens und auf der anderen Seite ästhetische Prozesse im Sinne des sinnlichen Wahrnehmens („aisthesis"), des Erspürens und Nachspürens von im Genießen Erlebtem.

Mit Erspüren und Nachspüren von im Genießen Erlebtem ist jenes Spüren gemeint, dem bereits im Kapitel „Das Schöne – Versuche einer Begriffsbestimmung" des ersten Bandes diskursiv nachgegangen wurde. Es ist jenes Spüren, von dem Max Scheler (1980) zu Recht behauptet, dass es ein „vom eigenen Körper wegführendes intentionales Fühlen" ist. Es ist ein Spüren, mit Hilfe dessen es gelingt, zwischen dem Gefühlten und demjenigen, der fühlt, eine Distanz herzustellen und es damit dem Spürenden möglich macht, das Gefühlte auch zu reflektieren. Denn nur in der Distanz zum Erlebten gelingt es uns, Wahrgenommenes, Erfahrenes und Erlebtes in die Reihe anderer Wahrnehmungen, Erfahrungen und Erlebnisse einzuordnen und so die Voraussetzung dafür zu schaffen, dass das im Rausch und in der Ekstase des Genießens sinnlich Erlebte einerseits mit anderen sinnlichen Erlebnissen und andererseits mit Wissens- und Erfahrungsinhalten verknüpft werden kann. Auf diese Weise gelingt es auch, neue Achtsamkeiten zu entwickeln, die ihrerseits wiederum Ausgangspunkt für noch intensiveres bzw. überhaupt neues Genießen sein können. So kann das in einem ersten Genussdurchgang dionysisch Erlebte mit früher erfahrenen apollinischen Schönheitswerten in Verbindung gebracht und damit das Dionysische in einem neuerlichen Durchlaufen des Genusskreises mit Apollinischem neu aufgeladen werden. Das gilt gleichermaßen für alle Formen des Kunst- und Naturschönen. Alles, was für uns schön ist, kann auch genossen werden, sofern wir uns auf es so einlassen können, wie im Genusskreis vorgezeichnet.

Im Reflexionsstadium des Genusskreises geht es aber nicht nur um das von der eigenen Leiblichkeit wegführende Spüren, sondern auch um jenes Spüren, von dem Längle (2015) sagt, dass es „eine Form der Zusammenschau ist, die die Sachen im Zusammenhang sieht und daher auch das im Blickfeld hat, worauf eine Sache oder Situation hinausläuft". Dieses Spüren kann als „eine intuitive, phänomenologische Wahrnehmungsfähigkeit von Qualitäten aufgefasst werden". Es ist jenes Spüren, in dem der Mensch darauf achtet, „wie etwas zu mir spricht" und das uns die Möglichkeit eröffnet, das schon früher erlebte Schöne und das schon über das Schöne Gewusste in den Genussprozess miteinzuweben. Diese Form des intuitiven Spürens ist auch eine der wesentlichen Grundlagen dessen, was im Einleitungskapitel als ästhetisches Denken ausgewiesen wurde. Ein solches ästhetisches Denken liefert die Grundlage dafür, dass im Genussprozess eine erlebnismäßige Verbindung mit all dem uns bis dahin zugänglichen dionysischen und apollinischen Schönen hergestellt wird, um uns selbst in weiteren Durchläufen des Genusskreises zu transformieren. In diesem Transformationsprozess ist es vornehmlich das apollinisch Schöne, das uns auf unsere Veränderungsmöglichkeiten verweist, während das Dionysische die eigentliche transformative Kraft ausmacht.

Auch wenn, wie bereits oben angeführt, eine strikte Unterscheidung eines Apollinischen, das für das ebenmäßige, ausgeglichene, symmetrische und ausgewogene Schöne steht, und eines Dionysischen, das das Begeisternde, Faszinierende, Berauschende und Ekstatische repräsentiert, kulturhistorisch nicht haltbar ist und nur das Resultat eines, wie es Martin Vogel (1966) ausdrückte, „genialen Irrtums" Nietzsches ist (Vogel 1966), so hilft uns eine solche künstliche Unterscheidung doch einigermaßen zu verstehen, worum es im Genusskreis im Letzten geht, nämlich um die Zusammenführung dieser beiden vermeintlichen Gegensätze. Nur dann, wenn die Unterschiede zwischen den beiden auch scharf ins Relief gerückt werden, wird auch eine aktive Zusammenführung durch uns möglich. Es genügen im Zustand des Hochgenusses nicht nur wahllose Durchmischungen von Apollinischem und Dionysischem bzw. laue Kompromisse dieser beider Schönheitsprototypen. Um in die höchsten Gefilde des Genießens vordringen zu können, braucht es vielmehr eine *kontrapunktische Verarbeitung* beider Schönheitsthemen. Ganz ähnlich der kontrapunktischen Verarbeitung von zwei Musikthemen in einer Symphonie, die dann immer neue wunderbare Tonfolgen ermöglicht, führt auch die kontrapunktische Verarbeitung des Apollinischen mit dem Dionysischen zu immer neuen wunderschönen Genussabfolgen. Dabei bleibt es dem Einzelnen überlassen, wie oft er den Genusskreis durchlaufen möchte, um immer wieder neue Facetten des Schönen und eine immer größere Intensivierung des Genusses zu erleben. Genießen bleibt dann nicht nur auf ein einfaches sich unkontrolliert und zügellos dem Schönen Hingeben und Beschenken-lassen beschränkt, sondern erfasst uns in all unserer Leiblichkeit erst im virtuosen Wechselspiel von hochgradiger Emotion und tiefgründiger Reflexion und wird so zum unvergessenen Erlebnis.

c. Epilog des Genießens

Wann immer wir es entscheiden, können wir aus dem Genusskreis aussteigen. Ein solcher Ausstieg wäre ohne Reflexionsschritt nicht möglich, da wir dem Genießen zügellos ausgeliefert wären und uns daher ein selbstgewolltes Beenden des Genießens verwehrt bliebe. Im Stadium der Reflexion liegt es an uns zu entscheiden, ob wir im

Genießen verbleiben wollen oder aber den Genusskreis verlassen wollen. Beim Ausstieg gewinnen wir dann wieder voll und ganz die Kontrolle über uns. Dieses Aussteigen aus dem Genusskreis darf nicht abrupt sein. Ganz so wie ein sexueller Coitus interruptus in der Regel ein schales Gefühl bis hin zur post-koitalen Deprimiertheit oder Aggressivität nach sich zieht, führt ein abruptes Abbrechen des Genießens zu Missempfindungen, die sich in innerer Unruhe und Unausgeglichenheit bis hin zu Missstimmungen entäußern. Denken wir nur an einen wunderbaren Musikgenuss, der durch einen plötzlichen Ausfall der Batterien des Empfangsgerätes jäh gestoppt wird, und an die sich daraus entwickelnden Auswirkungen auf unser Gemüt; oder an die Missstimmung, die auftritt, wenn man durch ein Telefonklingeln oder einen Ruf aus dem Nebenzimmer aus einem Lesegenuss herausgerissen wird; oder an die Gereiztheit bzw. Deprimiertheit, die als Folge eines Abbruch einer höchst genussreichen Bergbesteigung wegen eines hereinbrechenden Unwetter erlebt wird; oder an die Erfahrung von sich steigernder innerer Unruhe bis hin zu aggressiver Anspannung, wenn man im genussreich-lebhaften Phantasieren am Strand mit geschlossenen Augen in der Sonne liegend unterbrochen wird durch plumpe Versuche von Strandnachbarn, eine Urlaubsbekanntschaft zu beginnen – um nur einige wenige Beispiel plötzlich abgebrochenen Hochgenusses herauszugreifen. Die negativen Folgen von all solchen Genussabbrüchen können vermieden werden, wenn der Ausstieg aus dem Genießen in den folgenden drei Schritten erfolgt (siehe Abbildung 3).

Am Beginn des Genussausstiegs steht ein Ausklingen-lassen des Empfundenen und Erlebten mit Hilfe eines verweilenden Sich-Zurücknehmens zu Gebote. Damit wird ein sanftes Aussteigen und Beenden aus den Nachwirkungen der gefühlsintensiven Hingabe- und Beschenkungsphase im Genießen möglich. Oberstes Gebot ist es, alles Abrupte zu vermeiden. Dieses verweilende Sich-Zurücknehmen eröffnet dem Genießer das Erspüren eines „Nachklingens" des Genusses. Dieses Nachklingen, als zutiefst leiblicher Prozess ist zum einen ein Nach-schwingen-Lassen des Genossenen im Sinne eines emotionalen „Auswellens". Zum anderen braucht es aber auch ein kognitives Verarbeiten im Sinne eines Nach-Denkens, um damit das Tor zu einem „Nach-Leben" des Erlebten zu öffnen. Dieses Nach-Leben kann nun in Tagträumen oder aber auch in Vorstellungskonkretisierungen erfolgen. In beiden Fällen können wir das vorangegangene Genießen erahnend wieder zu uns und in uns holen, womit das bereits einmal Erlebte ein zweites Mal bzw. auch weitere Male in abgemilderter Form erlebt werden kann. Gelingt uns das in vollem kognitivem und emotionalem Umfang, ist damit die Basis dafür gelegt, auch zu späteren Zeitpunkten sich des Genossenen genießend „entsinnen" zu können. Wir erinnern uns dann an das Genossene nicht nur gegenständlich, es ist uns gleichsam in unser Herz gebrannt. Es hat damit seinen Platz im emotionalen Gedächtnis gefunden und kann auf diese Weise zur Richtschnur bei späteren Genussfolgen werden. Das so erinnerte ist seinerseits Startpunkt für Vorstellungen, Fantasien und Visionen, die uns nicht nur ein zukünftig weiteres, sondern auch ein zukünftig vertieftes Genießen möglich machen. Das prinzipiell Mögliche wird auf diese Weise zum für uns konkret Möglichen.

AUSKLINGEN
- verweilendes Sich-Zurücknehmen
- sanftes Aussteigen/Beenden
- „Vermeidung des Abrupten"

NACHKLINGEN
- Nach-Schwingen
- Nach-Denken
- Nach-Erleben

NACHWORT/NACHSPIEL
- Repräsentative Erinnerungen
- Emotionale Erinnerungen
- Vorstellungen – Fantasien – „Visionen"
- Erzählungen / Mit-Teilungen

Abbildung 3

Die Erinnerungen an vergangenes Genossenes bzw. an vergangene Genussakte sind darüber hinaus Stoff für Erzählungen. Auf diese Weise können wir das Erlebte und das dabei erworbene Wissen auch Anderen mitteilen. Dieses Mitteilen ist im wahrsten Sinn des Worte ein mit-teilen. Wir teilen unsere Erfahrungen und Erlebnisse, die wir im Rahmen des Genießens gemacht haben, mit Anderen und setzen damit selbst wieder Schönes in die Welt. *Der* Wille zum Schönen wird so zu *unserem* Willen zum Schönen. Wir selbst sind es dann, die durch Kultivierung und Weitergabe des Kultivierten im Dienste des Willens zum Schönen wirksam werden. Wir werden so selbst zum Mittler des Willens zum Schönen. Das uns Bewegende bewirkt in uns, dass wir andere bewegen. Auf diese Weise können wir selbst zu Dionysos werden, zum Mittler zwischen dem (über uns stehenden) „göttlichen" Willen zum Schönen, als in und durch uns wirkende Naturkraft, und jenen Menschen, die am Beginn der Schönheitserfahrung stehend durch unsere Erzählungen an unserem Genießen teil-haben und teil-nehmen können. Genuss bleibt so nicht nur auf diejenigen beschränkt, die schon genossen haben, sondern kann auch zum Ausgangspunkt für das Genießen von Anderen werden, die erst mit dem Genießen beginnen. Genießen bleibt auf diese Weise auch nicht mehr nur auf ein subjektives Erlebnis eines Einzelnen beschränkt. Indem es Anderen mitgeteilt wird, wird es zum Ereignis, zu einem Wundervollen eben nicht nur für all diejenigen, die das zu Genießende bereits genossen haben, sondern auch für jene, denen damit ein Genießen in Zukunft erst eröffnet wird.

Das Genießen als Ereignis

Ein Ereignis ist „ein Effekt, der seine Gründe zu übersteigen scheint – ... der Raum des Ereignisses ist derjenige, der von dem Spalt zwischen einem Effekt und seinen Ursachen eröffnet wird", konstatiert Slavoj Žižek (2014) in seinem erst kürzlich erschienenen Werk *Was ist ein Ereignis*. Auf das Genießen umgelegt heißt das, dass in dem Falle, in dem das Genießen zum Ereignis wird, nicht nur der Effekt des Genießens des jeweils Einzelnen dessen Ursachen und Ausgangsbedingungen übersteigt und auf diese Weise dem Anderen ein weiteres Genießen auf einem bereits wesentlich höheren Niveau eröffnet, sondern dass durch das gemeinsame Genießen selbst ein solches Maß an Schönem in die Welt gesetzt wird, das das vom jeweils Einzelnen Genossene noch bei weitem übersteigt. Es kommt dabei zu Effekten, die man zu Recht als „Schneeballeffekte" bezeichnen darf. Indem wir genießen und dieses Genießen gemeinsam kultivieren, wird das Schöne in dieser Welt immer mehr. So bleibt zum Beispiel ein gemeinsam im Konzertsaal erlebter Musikgenuss in der Regel nicht nur auf das gemeinsame Hören der Musik beschränkt. Die Wirkungen des Genusses enden nicht schon an der Pforte des Konzertsaals. Ganz im Gegenteil, beseelt und beschwingt von der noch nachklingenden Musik öffnen sich uns auch Möglichkeiten für schöne Begegnungsweisen mit anderen. Wir sind dann besser als vorher in der Lage, schöne Gespräche zu führen, schöne Beziehungen zu knüpfen, schöne Situationen zu generieren, die bei den Beteiligten ein solches Wohlsein bewirken, dass sie ihrerseits durch das sich in ihnen breit machende Wohlgefühl stimuliert, ermutigt werden, sich weiterem Schönen genussvoll hinzugeben, sei es nun ebenfalls ein Musikgenuss oder aber andere Genussformen wie z.B. Naturgenuss, Lesegenuss, Bewegungsgenuss, Begegnungsgenuss etc. Dieses Genießen bewirkt wiederum, wenn es gemeinsam mit anderen erlebt wird, weitere mannigfache Genussfolgen und so fort. Wir versehen unsere Welt dann auf diese Weise mit einem solchen Übermaß an Schönem, dass sie zu einer wunderschönen und auch wundervollen Welt werden kann. Denn „definitionsgemäß liegt etwas ‚Wunderbares' in einem Ereignis, von den Wundern unseres alltäglichen Lebens zu denen der höchst erhabenen Sphären, die göttlichen eingeschlossen" (Žižek 2014).

Im Genießen als Ereignis wird der Effekt selbst zum Grund und übersteigt sich damit in seinen Gründen. Ganz so wie in der Liebe, die damit immer Ereignis ist (Žižek 2014). Ich liebe nicht aus bestimmten Gründen ein Mädchen. Der erste Schritt bleibt uns immer ein Mirakel. Ich liebe es nicht, *weil* es so schöne Augen hat, auch nicht, weil es schöne Lippen hat oder weil es so schön lächelt. Ich liebe das schöne Mädchen und *deswegen* seine schönen Augen, seine Lippenform und sein Lächeln. Es ist deswegen schön, weil ich es liebe. In meiner Liebe zu ihm fühle mich in besonderer Weise zu seinen schönen Augen, Lippen hingezogen. Dieses sich in besonderer Weise zu einzelnen Aspekten Hingezogen-fühlen intensiviert und vertieft meine Liebe zu dem Mädchen. Indem ich den Blick, das Lächeln immer mehr liebe, liebe ich auch das Mädchen immer mehr. Die Wirkungen der Liebe werden so zum Grund einer weiter vertieften Liebe. Der Effekt wird zum Grund und beide werden in ihrem zirkulären Verhältnis immer mehr verstärkt. Gleiches gilt auch für das Genießen. Das Schöne wird in seiner Dreieinigkeit der erlebten Freude und der gelebten Liebe auf diese Weise zum Ereignis, zum Wundervollen, zum alles Überragenden.

Unter diesem Blickwinkel bekommt auch die Feststellung des Hippias, „ein schönes Mädchen ist schön" eine noch schärfere Kontur. Das Schöne des Mädchens und die Freude, die ich im Genießen desselben erlebe, ist unmittelbar mit der Liebe zu diesem schönen Mädchens verbunden. Indem ich das schöne Mädchen liebe, liebe ich das Schöne des Mädchens. Damit werden auch die einzelnen Teile des Mädchens zu schönen, die dann ihrerseits wieder die Liebe zum schönen Mädchen vertiefen. Das schöne Mädchen kann auf diese Weise zum Ereignis werden. Es ist diese Zirkularität von Ursache und Wirkung, die in dem (dann nur mehr auf den ersten Blick lapidar erscheinenden) Satz „ein schönes Mädchen ist schön" umfassend ausgedrückt wird. Wir können etwas – wie hier z.B. ein schönes Mädchen – zu einem Ereignis machen und wenn es zu einem Ereignis geworden ist, dann wirkt es quasi von außen wieder auf uns zurück. Das gilt natürlich in besonderen Maße auch für die Dreieinigkeit des Schönen: Schönes, Freude und Liebe. Dort, wo das Schöne, dort, wo das höchste Ausmaß an Freude im Genuss, und dort, wo die Liebe zum Ereignis wird, ist der alles bewegende Wille zum Schönen als etwas im wahrsten Sinn des Wortes Wundervolles zu erleben und wird, indem wir ihn auf diese Weise kultivieren, selbst zum im Wunderbaren anzusiedelnden Ereignis.

Indem wir den Willen zum Schönen kultivieren, ihn im Genießen weiterentwickelnd entfalten und zum Ereignis machen, werden aber auch wir selbst zum Agens des Willens zum Schönen und als sein Agens auch zur Inkarnation des Willens zum Schönen. Der Wille zum Schönen wirkt dann nicht mehr nur in uns. Wir selbst werden als leibliche Wesen zum Willen zum Schönen, der in uns und durch uns Schönes in unsere Welt zu bringen vermag. Nietzsche (1996) sagt von seinem Willen zur Macht, dass der schaffende Leib der Inbegriff des Willens zur Macht ist. Leib ist Wille, Wille entwickelt sich im Leib. Wille zur Macht ist keine besondere Eigenschaft, kein besonderer Charakterzug, keine Leistung oder Errungenschaft des Menschen. Der Wille zur Macht ist Ausdruck und Ausrichtung unserer leiblichen Existenz. Für Nietzsche sind wir der Wille zur Macht. Unser schaffender Leib ist aber nicht nur Ausdruck des Willen zur Macht, er ist zuvorderst und vor allem Inbegriff des Willens zum Schönen.

Dieser Wille zum Schönen, der als alles bestimmende Naturkraft und weltenschaffendes Kulturgeschehen den Nietzsche'schen Willen zur Macht noch überstrahlt, ist auch keine besondere Eigenschaft, kein besonderer Charakterzug, keine Leistung oder Errungenschaft des Menschen; er ist Ausdruck und Ausrichtung unserer leiblichen Existenz. Wir *sind* der Wille zum Schönen. Der Wille des Schönen ist demnach nicht nur eine auf uns einwirkende und in uns wirkende, sondern vor allem eine von uns ausgehende Kraft.

Er ist eine Kraft, die uns die Schaffung und Gestaltung einer neuen, einer schönen Welt ermöglicht und uns hierbei geleitet. Wir selbst können damit zum Ereignis werden, zu einem Ereignis, das stattfindet; aber nicht allein im Kopf eines Einzelnen, sondern immer auch für uns in unserer Gemeinschaft. Wenn wir sagen „es ereignet sich etwas", dann ist dieses Geschehen immer auch etwas, das auf uns wirkt, das uns anrührt und berührt (Žižek 2014), das uns zugleich aus unserer Passivität herausführt und dem anderen zuführt. Es wirkt damit nicht nur in uns, sondern auch im Anderen. Das Ereignis hat immer Öffentlichkeitscharakter. Es breitet sich auf andere aus, es erfüllt auch deren Herzen. Auf diese Weise werden wir nicht nur für uns, sondern auch für andere und in anderen zu einem Wunderbaren und Wundervollen – zur inkarnierten Dreieinigkeit von Freude, Liebe und dem Schönem.

Epilog – Kosmopoesie und Neo-Romantik

Siehe! Ich lebe – Woraus?
Weder Kindheit noch Zukunft werden weniger;
Überzähliges Dasein entspringt mir im Herzen
Rainer Maria Rilke: Duineser Elegien X

Etwas zu einem Ereignis zu machen, beschränkt sich keineswegs nur auf Themengebiete wie das Schöne. Auch das Abzulehnende, das Scheußliche und Furchtbare kann zu einem Ereignis gemacht werden. Reduziert man seinen Blickwinkel nur auf das heute in den Medien Berichtete, dann kann man sich nicht des Eindrucks erwehren, dass wir in einer furchtbaren, scheußlichen und daher auch letztendlich abzulehnenden Welt leben. Alles Desaströse, Angstmachende, Bedrückende, Furchterregende wird unter der Maxime „bad news are good news" zum Ereignis hochstilisiert und das in einem Ausmaß und in einer Einseitigkeit, dass man sich darüber nur wundern kann. Das Wunderbare und Wundervolle wird dabei zum nur mehr Verwunderlichen bis hin zum Wunderlichen degradiert. Der im vorigen Kapitel angeführte Schneeballeffekt, den Ereignisse zu promotieren vermögen, gilt nicht nur für die Richtung ins Positive. Indem wir unseren Blick nur noch auf das Negative, das Schlechte, das Verachtens- und Verdammenswerte lenken, wird die Welt auch zu einer schlechten, verachtens- und verdammenswerten.

Als Menschen haben wir aber die Möglichkeit der Wahl. Wir können zwischen einem Schönen, dem vom Willen des Schönen als Naturkraft Geformten und Gestalteten auf der einen Seite und einem von uns Menschen in die Welt gesetzten Schlechten, Furchtbaren und Scheußlichen auf der anderen Seite wählen. Wir können mit und in der Natur als Teil von ihr leben und uns dabei auf das in ihr geschenkte Schöne einlassen. Wir lassen uns dabei vom naturgegebenen Willen des Schönen leiten und tragen. Im Gegensatz dazu können wir uns aber auch als ein Gegenüber der Natur konstituieren (Musalek 2014), als ein Gegenüber, das sich diese Natur nur untertan machen und auch nicht mehr untrennbarer Teil von ihr sein will. Wir sind sehr wohl in der Lage, uns gegen den Willen des Schönen zu stellen, ihn zu konterkarieren und mit Schlechtem zu verschütten, um uns auf diese Weise unsere Welt mit Verachtens- und Verdammenswertem zu füllen. Im einen Fall öffnen wir uns der Möglichkeit einer schönen, lebenswerten Welt, im anderen bleibt uns nichts anderes übrig, als mit einer scheußlichen, furchterregenden und damit letztlich nicht mehr lebenswerten Welt ein Auskommen zu finden.

Wir Menschen haben aber nicht nur die Fähigkeit, aus Vorgegebenem zu wählen, wir sind auch dazu imstande, diese unsere Welt neu zu entwerfen. Martin Heidegger (1927/2006) bezeichnet den Mensch als einen „geworfenen Entwurf". Natürlich kann keiner von uns sich die Welt, in die wir geworfen wurden, völlig selbst wählen. Ob wir als männliche oder weibliche Wesen in Mitteleuropa, im mittelamerikanischen Kansas, im Nahen Osten oder aber in den Wüstengebieten Zentralafrikas oder Vorderasiens geboren werden, entzieht sich völlig unserem Einfluss. Aber vieles von dem, was wir als soziale Gegebenheiten oder Entwicklungsmöglichkeiten bezeichnen, ist uns weitgehend vorgegeben, ganz zu schweigen von unseren mannigfachen genetischen Determinierungen. In all dieser Geworfenheit sind wir dennoch auch zum Entwurf fähig. Wir sind in der Lage, uns andere Welten vorzustellen und zu denken, ja sie darüber hinaus auch zu entwerfen und zu planen. Unsere Welt ist demnach nicht nur so, wie sie ist, sondern ganz wesentlich auch so, wie wir sie denken, entwerfen und planen. Sie ist nicht einfach ein Vorgegebenes und Vorbestehendes, als das wir sie (uns dabei der uns übertragenen Verantwortung entziehend) so gerne ausgeben.

Diese unsere Welt ist ein dynamisches Geschehen, ein permanenter Prozess und damit zwangsläufig auch dauernder Veränderung unterworfen, wobei diese fortlaufenden Veränderungen keineswegs nur von Natur aus vorgegeben sind. Ganz im Gegenteil, wir sind dazu fähig, sie zu beeinflussen, zu modellieren, manchmal sogar sie auch willentlich in Gang zu bringen. Wie sich unsere Welt verändert, hängt somit zu einem wesentlichen Teil von uns ab. Form und Aussehen unserer Welt werden vor allem auch davon bestimmt, in welcher Art und Weise wir unsere Möglichkeiten zur Veränderung wahrnehmen und nützen oder ob wir uns einfach nur vom Sog der Weltenveränderungen mitreißen lassen und so, ohne selbst entwerfend und planend einzugreifen, bloß im Hauptstrom des Zeitgeistes dahintreiben.

Es liegt demnach in unserer Macht, unsere Welt aktiv zu verändern und sie nach unseren Vorstellungen, Wünschen und Entwürfen zu gestalten. „Der Mensch ist kein Ding, das entdeckt werden kann, der Mensch ist ein Macher, ein Vollzieher ...", sagt Max Scheler (2005) in seiner Schrift *Die Stellung des Menschen im Kosmos.* Der Mensch ist ein Macher, Gestalter, ein Schaffender, er ist „homo faber" – und als solcher befähigt, die Welt nach seinem Gutdünken zu verändern, nicht nur im Kopf, sondern auch mit seinen Händen. Wir Menschen sind zur Weltenschöpfung und -gestaltung, zur „Kosmopoiesis" fähig. Und wir werden dafür von Nietzsche (1873/1988) in besonderem Maße belobigt, wenn er in seiner schon im Einleitungskapitel zitierten Schrift *Über Wahrheit und Lüge im außermoralischen Sinn* festhält: „Man darf ... den Menschen wohl bewundern als ein gewaltiges Baugenie, dem auf beweglichen Fundamenten und gleichsam auf fließendem Wasser das Aufthürmen eines unendlich complicirten Begriffsdomes gelingt ..."

Es ist wohl unser größtes Problem, dass wir in eine Natur geworfen sind, deren Bauplan uns unbekannt ist, ja wir kennen nicht einmal unseren eigenen. Wir wissen nicht, wer wir sind und was wir sind, sowie auch nicht, woher wir kommen und wohin wir gehen. Dieser allseits bedrückende Umstand veranlasste Max Scheler zu dem zwar richtigen, so doch resignativ anmutenden Ausspruch „Der Mensch weiß nicht, was er ist, zugleich weiß er aber, dass er es nicht weiß". Resignation ist hier aber ganz falsch am Platz. Dieses Nicht-wissen um uns selbst eröffnet uns die Möglichkeit, uns so zu entwickeln, wie *wir* das wollen, und nicht, wie es der Bauplan einer Maschine vorschreibt. Als „homo faber" sind wir zur eigenständigen Weltenschöpfung, zur *autonomen Kosmopoiesis* fähig.

Ohne Zweifel kann diese Autonomie in der Weltenschöpfung immer nur beschränkt sein. Unsere Weltenschöpfung kann immer nur in den uns vorgegebenen Rahmen stattfinden, wobei nicht jeder dieser „Rahmen" unverrückbare Gegebenheit ist. Der Mensch lebt in verschiedenen Gegebenheiten, die wir als Lebensumstände (oder „Naturumstände") bezeichnen. Diese Lebens- bzw. Naturumstände determinieren einerseits zu einem großen Teil unser Handeln, sie können aber andererseits von uns auch verändert werden. Mehr noch, um sich weiterentwickeln zu können, ist der Mensch „darauf angewiesen, die Naturumstände zu verändern, weshalb ‚Kultur' ein aus der menschlichen Umwelt-Ungebundenheit sich ergebender ‚anthropo-biologischer' Begriff ist" (Rehberg 2014). Als Menschen sind wir somit zum einen mit der Natur insofern eng verbunden, als sie uns unsere Lebensrahmen vorgibt, zum anderen jedoch auch ungebunden, da wir von uns selbst aus etwas in diese naturgegebene Welt setzen können bzw. diese unseren Vorstellungen gemäß auch verändern können. Die uns von der Natur vorgegebenen Rahmen sind in der Regel viel weiter gesteckt, als von vielen befürchtet bzw. gewähnt. Sie gehen so weit, dass es uns trotz der ungeheuerlichen Wirkkraft des Willen zum Schönen sogar möglich ist, eine Welt zu gestalten, die keine gute und auch keine schöne mehr für uns ist.

Wir können gegen den Willen zum Schönen ankämpfen. Es wird uns zwar nicht gelingen, ihn nachhaltig zu bezwingen und schon gar nicht ihn zum Verschwinden zu bringen. Es ist aber durchaus möglich, diese unsere Welt mit so viel Unschönem zu überschütten und zuzuschütten, dass dieser Wille zum Schönen für viele nicht mehr sichtbar und auch nicht mehr spürbar wird. Wir können, wie bereits oben angesprochen, unser Augenmerk, unsere Blickrichtung so stark auf Unschönes, Furchtbares und Scheußliches lenken, dass wir zu dem (falschen) Schluss kommen, diese Welt wäre von Grund auf schlecht und wir müssten unser Erdendasein in einer letztendlich gegen uns gerichteten Welt fristen. Ganz offensichtlich handelt es sich hierbei aber nur um ein Perspektivenproblem und nicht um ein substantiell-inhaltliches. Wenn wir wieder lernen, unseren Blick auf das Schöne zu lenken, wird dieses Schöne auch gleich wieder sichtbar und spürbar – der Wille zum Schönen kann dann erneut seine Wirkung auf uns voll entfalten. Unsere Welt wird damit gleich wieder zu einer schönen, was uns dann wiederum in die Lage versetzt, uns im Schönen zu entfalten und zu entwickeln. Denn Weltschaffung, Kosmopoiesis, ist immer auch Selbstschaffung: Indem wir unsere Welt schaffen, schaffen wir uns auch selbst; indem wir uns schaffen, schaffen wir auch unsere Welt.

Selbstentwurf und Weltenentwurf, Selbstschaffung und Weltenschaffung sind untrennbar miteinander verbunden, eingewoben in einen autopoietischen Prozess (v. Förster 1960, Maturana & Varela 1980), in einen Kreisprozess ohne Anfang und Ende. In der Selbst- und Weltenschaffung werden wir als Teil der Natur zum Kulturwesen, wobei Kultur hier, wie bereits früher erwähnt, als Sammelbegriff für all das vom Menschen Gemachte (und Natur für alles dem Menschen Gegebene) steht. Der Mensch ist von Natur aus ein Kulturwesen. Oder wie es der philosophische Anthropologe Helmuth Plessner (1981) ausdrückte: Es gibt ein „anthropologisches

Grundgesetz der natürlichen Künstlichkeit". Als Kulturwesen sind wir nicht nur zur Kultivierung unserer Welt fähig, wir sind zu dieser sogar „verdammt", um eine Ausdrucksweise von Jean Paul Sartre zu bemühen. Wir können es uns nicht aussuchen, ob wir diese unsere Welt kultivieren wollen oder nicht. Wir „kultivieren" sie in jedem Fall – oder anders ausgedrückt: Wir „verändern" und „gestalten" sie in jedem Fall. Allerdings erreichen manche dieser „Gestaltungen" nicht jenen Qualitätsstandard, den wir mit dem Begriff „Kultivierung" gerne ansprechen möchten. Wir sind leider durchaus auch in der Lage, unsere Welt als eine schlechte zu gestalten und sie damit zu einer nicht mehr lebenswerten zu machen. Im Gegenzug können wir aber aus ihr auch eine schöne und liebenswerte machen. Wir sind somit nicht nur zur Kultivierung an und für sich fähig, wir verfügen auch konkret über Möglichkeiten, die Welt als eine schöne zu kultivieren – nur diese Form von Kultivierung zum Schönen wollen wir im weiteren „Kultivierung" benennen, während wir die entgegenlaufende Gestaltungen bloß als „Veränderungen" ausweisen werden.

Dieser Kultivierungsakt im Erlebnisfeld des Schönen ist ein zweifacher: Zum ersten ist der Mensch dazu befähigt, seine eigene Wahrnehmung des Schönen zu kultivieren, und zum zweiten kann er darüber hinaus auch neues Schönes selbst in die Welt setzen. Etwas Schönes in die Welt zu setzen erfolgt wiederum in zweifacher Weise: einerseits, indem schöne Dinge und schöne Situationen selbst produziert werden, und andererseits, indem man selbst an Schönheit zunimmt und so selbst zum Schönen wird. Auch die Kultivierung der Schönheitswahrnehmung kann auf zweifache Weise erfolgen: zum einen als Intensivierung und Prolongierung der Schönheitserfahrung vom einfachen Lusterleben im Sinne des Vergnügens und des Spaßhabens über das Erleben von echter Freude bis hin zur höchsten und zugleich auch tiefsten Form des Schönheitserlebnisses, dem Genuss und zum anderen darin, dass wir als Menschen mittels ästhetischer Haltung uns auch neue ästhetische Felder eröffnen können. Beides kann dann in eine Weltengestaltung miteinbezogen werden und erlaubt uns, immer neues Schönes in unsere Welt zu setzen und damit uns und diese Welt selbst immer schöner werden zu lassen.

Im Gegensatz zum Tier muss der Mensch sich zu sich selbst verhalten. Er muss so leben, wie er sich selbst vorgibt. „Der Mensch ist nämlich einer der, nicht wie das Tier, das einfach lebt, weil es lebt, sondern sein Leben ‚führen' muss" (Gehlen 2014). Indem er als Macher und Vollzieher sein Leben führt, gestaltet der Mensch nicht nur sein Leben, sondern darüber hinaus auch sich selbst und jene Welt, die er dann die seine nennt. Im Idealfall wird er dabei selbst zu einem „symphonischen Kunstwerk" (Scheler 2005), im schlechtesten Fall endet er als ein im sogenannten „Zeitgeist" opportunistisch Mitschwimmender, wobei dieses „Schwimmen" dann eher schon einem Sich-treiben-lassen bzw. einem Getrieben-werden denn einem aktiven Schwimmakt entspricht. Im Sich-treiben-lassen verliert der Mensch sein Leben: „Nur tote Fische schwimmen mit dem Strom" (Schneider 1981). Hier verlässt er seinen Kulturstatus. Er wird ein vorzugsweise von seiner Umgebung Gestalteter und wird damit auch einer wesentlichen, den Mensch als Mensch auszeichnenden Möglichkeit verlustig. Aber selbst in einem solchen, vorwiegend passiven Leben, *führt* der Mensch noch *sein* Leben. Diese Unausweichlichkeit in der Lebensführung berechtigt auch zu dem Satz: „Wir sind in jedem Fall zur Gestaltung unserer Welt verdammt". Es stellen sich demnach nur mehr Fragen nach dem „Wie" und dem „Wie viel" (und gar nicht mehr nach einem „Ob"), *sie* werden zu zentralen Fragen unseres Daseins.

Bei diesen Fragen nach dem „Wie" werden wir unweigerlich auch mit jener archaischen Kraft konfrontiert, die in uns wirksam wird, indem sie uns emotional berührt, verändert und uns drängt, Schönes in dieser Welt zu schaffen. Es ist jene Kraft, die wir den Willen zum Schönen nennen. Sie wirkt als unmittelbar erlebte Naturkraft im Schönen auf uns ein und wird als Kulturgeschehen da sichtbar, wo wir selbst Hand anlegen, um aus dieser noch ungeordneten Welt (aus dem, was die Griechen als Chaos bezeichneten) eine geordnete (für die sie das Wort Kosmos verwendeten – siehe dazu auch: Marsilio Ficino 1984) zu schaffen. Der Wille zum Schönen drängt uns aber nicht nur dazu, aus einer letztlich chaotischen Welt einen Kosmos zu schaffen, sondern ist auch wesentliche Antriebskraft für unsere eigene Transformation in diesem Kosmos, dem auch wir selbstredend voll und ganz angehören. Denn wir Menschen sind ebenso wie unsere Welt nicht so, wie wir *von Natur aus* sind. „Der Mensch ist nicht festgesetzt … der Mensch ist keine Sutane, die nur noch zugeknöpft werden muss …" (Bloch 2010).

Mensch und Welt sind der permanenten Veränderung ausgesetzt und diese Veränderung ist keine nur von außen kommende willkürliche, sondern eine wesentlich von Menschenhand (sei es nun aktiv oder passiv) mitgestaltete. Früher „dachte man sich das Leben" des Menschen noch „als das Werk Gottes und in jüngerer Zeit als einen von der ‚unsichtbaren Hand' der natürlichen Zuchtwahl gelenkten Zufallsprozess", heute hingegen wird es als ein vom Menschen selbst geschaffenes gedacht und der lebens- und weltenschaffende Mensch „als künstlerisches Medium mit ungeahnten Möglichkeiten imaginiert", wie es Josef Früchtl, sich auf Jeremy Rifkin (2012) beziehend, in seinem kürzlich erschienenen Aufsatz „Ästhetik" ausdrückt. Ob der Mensch nun wirklich über *ungeahnte* Möglichkeiten verfügt, sich selbst zu schaffen in dem Sinne, dass für ihn, ganz der Feyerabend'schen (2002) Maxime „anything goes" entsprechend, wirklich alles möglich ist, muss bezweifelt werden. Guenda Bernegger (2015) ist völlig zu Recht davon überzeugt, dass dieses „anything goes" im konkreten Leben des Einzelnen eine unerfüllbare Fiktion bleiben muss. Dem Einzelnen ist nie alles möglich, was als prinzipiell möglich erscheint. Es ist ihm immer nur das möglich, was ihm eben zu einem bestimmten Zeitpunkt, in einer bestimmten Situation, unter bestimmten Voraussetzungen möglich ist (Bernegger 2017).

Diese Diskrepanz zwischen dem prinzipiellen „Alles ist möglich" und dem konkreten „was ist für mich möglich" führt Menschen nicht selten in tiefe Leidenszustände, weil sie dem postmodernen Zeitgeist entsprechend vermeinen, dass das, was „für alle" möglich ist, eben auch für sie selbst möglich sein müsse (Bernegger 2015). Dennoch sind es oft *ungeahnte* Möglichkeiten, die dem Menschen offenstehen, aber nur in dem Sinn, dass es Möglichkeiten sind, die vom Einzelnen für noch nicht möglich gehalten werden. Heute kann so mancher Mensch sich gar nicht vorstellen, was er alles zu verändern und zu gestalten imstande ist. Auf die allgemeine postmoderne Hybris des „anything goes" antworten nicht wenige verschreckt mit einem resignierenden „gar nichts geht mehr". Viele trauen sich heute ganz einfach zu wenig zu, vor allem dann, wenn eigene Veränderungen anstehen. Als Menschen aber können wir vieles mehr möglich machen, als wir glauben, und dennoch bei weitem nicht alles. Wir Menschen sind nämlich nicht nur Wirklichkeitswesen, also solche Wesen, als die wir uns mit all unseren Kognitionen und Emotionen erfahren, sondern wir sind immer auch dazu fähig, Möglichkeitswesen zu werden. Als vernunftbegabte und vor allem auch emotionale Wesen sind wir nicht nur so, wie wir sind, wir sind darüber hinaus in der Lage, uns selbst und damit auch unsere Welt zu verändern. Solche Veränderungen brauchen nicht nur „Hirn" sondern vor allem „Herz", was Rainer Maria Rilke in seiner zehnten Duineser Elegie so eindrucks- wie kunstvoll in die Versstrophe kondensiert „Überzähliges Dasein entspringt mir im Herzen ..." (Rilke 1912-1922/2002).

Dabei neigt der *„bewusste Mensch"*, wie der Psychiater und Psychopathologe Kurt Schneider (1946/1980) den reinen Vernunftmensch bezeichnet, dazu, „sich den Trieben (Emotionen) gegenüberzustellen, durch Besinnung und Überlegung Gegenstrebungen zu erwecken und sich zwischen beiden zu entscheiden", während „der *triebhafte Mensch*", in heutiger Übersetzung: *der* ‚rein emotionale Mensch' seinen „Trieben oder dem Kräftespiel ... (seiner) Triebe folgt". Aber auch Kurt Schneider (1946/1980) war schon klar, dass es den „reinen bewussten" und den „reinen triebhaften" Menschen eigentlich gar nicht gibt. Denn „ein *rein triebhafter (emotionaler) Mensch* wäre noch kein Mensch, ein *rein bewusster (kognitiver) Mensch* wäre kein Mensch mehr", schreibt er in seiner 1946 erschienenen *Psychopathologie.* Als Menschen sind wir immer beides, kognitive und emotionale Wesen zugleich – und sollen es in der Weltenschaffung auch bleiben. Nur als vernunftbegabte *und* emotionsfähige Menschen kann es uns gelingen, eine menschliche Welt für Menschen zu schaffen.

Für eine solche Weltenschaffung ist das Mobilisieren von kognitiven und emotionalen Ressourcen noch nicht ausreichend. Eine Weltenschaffung bleibt demjenigen, der ganz und gar in seiner Wirklichkeit verharrt und den Robert Musil (1978) in seinem Jahrhundertroman *Der Mann ohne Eigenschaften* folgerichtig als „Wirklichkeitsmenschen" bezeichnet, verwehrt. In seinem konservativen Verhaftet-bleiben im Bestehenden entzieht er sich der aktiven Gestaltung neuer Welten. Es ist der von uns Menschen erst zu kultivierende *Möglichkeitssinn*, der uns das Tor zu unserer eigenen Transformation öffnet. Unsere Existenz erschöpft sich dann nicht mehr nur in dem, was wir sind, sondern umfasst zugleich unsere ganze Potentialität. Dieses menschlich Mögliche ist, wie es Friedrich Hölderlin in seinem Aufsatz „Das untergehende Vaterland" so treffend ausdrückt, ein Mögliches, „welches in die Wirklichkeit tritt, in dem die Wirklichkeit sich auflöst, … die Auflösung … trägt ihren eigentümlichen Karakter zwischen Seyn und Nicht-Sein. Im Zustand zwischen Seyn und Nichtseyn wird … überall das Mögliche real, und das Wirkliche ideal …" (Hölderlin 1998). Erst als

Möglichkeitswesen sind wir auch zur Veränderung von uns selbst und damit auch zur Veränderung unserer Welt fähig. Erst als Möglichkeitswesen werden wir zu Kulturwesen. Wer einen Möglichkeitssinn besitzt, so Musil (1978), sagt nicht „hier ist dies oder das geschehen, wird geschehen, muss geschehen, sondern er erfindet, hier könnte, sollte oder müsste geschehen und wenn man ihm von irgendwas erklärt, dass es so sei, wie es sei, dann denkt er, nun, es könnte wahrscheinlich auch anders sein".

Die Menschen, die einen solchen Möglichkeitssinn entwickeln und die wir mit Robert Musil daher als „Möglichkeitsmenschen" ausweisen, „leben wie man sagt in einem feineren Gespinst, in einem Gespinst von Dunst, Einbildung, Träumerei und Konjunktiven" (Musil 1978). Dieses „Gespinst von Träumereien und Konjunktiven" macht es erst möglich, wirklich Neues in die Welt zu setzen. Nur Menschen, die sich ihres Daseins als Möglichkeitsmenschen bewusst sind, können unsere Welt nachhaltig verändern, sie zu einer anderen machen. Zur Weltneugestaltung, zur Kosmopoiesis, braucht es Wissen, einfühlendes Spüren und Herzensmut. Es braucht darüber hinaus zuvorderst Fantasie, Träume, Visionen und Utopien. Nur wenn es uns gelingt, unsere Möglichkeiten zur und in der Veränderung auszuloten, um das auf diese Weise Erfahrene und Erkannte auch in die Tat umsetzen zu können, wird Kosmopoiesis im eigentlichen Wortsinn, nämlich als Schaffung einer nach unserem, nach menschlichem Maß geordneten Welt möglich. Mit anderen Worten: Es gilt hier, das Mögliche möglich zu machen.

„Oh ein Gott ist der Mensch, wenn er träumt, ein Bettler, wenn er nachdenkt, und wenn die Begeisterung hin ist, steht er da, wie ein missratender Sohn, den der Vater aus dem Hause stieß, und betrachtet die ärmlichen Pfennige, die ihm das Mitleid auf den Weg mitgab", gibt uns Hölderlin (2014) in seinem *Hyperion* mit auf unseren eigenen weltengestaltenden Lebensweg. Erst dann, wenn wir das akzeptieren können und das Akzeptierte auch zu unserer Lebensmaxime werden lassen, können wir eine Welt nach unserem besonderen menschlichen Zuschnitt schaffen. Im anderen Fall lauert die Gefahr dauernd ängstlich auf „Lebensgegebenheiten" zu schauen, die sogar noch zu „Lebensnotwendigkeiten" hochstilisiert werden, womit man sich endgültig den Weg zu einer menschlichen Kosmopoiesis, zur Schaffung einer Welt von Menschen für Menschen verschließt. Wir hören dann auch die Rufe nach Weltenschaffung in uns nicht mehr.

Dem Wirklichkeitsmenschen gegenüber schweigt das schaffende Leben. „Du schweigst und duldest, denn sie verstehn dich nicht, Du edles Leben! Siehst zur Erd' und schweigst am schönen Tag, denn ach! Umsonst nur suchst du die Deinen im Sonnenlichte ...", konstatiert Friedrich Hölderlin (1957) in seinem „Diotima" betitelten Gedicht. Erst im Selbstbewusstsein des schaffenden und gestaltenden Möglichkeitsmenschen kann es uns im Rahmen seiner Weltenschaffung gelingen, auch selbst „ein anderer zu werden und dabei er selbst zu bleiben", wie es Antonio Tabucchi (2007), sich auf den allbekannten Nietzsche'schen Satz „Werde der du bist" beziehend, in seiner Schrift „Wer war Fernando Pessoa" so unmissverständlich zum Ausdruck brachte. Wenn es uns gelingt, in diesem Sinne der zu werden, der wir sein könnten, uns also unseren Potentialitäten gemäß neu zu schaffen, dann können wir auch zu Recht von uns sagen, dass wir es sind, die den „neuen Möglichkeiten erst ihren Sinn und ihre Bestimmung" geben (Musil 1978).

Mit den hier als unabdingbare Grundvoraussetzung für alle Menschen- und Weltentwicklung angesprochenen Fantasien, Träumen und Visionen sind nicht diejenigen gemeint, die gar keine Chance auf konkrete Umsetzung in unserem Erdenleben haben. Es sind nicht all jene „Trugbilder", „Wahnbilder", „Phantasievorstellungen" und „Einbildungen" gemeint, die eine wohlgestaltende Kosmopoiesis konterkarieren oder sogar verunmöglichen. Es werden hier vielmehr jene Träume, Fantasien und Visionen angesprochen, die auch eine gute Chance auf Realisierung haben. Das heißt aber auch, dass jedes Traumbild, jede Fantasie und Vision vorerst darauf zu prüfen ist, ob sie in ihrer Potentialität auch reale Umsetzungsmöglichkeiten aufweisen. Es braucht zur gelungenen Kosmopoiesis demnach den Wirklichkeitssinn zur Ergänzung. Denn nur im koordinierten Zusammenspiel von Möglichkeitssinn und Wirklichkeitssinn ist eine zielgerichtete Umsetzung von neuen erträumten Möglichkeiten realiter möglich. Stefan Zweig gibt uns dazu in seinen Analysen zu Stendhals Denkwelten eine erste Anleitung, wenn er ausführt: „Er vergötterte einerseits die Träumerei als die kostbarste Bedingung seines Lebensgefühls (ce que j' ai le plus aimé était la rêverie – was ich am meisten geliebt habe, war die Träumerei) und kann doch nicht leben ohne ihr Gegenspiel, ohne die Wahrheit (si je ne vois pas clair, tout mon monde est anéanti – wenn ich nicht klar sehe, wird meine ganze Welt zunichte" (Zweig 2004). Wir befinden uns somit immer auf einer durchaus gefahrvollen Gratwanderung zwischen irrealen Vorstellungen und jenen Visionen, die dann auch wirklich zu neuen Lebensmöglichkeiten werden können.

Dieser „Grat" des Möglichen ist, wie es François Jullien (2014) ausdrückte, vorerst noch ein „atopos", ein ‚Nirgendwo;, ein *Dazwischen*, noch ohne Ort – (ein) „Dazwischen, (das) niemals isolierbar (ist), das keine Eigenheiten besitzt, ohne Essenz und Beschaffenheit bleibt, aber dennoch, wie das Chinesische sagt ‚funktioniert', ‚kommuniziert' (yong, tong) und alles Treiben erst ermöglicht". Nur wenn wir uns den Gefahrenmomenten eines Abhebens in diesen Nicht-Ort, ins Irreale aussetzen, können wir von einem in der Wirklichkeit verhafteten und damit zur Weiterentwicklung im wesentlichen unfähigen „Naturwesen" zu einem „Kulturwesen" werden, zu einem Kulturwesen, das es braucht, um eine menschengerechte und menschenwürdige Kosmopoiesis voranzutreiben. Der folgende Satz aus Hölderlins *Hyperion* kann uns dabei als erste Richtschnur dienen: „Wir sind zerfallen mit der Natur, und was einst, wie man glauben kann, Eins war, widerstreitet sich jetzt, und Herrschaft und Knechtschaft wechselt auf beiden Seiten ... jenen ewigen Streit zwischen unserem Selbst und der Welt zu endigen, den Frieden alles Friedens, der höher ist, denn alle Vernunft, den wiederzubringen, uns mit der Natur zu vereinigen zu einem unendlichen Ganzen, das ist das Ziel all' unseres Strebens, wir mögen uns darüber verstehen oder nicht ... Es wartet, um mit Hyperion zu reden, ein neues Reich auf uns" (Hölderlin 2014). Dieses neue Reich, von dem Hölderlin hier spricht und zu dessen Schaffung wir aufgerufen sind, ist nicht irgendein Reich, es ist auch nicht eine nur irgendwie geordnete Welt, sondern eine mit bestimmter Ausrichtung. Die Richtung und das Ordnungsprinzip gibt uns der allgegenwärtige Wille zum Schönen vor. Das oberste Ziel einer von Menschen für Menschen geschaffenen Welt kann demnach nur eine schöne Welt sein. Der Wille zum Schönen als schier unendliche Naturkraft, der in und durch uns zum Kulturgeschehen wird, ist uns dabei gleichzeitig Motor und Vektor in einer Weltengestaltung zum und im Schönen.

Von der Kosmopoiesis zur Kosmopoesie

Diese Weltenschaffung, diese Kosmopoiesis zum und im Schönen, die dann eben nicht mehr nur irgendeine bzw. irgendwie wahllose und damit letztendlich auch ziellose ist, sondern die ganz eindeutig und unmissverständlich ein von Menschen für Menschen geschaffenes *schönes Leben* zum obersten Ziel hat, wollen wir *Kosmopoesie* nennen. Kosmopoesie ist eine Wortneuschöpfung, die einerseits das Wort Kosmopoiesis (griech. kosmos – <geordnete> Welt, griech. poiesis – Schaffung , Schöpfung) in sich trägt und damit auf den damit angesprochenen Schaffensprozess der Welt(en) verweist, die sich aber andererseits wesentlich auf die Poesie, auf das Poetische bezieht und damit hervorhebt, dass damit eine ganz besondere Weltenschaffung gemeint ist, die als Weltpoesie das Schöne ins Blickfeld nimmt und die gerade dieses Schöne im Leben, das schöne Leben selbst zum Ziel hat. Das Wort Poesie ist einerseits vom lateinischen „poeta“ (der Dichter, der Verfasser von kunstvollen Schriften) oder andererseits vom griechischen „poietes“ (Autor, Hersteller) herzuleiten. Beide Herkunftsformen verweisen somit auf ein Schaffen von uns Menschen, aber eben nicht auf irgendein Schaffen und Machen, sondern immer auf ein Schaffen von Besonderem. In der Kosmopoesie, im kunstvoll schönen (poetischen) Schaffen einer kunstvoll schönen (poetischen) Welt ist das Besondere, das Ungewöhnliche und Herausragende untrennbar mit dem Schönen verbunden.

Bis weit hinein ins achtzehnte Jahrhundert wurde die Bezeichnung *Poesie* nahezu ausschließlich für in Versmaß verfasste Dichtung, wie z.B. die von Gedichten, Liedern, Balladen, Sonetten, verwendet. Erst im ausklingenden achtzehnten und vor allem dann im beginnenden neunzehnten Jahrhundert wurde Poesie auch auf nicht gereimtes Schrifttum, auf die sogenannte Prosa, wie wir sie von Romanen kennen, ausgedehnt. Wenn hingegen heute vom Poetischen die Rede ist, bleibt das Bedeutungsfeld keineswegs auf das geschriebene Wort beschränkt. „Analog zu den Begriffen des Praktischen und des Pittoresken oder Malerischen (sind) die Ausdrucksmöglichkeiten und das Gestaltungsprinzip einer bestimmten Kunst, nämlich der Poesie, zu einer allgemeinen ästhetischen Kategorie und zum Vorbild für andere Künste erhoben“ (Lotter 2004). Die Poesie und mit ihr das Poetische ist damit nicht mehr nur auf die sprachliche Verfassungskunst zu reduzieren, sondern findet auch als Bezeichnung jedweder besonderen Art und Weise kunstvoller Ausgestaltung Verwendung. Es darf demnach, wie hier im Folgenden, auch zur Beschreibung eines kunstvollen Schaffensprozesses unserer Welt und damit auch von jenem von uns selbst herangezogen werden – ganz im Sinne August Wilhelm Schlegels, der diese Wortverwendungsmöglichkeit in dem Satz zusammenfasste: „Allgemein wird poetisch dasjenige genannt, was uns ‚über die gewöhnliche Wirklichkeit in ein Welt der Phantasie' erhebt ... (sie) tritt (vor allem) ... in der stimmungs- und gefühlvollen Überhöhung der Gegenwart auf, in der Verklärung des (einfachen) Lebens" (siehe: Lotter 2004).

Poesie steht damit sowohl für die Überhöhung unserer Welt *in* schöner Kunst wie auch für die Überhöhung von uns und unserer Welt *als* schöne Kunst. Kosmopoesie ist die schöne Kunst der Erschaffung einer neuen Welt; aber wiederum nicht nur der Erschaffung irgendeiner Welt, sondern einer im Schönen geordneten Welt, einer für uns schönen Welt. Zur Schaffung neuer schöner Welten und noch vielmehr zur schönen Neuschaffung von uns selbst braucht es nicht nur den oben angesprochenen Wirklichkeitssinn, sondern zuvorderst einen hochkultivierten Möglichkeitssinn; einen Sinn, der durchaus auch als besondere Form der Sinnlichkeit verstanden werden kann, die sich im Reich der Fantasie und Träume entfaltet und entwickelt und die vom und im Willen zum Schönen ihre Kraft bezieht. Es sind schöne Fantasien und schöne Träume, es ist die Poesie und das Poetische unserer Vorstellungswelt, unserer vorgestellten Welten, die am Anfang des Schaffensprozesses einer schönen Welt stehen und die das gestaltende Werden einer für uns schöneren Welt begleitend führen und lenken, um uns letztendlich auch unsere eigene Transformation im Schönen zu ermöglichen.

Kosmopoesie, die Weltenschaffung im Schönen ist demnach eine Kunst, die es von jedem Einzelnen von uns zu entfalten und zu entwickeln gilt. Sie ist eine spezifische Fähigkeit und ein charakteristisches Zeichen des Menschen, ein Merkmal, das den Menschen in unverkennbarer Weise vom Tier unterscheidet. Es ist nicht zuletzt sein schaffendes Verhalten *(techné)*, das an das Rationale gebunden ist und damit erlernt (und gedacht) werden kann (Aristoteles 2010), das den Menschen ausmacht. Es ist aber auch eine besondere menschliche Gabe, diese Fähigkeit zu schaffendem Verhalten willentlich und wissentlich entfalten und weiterentwickeln zu können. Als Menschen sind wir vorstellungs- und fantasiebegabte Wesen und als solche können wir uns Schönes vorstellen, es entwerfen und das im Geiste Entworfene dann auch in die Tat umsetzen und damit aktiv neues Schönes in die Welt setzen.

Aber schon allein den Vorgang Schönes als schön wahrzunehmen ist eine Kunst, die es zu entfalten und weiterzuentwickeln gilt. Diese Kunst, Schönes wahrzunehmen, steht am Anfang der Kosmopoesie, sie ist Grundvoraussetzung dafür, dass es uns gelingt, neues Schönes in die Welt zu setzen.

Wenn hier im Zusammenhang mit Kosmopoesie von Kunst gesprochen wird, dann ist nicht die museale Kunst gemeint, deren Ausstellungsstücke wir heute üblicherweise in Orten, die wir Museen nennen, als Kunstwerke bewundern dürfen. Kunst ist hier ganz im Sinne Hans-Georg Gadamers als eine besondere Form des Könnens gemeint, als „Inbegriff von Können, der als die gefährliche Begabung des menschlichen Wesens uns allen bekannt ist. ‚Kunst' meint hier also im Sinne der Antike ‚Techne', das Wissen und wissende Können, von dem aus die griechische Antike den ersten Schritt zu unserer heute die Welt umspannenden Könnerschaft und Wissenschaft getan hat" (Gadamer 1993). Bloße Könnerschaft greift aber zu kurz. Kunst, wie sie im Folgenden verstanden sein will, ist eine besondere Könnerschaft im Reich des Schönen. Es ist das Können, das Schönes in die Welt zu setzen vermag, sei es nun, indem das uns gegebene Schöne als solches von uns erfahren und erlebt wird und damit durch uns und in uns Leben erhält, oder aber, indem wir selbst neues Schönes in die Welt setzen und damit unsere Welt zu einer schönen machen. Der Kosmopoet als Erschaffer schöner Welten ist damit auch Künstler des schönen Lebens.

Die Kunstwerke, die der Mensch als Kosmopoet in die Welt bringen kann, sind mannigfach: Es sind schöne Gebäude, Gärten, Parks und Landschaften; es sind schöne Gegenstände zum Alltagsgebrauch oder aber auch solche, die zwar zweck- und funktionslos sind, aber dennoch unser Gemüt positiv stimmen (ins Positive erregen), wie z.B. Statuetten, Gemälde und Tischzierden; über dieses Dingschöne hinaus sind es vor allem schöne Situationen und Beziehungen und nicht zuletzt natürlich der schöne Mensch, der als Kulminationspunkt der Weltschöpfung erscheint. Wenn vom schönen Mensch gesprochen wird, dann ist der ganze Mensch in seiner tiefgreifenden Schönheit, in seinen schönen Verhaltensweisen, seinem schönen Charakter, mit seinen schönen Umgangsformen und Lebensweisen und in seiner sublim-schönen Ausstrahlung gemeint und nicht so sehr jener, der als Produkt oberflächenästhetischer Maßnahmen wie z.B. schönheitschirurgischer Eingriffe oder kosmetischer Manipulationen in eine „beschönte" Hülle gefasst ist.

Ein wenig Beschönigung und Ornamentierung genügt noch nicht, um die Bezeichnung des Kosmopoeten zu rechtfertigen. Um zum Kosmopoeten zu werden, braucht es immer einen „tiefenästhetischen" Weltenzugang und den Willen zur grundlegenden Transformation und Neugestaltung unserer Welt. Ein Verschönen, das nur auf kosmetische Überlagerung und Übermalung oder gar auf ästhetisches Zudecken von Nicht-schönem ausgerichtet ist, reicht hier nicht aus. Ein Kosmopoet ist damit nicht opportunistischer Mitläufer eines so weit verbreiteten „süffigen Bellismus" (Welsch 2000), der heute die Werbung und Medien ungebremst zu beherrschen scheint und als Geisel unserer (da und dort „hyperästhetisierten") Zeit an den Pranger zu stellen ist. Der Kosmopoet will vielmehr Kunsthandwerker sein, der sich und seine Welt von Grund auf neu gestaltet und dabei dem Willen zum Schönen wieder jenen Platz in unserem Leben einnehmen lässt, den dieser braucht, um als in uns zur Kulturkraft transformierten Naturkraft voll und ganz seine Wirksamkeit entfalten zu können. Seine von ihm geschaffenen „Kunstprodukte" sind dann das Poetische in unserer Welt.

Im Rahmen einer umfassenden Kosmopoesie darf sich dieses Poetische natürlich nicht nur auf schriftlich Verfasstes bzw. auf sprachlich Entäußertes beschränken. Die verschiedenen literarischen Formen können uns aber als erste Wegweiser bzw. als richtungsweisende Metaphern für all das Poetische in seiner ganzen Vielfalt dienen. „Das Leben soll kein uns gegebener, sondern ein von uns gemachter Roman sein", fordert Novalis (2008) bereits im 19. Jahrhundert. Er spricht damit direkt die Fähigkeit des Menschen an, über die Entwicklung von Erzählungen auch reale Welten zu schaffen. Diese Erzählungen sind aber nicht einfach irgendwelche Erzählungen; Poesie rekurriert immer auch auf das Schöne, auf ein Schönes hinsichtlich des Inhaltes, aber auch auf ein Schönes bezüglich seiner Form, wie z.B. Rhythmik und Versmaß. Als praktisches Beispiel für eine so verstandene Poesie mögen die Erzählungen von Thomas Bernhard dienen, die eben nicht nur durch schöne sprachlich-inhaltliche Ausgestaltung bestechen, sondern wesentlich auch durch Sprachmelodie und Sprachrhythmik. Ein Leben zu einem Roman machen, heißt demnach nicht einfach nur ein Handlungsskript zu verfassen, sondern es auch in zweifacher Weise dem Schönen zu widmen, zum einen hinsichtlich eines inhaltlich schönen Lebens, zum anderen in Bezug auf eine schöne Lebensführung.

„Lebensgeschichten und fiktive Geschichten unterscheiden sich allein darin, dass wir als Autoren in der Lebensgeschichte einen anderen Platz einnehmen als in einer frei erfundenen Geschichte. Letztere ist in ihrer Ausgestaltung nicht beschränkt, während die Lebensgeschichte dagegen an enge Vorgaben gebunden ist", (Grätzel 2008). Unsere Welt ist natürlich immer nur so schön, wie wir sie als Kosmopoeten erschaffen. Die Weltenschaffung muss durch die uns zur Kosmopoesie gegebenen Voraussetzungen limitiert bleiben, wobei die Hauptlimitierung wir selbst mit unseren eigenen Schaffensbegrenzungen sind. Je nachdem wie sehr wir bereits in der Kultivierung des Wahrnehmens von Schönem, in der Entfaltung und Entwicklung von Vorstellungen, Fantasien und Utopien sowie in der Umsetzung des Vorgestellten in die beobachtbare Realität fortgeschritten sind, werden Schaffensbegrenzungen enger bzw. weiter gesteckt. Jede Weiterentwicklung im Schaffensprozess ist auch eine Erweiterung der Handlungsräume: Je virtuoser der Kosmopoet, desto unbeschränkter sein Entfaltungspotential.

In seinem Lebensroman ist der Kosmopoet immer drei in Einem. Er ist zum Ersten der Verfasser des Romans. Er ist derjenige, der das als Schönes zu Erlebende in die Welt setzt. Als Weltenerschaffer schafft er Schönes in zweifacher Weise: einerseits, indem er Schönes als Schönes zu erleben erlernt, und andererseits, indem er aktiv von ihm selbst geschaffenes Schönes in die Welt bringt. Zum Zweiten ist der Kosmopoet als Weltenerschaffer auch ein Selbsterschaffer. Welterschaffung und Selbstschaffung sind, wie bereits früher verhandelt, in einem autopoietischen Prozess untrennbar miteinander verbunden. Durch diese Selbstschaffung ist der Kosmopoet nicht nur Verfasser des Romans, sondern zugleich auch dessen Hauptfigur. Er wird hier zum Ich, das im Roman lebt und erlebt. Es ist dieses Ich, das – selbst dann, wenn es über das Ich hinaus einen bestimmten Namen erhält und in der dritten Person abgehandelt wird – den Roman erst zum Leben bringt. Und zum Dritten ist er auch noch der Leser seines eigenen Romans, in dem er selbst die Hauptrolle spielt. Der Kosmopoet ist damit zugleich Schreiber, Hauptakteur und Leser des Romans – ganz so wie es Italo Calvino (2007) in seinem Roman *Wenn ein Reisender in einer Winternacht* so kunstvoll verbindet, indem er den Roman auf zwei Ebenen schreibt: zum einen auf der Ebene mit einer im Roman als Ich ausgewiesenen Hauptperson und zum anderen auf der, wo der Leser des Romans selbst zur Hauptperson des von ihm gelesenen

Romans avanciert. Damit sind wir Menschen in unserem Lebensroman immer drei in Einem: erstens der Verfasser des Romans, zweitens die von ihm auf diese Weise selbst geschaffene Hauptperson, das Ich des Romans, und drittens der Leser des Romans, dessen Reflexion des Gelesenen wiederum sein Schreiben mitbestimmt.

Das hier angesprochene „Lesen" ist kein passiver Vorgang der Abbildung und Aufnahme des Gelesenen in einen Gedächtnisspeicher, sondern selbst aktiver Schaffensprozess. Beim Lesen(lernen) unseres Lebensromans können wir Anleihen bei Friedrich Nietzsche nehmen, der über das richtige Lesen seiner Schriften sagte: „Es ist durchaus nicht nöthig, nicht einmal e r w ü n s c h t, Partei für mich zu nehmen: im Gegentheil, eine Dosis Neugierde, wie vor einem fremden Gewächs, mit einem ironischen Widerstande, schiene mir eine unvergleichlich i n t e l l i g e n t e r e Stellung zu mir" (Nietzsche 1888/2003). Es braucht als Leser des eigenen Romans also eine positive Distanz zum selbst Geschaffenen. Nur so kann es gelingen, im Schreiben des Lebensromans auch erkennbare Fortschritte in der eigenen Entwicklung zu erzielen. Auf einer Stelenskulptur im deutschen Schwalbach, die dem 1941 verstorbenen russischen Avantgardisten Lasar Markowitsch Lissitzki alias El Lissitzky gewidmet ist, kann man das Credo dieses wegweisenden Malers lesen: „Jede Form ist das erstarrte Momentbild eines Prozesses ... also ist das Werk Haltestelle des Werdens." Auch das Kunstwerk Leben ist demnach nur ein Anhalten im Werden und nicht ein erstarrtes Ziel.

Unser Lebensroman ist zu keinem Zeitpunkt ein vollendetes Werk. Es handelt sich dabei um ein Geschehen, das unter der Maxime „der Weg ist das Ziel" Gestalt annimmt, sodass wir immer nur von Romanfragmenten sprechen können. Mit Ausnahme vielleicht des Fortsetzungsromans oder einiger seltener durch Ableben des Autors bedingter Romanfragmente, wie z.B. des von Novalis (2001) verfassten *Heinrich von Ofterdingen*, kennen wir den Roman jedoch als ein abgeschlossenes literarisches Werk. Da unsere Lebenserzählung nie ganz vollendet sein kann – selbst bei unserem Ableben wird sie eine „im Unvollendeten vollendete" sein – erscheint die Metapher des Romans letztlich als nicht sehr passend. Eine besser geeignete wäre da diejenige des Essays. Michel de Montaigne (2002), auf den der Begriff „Essay" zurückgeführt werden kann, sieht diese literarische Form nicht nur als eine spezielle Artikulationsform, sondern vor allem auch als ein nicht abgeschlossenes existentielles Experiment. „J' essaie, je m' essai, je me suis essayé". Diese poetische Form liegt damit dem vom Menschen zu schaffenden und geführten Leben als Sinnbild für sein Lebenswerk doch wesentlich näher als der Roman. Das im Rahmen der Weltenschaffung selbstgewählte Leben ist in der Tat ein existentielles Experiment, das der permanenten Entwicklung und Evaluierung bedarf. Aber auch dem Essay fehlt noch etwas Wesentliches von dem, was Kosmopoesie im Kern ausmacht: nämlich der ganz besondere Fokus auf das Schöne, nicht nur hinsichtlich der Inhalte, sondern vor allem bezüglich der Präsentationsform.

Die literarische Gattung, die bekannter Weise dieser Forderung nach sprachlich Schönem in ganz außerordentlichem Maße nachkommt, ist das Gedicht. Da wundert es auch nicht, dass man unter Poesie im engeren Sinn die Dichtkunst und damit auch ihr Produkt – das Gedicht verstanden hat. Ein Essay in Gedichtform käme damit dem, was in der Kosmopoesie gefordert ist, schon sehr nahe. Die höchste Stufe des „Essays in Gedichtform" ist ganz offensichtlich im „Haiku" erreicht, in jener Form japanischer Dichtung, in der das Schöne und das Geheimnisvolle in aller Kürze auf wunderbare Art und Weise in einem in der Regel nur dreiteiligen Vers miteinander vereint werden. Die Inhalte dieser Haikus sind in der überwiegenden Mehrheit auf unsere menschliche Existenz bzw. Welt ausgerichtet und so gestaltet, dass sie in ihrer schönen Einfachheit zum Nachdenken und zur Meditation anregen.

Im Haiku werden die Maximen der japanischen Dichtkunst in idealer Weise umgesetzt: tiefe Gesinnung, bezaubernde Schönheit, feine Angemessenheit und unergründlicher Nachhall (Krusche 2004). Das sind auch die Maximen der Kosmopoesie, wobei unter tiefer Gesinnung sowohl die kognitiven wie auch die emotionalen Anteile, also auch all das, was wir unter „mit Herz tun und schaffen" verstehen, gemeint sind. Die im Rahmen der Kosmopoesie zu schaffende Welt ist im Idealfall eine Welt, die bezaubert, zumindest aber eine, die fasziniert und begeistert und gleichzeitig durch ihre feine Angemessenheit besticht. Diese bezaubernde und zugleich angemessene Art von Schönheit, die sich in westlicher Perspektive als eine Verschmelzung von dionysisch und apollinisch Schönem darstellt, ist von solcher Wirkkraft, dass sie in „unergründlicher Weise" wirkt. In dieser auf unergründliche Weise in uns wirkenden Bezauberung wird dann der Wille zum Schönen in jeder seiner

Manifestationsformen, sowohl als Naturkraft wie auch als Kulturleistung, in seiner höchsten Strahlkraft erfahrbar.

Mit Kosmopoesie ist demnach eine Weltenschaffung im Schönen gemeint, die uns im Idealfall bezaubert, die unser Leben als Symphonie erklingen lässt. Diese Lebenssymphonie versetzt uns selbst, darüber hinaus aber auch andere in Schwingung. In gelingender Kosmopoesie können wir mit Fernando Pessoa (2003) sagen: „Meine Seele ist ein verborgenes Orchester; ich weiß nicht, welche Instrumente, Geigen und Harfen, Pauken und Trommeln es in mir spielen und dröhnen lässt. Ich kenne mich nur als Symphonie". Es ist eine lebensimmanente Symphonie, von der Fernando Pessoa spricht. Eine Symphonie ohne Schlussakkord. Auch ein Haiku und natürlich auch eine nach den Prinzipien des Haikus umgesetzte Kosmopoesie ist „nicht fertig … nicht ‚fertig' im Sinne eines Gedichts von Goethe, Hölderlin, … es erscheint nicht vor uns, dass wir es im Anschaun stehen lassen, so wie es ist. Ein Haiku (und damit die Komopoesie), … , ist nicht zufrieden mit sich, es bedarf der Kooperation. Die hat aus zweierlei zu bestehen: aus Nachsicht und Fortsetzung" (Krusche 2004). Die hier geforderte Kooperation ist zuvorderst eine Kooperation mit uns selbst, eine Kooperation zwischen Verfasser, Hauptfigur und Leser der Lebensdichtung.

Sie ist aber auch eine Kooperation mit Mitmenschen. Durch sie kann die Wirkung der Kosmopoesie des Einzelnen auch ganz unmittelbar auf andere ausgeweitet werden. Eine solche auf den Grundsätzen des Haikus aufbauende Kosmopoesie birgt das Potential in sich, uns und unsere Welt nicht nur zu bewegen, sondern auch zum Schönen hin zu verändern. Ohne Zweifel gelingt es nicht immer, allen Maximen der japanischen Dichtkunst in unseren Weltenschaffungen voll und ganz zu entsprechen. Sie können uns dennoch wichtige Orientierungshilfe bei der Gestaltung unseres Lebens sein. Sie sind gleichsam Leitlinien, um das zu erreichen, was Michel Foucault (1986), sich auf Friedrich Nietzsche berufend, als eine der wichtigsten Aufgaben des Menschen festlegt: das Leben zu einem Kunstwerk zu machen. In seinem Werk *Sexualität und Wahrheit* hält er dazu fest, dass dies ein Werk sein sollte, das „gewisse ästhetische Werte trägt … und gewissen Stilkriterien entspricht." Wir müssen nicht schon von Beginn an ein solches Kunstwerk sein, wir müssen es aber werden wollen. „Wir müssen nichts sein, sondern nur alles werden wollen", sagt auch Goethe

(1988a) in seinem *Faust*. Nicht das „fertige“ Kunstwerk, sondern der Weg zum Kunstwerk ist das Ziel.

Wenn Michel Foucault vom Kunstwerk Mensch spricht, hat er nicht ein museales Kunstwerk vor Augen. Das Kunstwerk Mensch ist damit im übertragenen Sinn auch nicht in die Gruppe von Bildhauereien oder in Gemäldegalerien einzureihen, sondern, wenn schon als Ausstellungsstück, dann wohl am ehesten als ein schriftlich niedergelegtes Kunstwerk in einer sich immer weiter ausweitenden Bibliothek. Aber auch die Metapher der Bücher und Bibliotheksregale greift viel zu kurz. Das Kunstwerk, das hier gemeint ist, ist kein statisches, das in einem Schaffensprozess einmal geschaffen wurde und das es dann als solches gibt, nur weil es eben einmal geschaffen wurde. Das Kunstwerk Mensch ist vielmehr ein dynamisches, sich dauernd veränderndes Werkstück; es ist permanenter Prozess.

Als dynamisches, dauernd fortlaufendes und veränderndes Geschehen wäre das Kunstwerk Mensch wohl am ehesten in die Gruppe der Aktionskunst oder noch besser, wie von Fernando Pessoa (2003) schon angesprochen, in jene der symphonischen Musikdichtungen einzureihen. Das Bild der Symphonie passt insofern gut, als in den großen Symphonien apollinisch Schönes mit dionysisch Schönem in kontrapunktischer Weise miteinander verwoben ist. Auch Kosmopoesie hat ein kunstvolles Verweben von apollinischen und dionysischen Lebensinhalten und -formen zur Aufgabe. Wenn wir es schaffen, unser Leben zu einer symphonischen Dichtung werden zu lassen, dann können wir mit Fug und Recht behaupten, dass es nicht nur ein schönes, sondern auch ein gelungenes Leben ist. Gelungenes Leben im Sinne eines schönen Lebens ist kein Zustand, den man irgendwann einmal „erreicht hat“, es ist immer „work in progress“. Es braucht nicht eine schon fertigkomponierte Symphonie zu sein, um von Lebenssymphonie sprechen zu dürfen; schon das Erklingen der ersten schönen Tonfolgen verheißt nicht nur ein schönes und gelingendes Leben, sondern sie sind gleichzeitig Teil davon. Ein schönes Leben ist damit immer im Unvollendeten vorläufig Vollendetes.

Ein solches im Schönen gelungene Leben ist auch ein sinnvolles Leben. Darauf verwies der deutsche Lebensphilosoph Wilhelm Schmid (2005), wobei seine Argumentationslinie das unmittelbar Bejahenswerte ins Zentrum stellt. Alles was für uns Sinn macht, zu dem sagen wir unmittelbar Ja, und auch zu allem, was schön ist, sagen wir unmittelbar Ja. Dieses unmittelbare Jasagen verbindet das für uns Sinnvolle mit dem für uns Schönen. Unterstützt wird diese These durch die klinisch-psychiatrische Beobachtung, dass Menschen in der Regel erst dann, wenn das Leben nicht mehr schön ist, nach dem Sinn dieses Lebens fragen. Die Antwort ist dann schon vorgegeben: „es macht doch alles keinen Sinn". So lange sie ihr Leben als ein Schönes erleben, wird der Sinnfrage meist keine große Bedeutung beigemessen, obwohl das der richtige Zeitpunkt dafür wäre. Die Chance, dass man sie positiv beantwortet, wäre dann nämlich ungleich höher.

Es darf hier aber nicht verschwiegen werden, dass es auch zahlreiche Gegner der Schmid'schen These gibt. Ihr Hauptargument verweist zum einen auf den Umstand, dass Menschen auch in einem für sie nicht schönen Leben durchaus noch einen Sinn des Leben finden können, und zum anderen auf das Faktum, dass es Menschen gibt, die sogar ein für sie nicht schönes Leben als ein *für sie sinnvolle*s wählen (Danzer 2002, Frankl 1984). Für das erste Argument liefert uns Viktor Frankl (2012) in seinem Buch *... trotzdem Ja zum Leben. Ein Psychologe erlebt das Konzentrationslager* eine Fülle an Beispielen, die allesamt zeigen, wie der Mensch auch in extrem belastenden Lebenssituationen noch Sinn finden kann.

Friedrich Nietzsche geht mit seiner „amor fati"-Konzeption noch einen Schritt weiter. Ihm genügt es nicht, auch in desaströsen Lebenssituationen noch Sinn zu finden. Er ruft den Menschen vielmehr dazu auf, das Furchtbare und Scheußliche, sofern es nicht zu vermeiden bzw. zu verhindern ist, aktiv anzunehmen. Er fordert nicht nur zum schönen Leben, sondern auch zu einem furchtbaren und scheußlichen Ja zu sagen. „Der tragische Künstler ist kein Pessimist – er sagt gerade Ja zu allem Fragwürdigen und Furchtbaren selbst", betont Nietzsche (1888/1988) in seiner *Götzendämmerung*. Er meint damit aber nicht ein Suhlen oder Ergötzen im Furchtbaren und Scheußlichen. Der bedingungslosen Akzeptanz vom Lebensnegativen hat eine Neubewertung des Bestehenden, eine neue Bedeutungsgebung des Faktischen zu folgen, um damit die Auswirkungen des Furchtbaren auf uns selbst verändern zu können. Dieses Jasagen zum Faktischen wird so zum Ausgangspunkt eines umfassenden Umwertungsprozesses hin zum Schönen.

Eine solche Umwertung kann nicht von außen verschrieben werden, sie kann immer nur vom Einzelnen, vom Betroffenen selbst vollzogen werden. Gegen das Schlechte und Furchtbare „hilft nur eine Lebensfreude, die die Untaten wenigstens nachträglich überwältigt, wenn es schon an Ort und Stelle unmöglich war. Ihnen wenigstens das Nachleben streitig machen, heißt ihnen das letzte Wort streitig machen. Solche Umwertung ist das Gegenteil von Entsorgung der Geschichte. Sie erspart nicht das Gedenken; sie vertieft es" (Türcke 2000). Die Lebensfreude ist der Schlüssel zur Umwendung, zur Umkehrung der Werte. Diese Lebensfreude ist ihrerseits, wie bereits im vorigen Kapitel abgehandelt, untrennbar mit dem Schönen und der Liebe verbunden. Es ist demnach oberstes Gebot im Falle des Auftretens und Eintretens von Schlechtem und Scheußlichen, unser Leben mit möglichst viel Schönem und Liebe zu bereichern, um damit das Furchtbare aus unserem Erlebensfeld hinauszudrängen. Dazu braucht es das Jasagen zum Faktischen als Grundvoraussetzung, denn gerade dieses Jasagen nimmt dem Schlechten schon die Spitze.

„Der wahre Künstler ist Lebenskünstler – gerade durch sein entwaffnendes Jasagen und Ja-Tun." (Nietzsche 1882/1988). Dieses entwaffnende Jasagen im Vertrauen auf das Schöne, die Freude und die Liebe hat nichts mit einem oberflächlichen Beschönigen bzw. Behübschen einer furchtbaren und furchterregenden Realität zu tun. Furchtbares bleibt furchtbar, Scheußliches bleibt scheußlich. Amor fati ist kein Beschönigungsverfahren dort, wo es gar nichts mehr zu beschönigen ist. Erst wenn die Realität als solche angenommen wird, kann ihr wirksam entgegengetreten werden. Dieses Entgegentreten geschieht dann in der Umkehrung des Schlechten auf sich selbst durch Einstellungsänderung. Die eigene Einstellung zum Furchtbaren wird geändert, das Furchtbare geht einem nicht mehr so nahe und damit wird ein anderer Umgang mit ihm möglich. Dabei wird das Schlechte und Unheilvolle der Strahlkraft des Willens zum Schönen in seiner Dreieinigkeit mit dem der Freude und der Liebe ausgesetzt. In seinem Überstrahlen des Nicht-(mehr)-Schönen wird er gerade auch im gelebten *amor fati* als bestimmendes Kulturgeschehen in besonderer Weise erkennbar.

Nicht jedem, der in einer für ihn unschönen Welt lebt, ist Schlechtes von außen widerfahren. Es gibt ebenso Menschen, die sich für ein unschönes Leben bewusst entscheiden. Aufgrund der uns gegebenen Entscheidungsfreiheit ist es uns möglich, uns für das eine oder das andere zu entscheiden (Bieri 2001) und damit eben auch für Nichtschönes. Als „Gründe" für eine solche Entscheidung werden nicht selten „aus der Vernunft geborene" Notwendigkeiten angeführt, wie z.B. die Notwendigkeit harter Arbeit zum Überleben der Menschheit oder die Notwendigkeit des Verzichts und des Leidens, um damit letztendlich Gutes in die Welt zu setzen. Bei näherer Betrachtung solcher Lebensentwürfe wird rasch klar, dass auch sie sich letztendlich für das Schönes entscheiden. Für viele von denjenigen, die heute an die Notwendigkeit harter Arbeit glauben und dementsprechend leidvoll leben, ist diese Ausdruck der erfolgreichen Teilnahme an einem für sie hochattraktiven Wirtschafts- bzw. Gesellschaftssystem. Nur so wird es verständlich, dass Menschen, obwohl sie eigentlich zu den Ausgebeuteten dieses Systems gehören, es dennoch als das beste und schönste verteidigen. Für manche von denjenigen, die an die Notwendigkeit von Verzicht und Leiden glauben, um damit Gutes in die Welt zu setzen, ist das für sie leidvolle Erdenleben die gewähnte Eintrittskarte für ein erst nach den Tod beginnendes schönes, ja himmlisches Leben. Selbst hier findet sich das allgemeine Streben nach dem Schönen, der Wille zum Schönen, eng gebunden an das Sinnhafte. Auch hier gilt: Schönes macht Sinn, Sinnvolles ist schön.

Ein schönes Leben ist aber nicht nur ein sinnvolles, sondern gleichzeitig auch ein gesundes Leben. Die Gleichsetzung von schönem und gesundem Leben erscheint auf den ersten Blick möglicherweise etwas gewagt. Bei näherer Betrachtung der von der Weltgesundheitsorganisation (WHO 1949) herausgegebenen Definition von Gesundheit wird allerdings der enge Zusammenhang zwischen einem schönen und gesunden Leben gut nachvollziehbar. Im Final Act der International Conference der WHO aus dem Jahre 1948 heißt es: „Health is a state of complete physical, mental and social well-being and not merely the absence of disease or infirmity". In der Definition wird demnach hervorgehoben, dass die Abwesenheit von Krankheit oder Gebrechen allein nicht ausreicht, um von Gesundheit sprechen zu dürfen. Deshalb wird betont, dass es keine Gesundheit ohne psychische Gesundheit gibt und dass eben auch hierin ein Fehlen von Zeichen psychischer Krankheit nicht ausreicht, um schon ein *komplettes psychisches Wohlsein* zu konstatieren.

Damit stellt sich die Frage, wann nun dieses „complete mental well-being" erreicht ist. Oft wird es mit einem optimalen psychischen Funktionieren des Individuums gleichgesetzt. Eine solche Vorgangsweise ist jedoch aus verschiedenen Gründen als hoch problematisch anzusehen (Musalek 2013), wobei hier nur ein Grund herausgegriffen sei, jener der „psychischen Funktionskriterien“. Im körperlichen Bereich ist eine Festlegung von optimalen Funktionskriterien noch relativ einfach, im psychischen stößt man hier aber auf große Schwierigkeiten. Während im Bereich kognitiver Funktionen Leistungsgrenzen noch relativ leicht zu ziehen sind, ist es schon für affektive Reaktionen und emotionale Bewegungen praktisch unmöglich, objektive Funktionsparameter dingfest zu machen. Schon wesentlich besser als die Bewertung von kognitivem und emotionalem Funktionieren scheint die Beurteilung von Fähigkeiten bzw. Unfähigkeiten des Einzelnen, am alltäglichen Leben teilzunehmen, geeignet zu sein, Gesundsein auf völliges Wohlsein einzugrenzen.

Eine Möglichkeit bietet sich in der Beurteilung der objektiven oder subjektiven Lebensqualität, der Fähigkeit des Einzelnen, ein qualitätsvolles Leben zu führen. Dabei sind aber die sogenannten objektiven Lebensqualitätskriterien nicht, wie die Bezeichnung vermuten ließe, Messgrößen für eine von Natur aus vorgegebene Qualität, sondern beruhen auf von Menschen festgelegten Wertsystemen, die ihrerseits wiederum in höchstem Maße vom jeweiligen Zeitgeist, von den in bestimmten Epochen vorherrschenden politischen und gesellschaftlichen Doktrinen und Ideologien abhängig sind (Foucault 1961/1988). Sie sind daher auch nicht geeignet, als objektive Funktionskriterien zu dienen. Aber auch der Versuch, psychische Gesundheit nur über die subjektiv erlebte Lebensqualität, also über ein bloßes Sich-Wohlfühlen festzumachen, ist wegen seiner hohen zeitlichen Instabilität und intraindividuellen Variabilität nicht unproblematisch.

Ein besserer Zugang zu psychischer Gesundheit gelingt über die Fähigkeit bzw. Unfähigkeit zu autonomem Handeln, wie dies z.B. Whitbeck (1981) in seiner Health Theory vorschlägt. Als Menschen sind wir prinzipiell zu autonomem, selbstbestimmtem Handeln fähig. Selbstbestimmtes Handeln kann immer nur in bestimmten vorgegebenen Rahmen erfolgen, die einerseits als seine Bezugsgrößen fungieren und die es andererseits gleichzeitig beschränken. Die Freiheitsgrade in diesem selbstbestimmten Handeln sind aber nicht nur durch äußere Rahmenbedingungen begrenzt, sondern hängen auch vom Gesundheits- bzw. Krankheitszustand des Einzelnen ab. Bei psychischer Krankheit nehmen sie an den Schweregrad derselben gebunden ab: Je schwerer die psychische Krankheit, desto geringer die Autonomie. Mit Besserung der psychischen

Krankheit nehmen sie wieder zu: Je psychisch gesünder, desto größer auch die Autonomie.

Besonders geeignet zur Abbildung psychischer Gesundheit erscheinen jene Ansätze, die letztendlich auf die Fähigkeit, ein freudvolles Leben führen zu können, ausgerichtet sind, wie z.B. von Nordenfelt (1993, 1995) in seiner *Welfare Theory of Health* vorgeschlagen hat. Er bezieht sich in der Beurteilung von Gesundheit und Wohlsein auf die Plastizität von subjektivem Wohlbefinden und auf die diesbezüglichen Potentialitäten des Einzelnen. Kernstück der Nordenfelt'schen Gesundheitstheorie ist die Fähigkeit bzw. Unfähigkeit des Einzelnen, für ihn zentrale Ziele zu erreichen. Diese Ziele werden von ihm als „vital goals" bezeichnet. Dabei ist für ihn das zentrale Vitalziel das Erreichen eines Zustandes, den er als „minimal long-term happiness" bezeichnet. Diese Form des Glücklich-seins in zumindest minimaler Ausprägung darf nicht als ein einfacher emotionaler Zustand missverstanden werden, sondern damit ist vielmehr das gemeint, was wir unter einem wesentlich freudvollen Leben verstehen. Jeder kann für einen vergangenen Zeitraum von ein oder zwei Wochen (oder auch länger) sagen, ob es sich dabei um eine Zeitspanne handelte, die von ihm als im Wesentlichen freudvoll oder eher freudlos erlebt wurde. Bei einer solchen Globalbeurteilung ist es nicht entscheidend, ob nun wirklich jeder Moment immer ein freudvoller war; auch wenn sich einige wenige freudlose Momente in einem sonst über weite Strecken freudvollen Leben finden, wird die Gesamtperiode als freudvoll erlebt. Eine solche Lebensperiode wird von Nordenfelt „state of minimal long-term happiness" genannt.

Unabdingbare Voraussetzung für ein Leben, das in dieser Weise als ein im Wesentlichen freudvolles erlebt wird, ist ein ausreichendes Maß an Autonomie und Souveränität. Nur dann, wenn uns auch die Möglichkeit gegeben ist, unser Leben wesentlich selbstbestimmt zu führen, es also selbst in seiner Ausrichtung zu bestimmen und eigenverantwortlich und effektiv auf gestellte Anforderungen reagieren zu können, werden wir dieses Leben auch als freudvoll erleben können. Psychische Gesundheit stellt sich damit als eine Zustandsgröße dar, die sich zum einen aus den in der jeweiligen Realität vorhandenen und umgesetzten Möglichkeiten zu einem im wesentlichen selbstbestimmt und souverän geführten Leben und zum anderen aus einem freudvollen Lebenserleben zusammensetzt. Gelingt es, ein weitgehend autonomes und freudvolles Leben zu führen, sprechen wir folgerichtig von einem schönen Leben (Musalek 2013).

Mit der Gleichsetzung von psychischem Wohlsein mit einem weitgehend selbstbestimmt und freudvoll geführten Leben und unter Berücksichtigung des Faktums, dass es keine Gesundheit ohne psychisches Wohlsein gibt, werden Selbstbestimmung und freudvolles Erleben zu wesentlichen Säulen eines insgesamt gesunden Lebens. Gleichzeitig sind sie auch unverzichtbare Stützpfeiler eines Lebens, das von uns als ein schönes Leben erlebt wird. Gesundes Leben ist schönes Leben, schönes Leben ist gesundes Leben. Da ein schönes Leben ein gesundes Leben ist, und ein schönes Leben, wie oben diskursiv ausgeleuchtet, immer auch ein sinnvolles Leben ist, ist auch ein sinnvolles ein gesundes Leben. Der Wille zum Schönen als basale Naturkraft und noch vielmehr in seiner von uns kultivierten Erscheinungsform wird damit zur grundlegenden gesundheitserhaltenden und gesundheitswiederherstellenden Wirkgröße.

Dieser Umstand hat den Autor auch dazu veranlasst, ein ressourcen-orientiertes modulares Behandlungsprogramm für Suchtkranke zu entwickeln, das „Orpheus-Programm" (Musalek 2010a, 2015c), das auf das Erreichen eines möglichst autonomen und souveränen Lebens einerseits und eines möglichst freudvoll erlebten andererseits ausgerichtet ist und in dem in eigens dafür entwickelten Behandlungsmodulen der Wille zum Schönen als Kulturgeschehen in besonderer Weise gefördert und entfaltet wird. Hauptaufgabe des Therapeuten ist es dabei, gemeinsam mit den Suchtkranken Spielräume und Atmosphären zu schaffen, die den Einzelnen (wieder) in die Lage versetzen, den Willen zum Schönen nicht nur im eigenen Schönheitserleben zu erfahren, sondern ihn auch so weit zu kultivieren, dass es dem Betroffenen möglich wird, selbst so viel Schönes, Freude und Liebe in seine Welt zu setzen, dass sein Leben für ihn wieder zu einem schönen, gesunden und sinnvollen wird (Bernegger & Musalek 2014; Musalek 2013; Poltrum 2015).

Mit der Gleichsetzung von schönem, gesunden und sinnvollen Leben erhält auch der Homo-Mensura-Satz des Prothagoras (Pleger 1991) eine neue Schwerpunktsetzung. Wir Menschen sind nicht nur im Allgemeinen „das Maß aller Dinge, der seienden, wie sie sind und der nicht-seienden, wie sie nicht sind", sondern wir sind im Besonderen auch das Maß aller derjenigen Dinge, die *schön* sind, und jener, die nicht schön sind; und wir sind damit auch das Maß auch aller derjenigen Dinge, die sinnvoll und nicht sinnvoll sind; und wir sind nicht zuletzt damit auch das Maß aller Dinge, die gesund und nicht gesund sind, wobei der Begriff *„Dinge“* hier sehr weit gefasst ist und natürlich auch alle Lebensvorgänge, -situationen und -beziehungen umfasst. Als Kosmopoeten sind wir Dichter und Macher einer schönen, sinnvollen und gesunden Welt. „Dichter, nicht anders als Philosophen, Maler, Bildhauer und Musiker, sind in einem Sinne die Schöpfer, in einem anderen die Schöpfungen ihrer Zeit“ (Selley 1979). Als Dichter sind wir gleichzeitig selbst Macher und von uns selbst Gemachte; als Schöpfer unserer Welten werden wir zu unseren eigenen Schöpfern.

Das Endziel dieser Schöpfung ist es, in einer schöneren und damit auch sinnvolleren und gesünderen Welt leben zu können. „Die Welt muss romantisiert werden“, mahnt Novalis (2008). Nur „so findet man den ursprünglichen Sinn wieder“. Den Vorgang, den Novalis als Romantisieren benannte, bezeichnet Friedrich Nietzsche (1988c) als „Idealisieren“. Im Kapitel „Von der Erleichterung des Lebens“ im ersten Buch *Menschliches, Allzumenschliches* führt er dazu aus: „Ein Hauptmittel, um sich das Leben zu erleichtern, ist das Idealisieren aller Vorgänge desselben, man soll sich aber aus der Malerei recht deutlich machen, was idealisieren heißt. Der Maler verlangt, dass der Zuschauer nicht zu genau, zu scharf zusehe, er zwingt ihn in eine gewisse Ferne zurück, damit er von dort aus betrachte; er ist genötigt, eine ganz bestimmte Entfernung des Betrachters vom Bilde vorauszusetzen; ja er muss sogar ein ebenso bestimmtes Maß von Schärfe des Auges bei seinem Betrachter annehmen; in solchen Dingen darf er durchaus nicht schwanken. Jeder also, der sein Leben idealisieren will, muss es nicht zu genau sehen wollen und seinen Blick immer in eine gewisse Entfernung zurückbannen.“ Wir müssen zu uns und unserer Welt Abstand finden, um sie romantisieren bzw. idealisieren zu können. Wenn uns das gelingt und wir dann aus dem Banalen ein Besonderes, aus dem Problem ein Geheimnis, aus dem Gewöhnlichen ein Außergewöhnliches machen, dann sind wir auf dem rechten Weg, eine neue schönere Welt zu schaffen.

Stendhal (2013) spricht in diesem Zusammenhang von einem „Kristallisationsprozess“ und vergleicht damit die „idealisierende Kraft der Imagination“ mit einem Salzbergwerk, wo sich aus der ubiquitären salzhaltigen feuchten Luft an den Verzweigungen eines

Astes viele winzige Salzkristalle festsetzen, die sich wie ein Edelsteinsaum um diese Verzweigungen ranken und den einfachen Zweig zum Glitzern und Leuchten bringen. In gleicher Weise wirken auch die Freude und die Liebe als besondere Facetten der Dreieinigkeit des Schönen. Sie können banales Leben zum Glänzen und Leuchten bringen, Gewöhnliches wird so zum Sublimen. Durch Liebe wird Freude in die Welt gebracht; eine banale Welt wird zu einer freudvollen Welt. Das ist auch unsere hehrste Aufgabe als Kosmopoet: Liebe und Freude in die Welt zu bringen, indem wir das Gewöhnliche in einem poetischen Kristallisationsprozess romantisieren und damit Sublimes schaffen.

Dieser poetische Kristallisationsprozess hat aber nichts damit zu tun, dass hier vielleicht Unschönes, Verwerfliches und Abzulehnendes einfach beschönigt wird. Es darf auch nicht so getan werden, als ob es das Unschöne einfach nicht gäbe, es ist vielmehr als solches zu akzeptieren. Indem wir dem Unschönen aber dann ein Vielmehr an Schönem gegenüberstellen, verliert es an Wirkkraft und wird von der Dreieinigkeit des Schönen letztendlich überstrahlt. Diese unsere Welt ist weder nur eine schöne noch eine nur unschöne. Sie ist weder nur gut noch nur schlecht. Sie hat durch uns Menschen die Potentialität zu beiden: zum Schönen wie zum Unschönen, zum Guten wie zum Schlechten. Der Wille zum Schönen, wie er sich uns als Naturkraft und Kulturgeschehen zeigt, ist die alles bestimmende Urkraft. Diese Urkraft kann vom Menschen jedoch unbeachtet bleiben, sie kann verschüttet, zurückgedrängt, verborgen, ja sogar pervertiert werden – dann erscheint uns diese primär auf das Schöne, die Freude und die Liebe ausgerichtete Welt als eine unschöne, furchterregende und ablehnungswerte. Umgekehrt hat der Mensch aber auch die Möglichkeit seinen Fokus ganz auf den Willen zum Schönen zu richten, ihn weiterzuentwickeln und zu entfalten und damit diese unsere Welt noch schöner zu machen.

Unsere Welt ist nie so, wie sie einfach ist, sie ist vor allem auch so, wie der Mensch sie schafft. Der Mensch ist zur Kosmopoiesis verdammt, um nochmals das Bonmot Jean Paul Sartres zum freien Willen zu bemühen. Weltenschaffung ist damit unvermeidbar. Wie unsere Welt allerdings geschaffen wird, welche Schwerpunkte dabei gesetzt werden und wie sie dann letztendlich beschaffen ist, das kann der Mensch bestimmen. Indem er als Schaffer einer schöneren, sinnvolleren und gesünderen Welt in Erscheinung tritt, wird er vom Kosmopo*i*eten zum Kosmopo*e*ten. Ob unsere Welt eine schöne, sinnvolle und gesunde Welt ist oder aber eine unschöne, sinnlose und ungesunde, das liegt in der Hand von uns Menschen. Dafür trägt jeder Einzelne die volle Verantwortung. Demnach ist auch ein Abschieben auf Naturgegebenheiten mit Sätzen wie „der Mensch ist so, wie er ist, nämlich von Natur aus schlecht“ oder „die Welt ist eben so, wie sie ist, nämlich von Natur aus schlecht“, nicht statthaft.

Die Kosmopoesie ist ausgerichtet auf den Utopos „schöne, sinnvolle und gesunde Welt“. Sie ist damit aber keineswegs etwas „Utopistisches“ (Bloch 1918/1971; Bloch 2010), also etwas, das nur in unseren Köpfen existiert und keine Chance auf Umsetzung in die Praxis hat. Dieser Utopos hat auch nichts mit jener Insel Utopia zu tun, die es, wie von Thomas Morus (1556/2013) beschrieben, bereits in einem fernen Meere angesiedelt gibt und zu der wir nur mehr hinfahren müssen. Diese schöne Welt ist als Ziel unserer Kosmopoesie eine Utopie, wie sie Ernst Bloch (1959/1998) in seinem Werk *Prinzip Hoffnung* vorzeichnet. Er beschreibt dort eine Insel, einen U-topos (Noch-nicht-Ort), der erst aus dem Meer aufsteigt und zur Insel, zu einem Topos (Ort) wird, indem man auf sie zufährt. Ebenso entsteigt die von uns zu schaffende schöne Welt als Noch-nicht-Ort erst dem Lebensmeer, indem wir uns auf sie zubewegen. Sie ist nicht eine bereits vorbestehende Insel, die es nur zu erreichen gilt. Es genügt daher auch nicht, nur einen Weg dorthin zu finden. Kosmopoesie ist selbst der Weg auf ein potentiell Schönes zu, um damit etwas zum Schönen werden zu lassen und es so in die Welt zu setzen. Kosmopoesie ist ein permanentes schaffendes Zugehen auf eine dadurch immer schöner werdende Welt, die damit auch immer mehr an Strahlkraft gewinnt und dementsprechend als eine zunehmend schöne Welt in Erscheinung treten kann. Der Weg wird hier zum Ziel; das Mögliche möglich machen zur alles bestimmenden Devise (Musalek 2012a).

Um das uns Mögliche möglich machen zu können und so eine solche für uns schöne, sinnvolle und gesunde Welt entstehen zu lassen, sie nicht bloß zu denken, sondern die erdachte auch in die Praxis umzusetzen, sie also im wahrsten Sinne zu schaffen, dazu brauchen wir Mut und Zuversicht. Mut deshalb, weil es auf dem Weg in eine schönere Welt kräftige Strömungen und scharfe Klippen zu überwinden gilt, die das Projekt Kosmopoesie bedrohen. Scharfe Klippen im Sinne von Vorurteilen, die mit aller Schärfe von Bewahrern des „Herkömmlichen“ gegen das Neue eingesetzt werden und die ob ihrer Schärfe alles Vernünftige und Herzenswarme zu zerstören bedrohen. Es sind die Vorurteile, die sich um die Überzeugung ranken, dass diese Welt eine schlechte wäre und der in ihr lebende Mensch von Grund auf böse. Es sind Vorurteile, die für manche in Stein gemeißelt zu sein scheinen, also ebenso unverrückbar, wie es eben Felsklippen sind.

Wenn man die tagtäglichen Medienberichte verfolgt, kann man sich in der Tat kaum des Eindrucks erwehren, die Welt wäre eine schlechte und furchtbare und der Mensch ein furchtbares und furchterregendes Geschöpf. Und doch ist dies kein reales Abbild der Welt, in der wir leben, sondern nur Ausgeburt der Verkaufsmaxime „bad news are good news". Auf diese Weise imponiert eine ihrem Grunde und ihrer Erscheinung nach wunderbare und wunderschöne Welt plötzlich als eine nicht schöne, hoch problematische und daher ablehnungswürdige. Um sich gegen eine so weitverbreitete wie wohlbehütete Ansicht zu stellen, braucht es in der Tat ein hohes Maß an Mut, wobei Mut hier nicht bloß im Sinne von Risikobereitschaft zu verstehen ist, sondern vielmehr als eine grundsätzliche Bereitschaft, angesichts zu erwartender Nachteile etwas zu tun, was man für richtig hält, und darüber hinaus noch in der Bedeutung von etwas „guten, frischen, frohen Mutes" (Duden 2013) also mit Herz zu tun. Nur ein herzerfrischender und herzenswarmer Zugang zu unserer Welt vermag auch jene zu überzeugen, die an der Schlechtigkeit der Welt und des Menschen aus welchen Gründen auch immer festhalten wollen.

Aber auch Mut alleine reicht nicht aus, es braucht zuvorderst noch Zuversicht. Zuversicht deshalb, weil „wenn Zuversicht in uns Platz greift, ... das Erwartete unversehens (auch) ein(tritt)" (Giese 2010). Immer wenn man sich einem „main-stream", einer „geläufigen Meinung", einem allgemeinen Vorurteilsstrom entgegenzustellen versucht, ist wegen der zu erwartenden länger dauernden machtvollen Widerstände, ein hohes Maß an Durchhaltevermögen nötig. Ein solches ist nur dann zu erreichen, wenn das Entgegenhalten von großer Zuversicht geprägt ist, von Zuversicht, dass am Ende des Tages das angestrebte Ziel auch zu erreichen sein wird. Nur so kann es gelingen, festgefrorene Vorurteile aufzuweichen und zum Verschwinden zu bringen. Zuversicht ist als Glaube an die eigenen Fähigkeiten, Vorgenommenes auch in die Tat umzusetzen zu können, eine der wohl wirkungsmächtigsten Ressourcen des Menschen. Diese „fiktionalen" bzw. „optativen" Ressourcen (Musalek 2012a, Marquard 2015, Bernegger 2015) sind überaus kraftvolle Motivatoren, etwas nicht nur zu denken, sondern auch zu tun und es auch dann noch zu tun, wenn der eingeschlagene Weg ein höchst beschwerlicher ist. Das allgemein bzw. prinzipiell Mögliche kann so zu einem konkreten Möglichen, zu einem *für uns* möglichen werden. Wir sagen, dass wir daran „glauben", dass wir „es erreichen können", und sind dabei davon überzeugt, dass dieser Glaube an etwas für uns Erreichbares sprichwörtlich „Berge versetzen" kann. Diese Zuversicht und dieser Mut sind die unabdingbare Basis, auch in einer hässlich und böse gewähnten Welt das prinzipiell mögliche Schöne zu einem für den Einzelnen konkret möglichen Schönen zu machen und damit auch konkrete Möglichkeiten für eine schöne und von uns als schön erlebte Welt in die Tat umzusetzen.

„Neo-Romantik" als Antwort auf das Zeitalter des dogmatischen Hyperkapitalismus

Ein solcher Richtungswechsel in Betrachtungs- und Handlungsweisen von einer hässlichen und bösen zu einer schönen und guten Welt, das Fokussieren auf die Schaffung einer von uns Menschen als schön erlebten Welt, die uns allen als „normale Welt" zugänglich wird, würde das Einläutens eines neuen Zeitalters bedeuten – eines Zeitalters, das von einem „Zeitgeist" geprägt ist, der in seinen Kernbereichen wohl am ehesten jenem der frühen Romantik gleichen könnte und das wir daher als *„Neo-Romantik"* bezeichnen wollen. Eine solche Neo-Romantik ist nicht nur dazu angetan, neue Zugänge zu sinnlich erlebtem Schönen schaffen zu helfen und damit den Willen zum Schönen als Naturkraft und Kulturgeschehen in all seinen Facetten wieder zu glanzvoller Erscheinung zu verhelfen, sondern kann auch nachhaltig wirksam Antwort auf einen heute vorherrschenden herzlosen und damit letztendlich menschenfeindlichen, dogmatischen Hyperkapitalismus geben.

Mit „dogmatischer Hyperkapitalismus" ist hier keineswegs nur eine spezielle Wirtschaftsform bzw. ein bestimmtes Wirtschaftssystem gemeint, sondern ganz allgemein eine Art und Weise von menschlichem Zusammenleben, das vor allem von Akzeleration und Gier geprägt ist. Lebensmaxime ist das Nie-genug und das Immer-mehr. Was auch immer in den Fokus genommen wird, man hat nie genug davon und braucht immer rascher immer mehr davon. Nicht der Mensch mit Freuden und Leiden steht mehr im

Mittelpunkt gesellschaftlicher Planungen, sondern die ständige Vermehrung von Finanzkapital. Es ist aber nicht nur das Geld, von dem man immer rascher immer mehr haben will. Man möchte auch immer rascher immer mehr Konsumgüter, mehr Essen und Trinken, immer mehr rasche Vergnügungen, immer größere und schnellere Autos, et cetera, et cetera. Die Gier nach immer mehr, wovon auch immer, beherrscht das Denken und Handeln, sie kennt keine Grenzen weder in Stärke noch Ausdehnung. Die Folge ist eine sich zunehmend schneller drehende Welt, deren Übersichtlichkeit und Verständlichkeit immer mehr abnimmt. Die Entwicklungen in der sogenannten Informationstechnologie (IT) sind eindrucksvolles Beispiel dafür und Computer mit immer rascher arbeitenden Prozessoren und immer größeren Speicherkapazitäten die Folge.

Der hier eingeführte Begriff *Hyperkapitalismus* erscheint auch insofern gerechtfertigt, als es sich bei der so etikettierten Gesellschaftsform in der Tat um eine im Kern völlig ungebremste Form kapitalistischen Ausbeutens handelt, in der eine ausgleichende Hand bezüglich grober Ungerechtigkeiten in der Kapitalverteilung völlig abhanden gekommen scheint und die zur Folge hat, dass bei fortschreitender Auflösung des für einen florierenden Kapitalismus eigentlich so notwendigen „Mittelstandes" nur einige wenige Reiche immer reicher und viele Arme immer ärmer werden. Die einen, auch hier wieder die überwiegende Mehrzahl, müssen immer mehr sparen, damit die anderen, die dagegen verschwindend kleine Minderzahl, immer mehr Mittel anhäufen können. *Dogmatisch* wird diese besondere Form gesellschaftlichen Zusammenlebens deshalb genannt, weil keinerlei Widerspruch zum bestehenden System geduldet wird und kritische Anmerkungen zu diesem völlig aus den Fugen und aus dem Ruder geratenen Kapitalismus sofort mit simplen Dogmen, wie z.B. „ohne Geld geht gar nichts" oder „wir brauchen immer mehr Produktions-, Handels- und Konsumwachstum um unseren Lebensstandard erhalten zu können" zum Schweigen gebracht werden. Ein Hinweis darauf, dass es durchaus ausreichend Geld und Waren für alle gäbe, wenn man die Verteilung nur etwas anders gestaltete, wird in der Regel sofort als ein Rückschritt in „kommunistische Vorzeiten" desavouiert. Im Kampf um die Erhaltung des bestehenden Systems schreckt man nicht einmal vor Horrorszenarien zurück, die in der Regel den durch Systemkritik verursachten Weltuntergang zum Thema haben.

Die nachfolgenden diskursiven Bewegungen zur Entwicklung des Projekts „Neo-Romantik“ als Antwort auf den heute so tonangebenden dogmatischen Hyperkapitalismus sind als Anregung für tiefgreifende Betrachtungen und Diskussionen zu verstehen. Um von Beginn an jedwede Missverständnisse auszuräumen: Das hier vorzustellende Zeitalter der Neo-Romantik, obwohl als ein Gegenpol zum Zeitalter des Hyperkapitalismus entworfen, muss keineswegs an ein kommunistisches Wirtschaftssystem gebunden sein. Wenn es als eine Antwort auf eine heute alles beherrschende, völlig ungebremste Gier gedacht ist, dann nicht so sehr aus wirtschaftlichen Überlegungen – notwendige wirtschaftliche Alternativen zur *Wirtschaftsform* „dogmatischer Hyperkapitalismus“ müssten von Wirtschaftsexperten entwickelt werden –, sondern vielmehr aus kultur-anthropologischer und sozialästhetischer Perspektive.

Eine grundlegende Säule der *Gesellschaftsform* „dogmatischer Kapitalismus“ besteht darin, die Menschen glauben zu machen, sie lebten in einer schlechten und bösen Welt – und mehr noch: Diese Welt sei deshalb eine *von Natur aus* schlechte und böse Welt, weil der Mensch selbst, als wesentlicher Teil dieser Welt, von Grund auf schlecht und böse sei. Dieses Dogma vom von Natur aus schlechten Menschen bringt den Vorteil, dass alle unmoralischen und verwerflichen Taten von Menschen, die einem solchen Gesellschaftssystem frönen, als „naturgegebene“ bzw. „naturgemäße“ Handlungen entschuldigt werden können. Dabei muss ein Sich-Vormachen, die Welt und der Mensch seien böse und schlecht, nicht immer ein bewusstes, also auf zielgerechte Umsetzung von Geplantem ausgerichtetes Sich-etwas-Vormachen sein. In jedem Fall bleibt es ein konstituierendes Element des vom dogmatischen Hyperkapitalismus geprägten Zeitgeistes.

Als weitere typische Kennzeichen unserer heutigen Gesellschaft werden gerne deren Ausrichtung auf Leistung, Information und Genuss angeführt. Folgerichtig spricht man dann auch von einer „Leistungsgesellschaft“, einer „Informationsgesellschaft“ und einer „Genussgesellschaft“. Bei genauerer Hinsicht entpuppen sich allerdings alle drei Bezeichnungen als reiner Etikettenschwindel. Die so hochgelobte Leistungsgesellschaft ist im Grunde nur eine Erfolgsgesellschaft. Die so sehr angestrebte Informationsgesellschaft im besten Fall eine Infotainment-Gesellschaft und im schlechtesten eine reine Vorurteilsgesellschaft, in keinem Fall ist sie aber das, was sie vorgibt zu sein, nämlich Wissensgesellschaft. Und die von uns so sehr herbeigewünschte Genussgesellschaft ist auch weit davon entfernt, eine solche zu sein, leider ist sie nur oberflächliche Spaß- und Vergnügungsgesellschaft.

Wir leben also in einer Erfolgs-, Infotainment- und Spaßgesellschaft, auch das sind Kennzeichen dessen, was wir als Zeitalter des dogmatischen Hyperkapitalismus bezeichnen. Es kommt heute nicht auf Leistung an, die in der Regel auch nicht honoriert wird. Das Einzige, was zählt und geachtet wird, ist Erfolg. Im Falle von Erfolglosigkeit hilft es auch nichts, die Leistung zu erhöhen; bei weiterhin ausbleibenden Erfolgen wird einem trotz des hohen Arbeitseinsatzes Achtung, möglicherweise auch Teile der Bezahlung und zuletzt nicht selten auch noch die Arbeit selbst entzogen. Es kommt auch nicht auf umfassende und qualitativ hochwertige Information an. Die als Informationsgesellschaft ausgegebene Zusammenlebensform ist vielmehr charakterisiert durch das Informationsbruchstück, das einem Spannungsfeld von einer ungeheuer großen, aber ungefilterten Informationsflut auf der einen Seite und einer „mundgerechten" Verabreichung von möglichst kleinen Wissenshappen, die dann eingebettet in (meist musikalische) Unterhaltung sind, auf der anderen Seite entspringt. Es ist sehr bezeichnend, dass die für Letzteres stehende Wortneubildung, „Infotainment", heute bereits Eingang in den deutschen Duden gefunden hat (siehe: Duden 2013). Hans Georg Gadamer (1993) beklagt bereits Anfang der neunziger Jahre des vorigen Jahrhunderts, dass die menschliche Urteilsfähigkeit in einer Informationsflut ertränkt zu werden droht. Gemeinsam mit dem Umstand, dass wir demgegenüber in audiovisuellen Medien nur mehr kleine und damit als leicht verdaulich missverstandene Bruchstücke von Informationen erhalten, ist die Entstehung einer Vorurteilsgesellschaft die unvermeidbare Konsequenz.

Auch die so oft zitierte Genussgesellschaft ist nur eine mehr als weniger abstrakte Wunschvorstellung, die fernab einer allgemein beobachtbaren Realität ihr Dasein fristet, um nicht überhaupt von einer sinnentleerten Worthülse zu sprechen. Nicht Genuss, als höchstes und zugleich tiefstes Erleben von Freude, bestimmt unser heutiges Leben, sondern bestenfalls ein gewisses Maß an Spaß und Vergnügen. Auf die Unterschiede zwischen dem einfachen Gipfelerlebnis von Spaß und Vergnügen, das nach dauernder und immer rascherer Repetition ruft und damit fruchtbarer Boden für Suchtentwicklungen ist, und dem komplexen Plateauerlebnis von Genießen und tiefer Freude, das uns das Tor zu einem freudvollen und glücklichen Dasein beschert, wurde in Band I schon ausführlich eingegangen.

Diese hier nur bruchstückhaft angeführten, gesellschaftlichen Fehlentwicklungen unserer Zeit bedürfen dringend einer Korrektur, wollen wir nicht mit dieser Gesellschaftsform in absehbarere Zeit alles Lebensschöne verlieren. Die Entwicklung und Entfaltung einer Neo-Romantik kann als probate Antwort dienen. Das Projekt Neo-Romantik kann aber nur dann gelingen, wenn wir auch den Mut zu einem grundlegenden Paradigmenwechsel aufbringen. Als Leitspruch kann dabei der Aufruf von Friedrich Schiller in seiner „ästhetischen Erziehung des Menschen“ gelten: „Lebe mit deinem Jahrhundert, aber sei nicht sein Geschöpf; leiste deinen Zeitgenossen, ... was sie bedürfen, nicht was sie loben.“ (Schiller 1795/2000). Eine solcherweise angestrebte Neo-Romantik unterscheidet sich auf markante Weise von dem Zeitalter, in das wir seit geraumer Zeit schlittern. Nicht mehr *ökonomie-orientiertes* und *finanz-getriebenes*, sondern *ästhetisches* Denken hat die Erfahrungswelt des Einzelnen zu bestimmen. Nicht mehr derjenige, der schamlos Finanzkapital anhäuft und Kapitalanreicherungsmöglichkeiten ausnützt, sondern jener, der sein Leben auf das Schöne und Gute ausrichtet, steht im Zentrum aller Strebungen. Es ist dann auch nicht mehr nur der Mammon Geld, Erfolg und Macht, sondern der Mensch und Mit-Mensch, der zum Maß aller Dinge wird. Es sind wir Menschen und unsere Mitmenschen, die dann auch für uns selbst und darüber hinaus wieder für die Natur, in der wir leben und deren Teil wir sind, ein tiefes Mit-Gefühl entwickeln müssen. Für eine solche Gefühlsentwicklung braucht es als unabdingbare Voraussetzung die Kultivierung unseres sinnlichen Erlebens.

Wenn sich die Romantik noch als Gegenbewegung zu einer ganz auf Vernunft ausgerichteten Aufklärung verstand, so ist es die Hauptaufgabe der Neo-Romantik, sinnliches Erleben *und* vernunftbetontes Analysieren wieder zusammenzubringen und gemeinsam zu kultivieren, um damit einem gefühlskalten und herzlosen Zeitalter Paroli zu bieten. Der Mensch unterscheidet sich vom Tier nicht nur als „Vernunftwesen“, sondern auch ganz entschieden als „Gefühlswesen“. In einem solchen neuen Zeitalter wird der Mensch auch nicht mehr in einen Körper (der als Relikt aus dem Tierreich gesehen wird) und einen Geist (dessen Hauptaufgabe die Beherrschung des Köper und damit die Überwindung des

Tierischen ist) zerlegt, sondern er darf zu einem einzigartigen leiblichen Wesen werden, das zwar körperliche wie auch geistige Facetten aufweist, aber immer nur in seiner leiblichen Ganzheit lebt und erlebt. Der Mensch kann dann auch nicht mehr nur als Summe seiner körperlichen, psychischen, geistigen und sozialen „Einzelteile" gesehen werden – wie uns das der heute so weit verbreitete wie dominante bio-psycho-soziale Ansatz glauben machen will –, sondern vielmehr als ein „konkretes Individuum" (Kupke 2013), ein unteilbares Ganzes, das zwar unter verschiedenen Blickwinkeln (körperlichen, psychischen, sozialen, spirituellen etc.) betrachtet werden kann, dabei aber immer eins ist und bleibt.

Der Kosmopoet, als Inbegriff des neo-romantischen Menschen, ist jenes konkrete Individuum, *in* dem der Wille zum Schönen als natürliche Urkraft und *durch* den der Wille zum Schönen als Kulturgeschehen seine Wirkung in all seiner Pracht und Herrlichkeit entfalten kann. Er ist als lebendes unteilbar Ganzes voll und ganz auf die Schönheit dieser Welt in ihrer Dreifaltigkeit Freude, Liebe und Schönes ausgerichtet. Als Dichter einer Welt im Schönen und zum Schönen ist er in seinem Handeln, zumindest im Sinne eines autonomen bzw. souveränen Handelns (siehe oben), prinzipiell frei. Der Kosmopoet ist damit dem heutigen Zeitgeist auch nicht willenlos ausgeliefert. Mit seiner Fähigkeit, sich entscheiden zu können (Bieri 2001), hat er sogar die Möglichkeit, sich für ein für ihn unvernünftiges, unschönes und ungesundes Leben zu entscheiden. Das heißt gleichzeitig aber auch, dass *wir* Menschen die Verantwortung für das für uns Sinnvolle, Schöne und Gesunde tragen. Es obliegt *uns*, ob wir die uns gegebene Natur und damit auch uns selbst pflegen oder aber ob wir sie und damit auch uns zerstören.

Gerade in einer Zeit der zunehmenden Achtlosigkeit und Lieblosigkeit gegenüber Mensch und Natur sind wir im besonderen Maße aufgerufen, uns unserer diesbezüglichen Verantwortung bewusst zu werden. Als Gegenbewegung zur Acht- und Lieblosigkeit braucht es eine Entfaltung und Entwicklung von tiefem Gefühl *für* die Natur und *für* uns Menschen als Teil dieser Natur, ein Eindringen in ihre Geheimnisse, die hinter dem Sichtbaren verborgen sind, um damit zum „Fundament der eigenen Seele" vordringen zu können (Ellenberger 1973). Da die Natur nicht nur so ist, wie sie ist, sondern ebenso wie auch wir Menschen (und alle die von uns geschaffenen Welten) permanentes Werden sind, muss es unsere vornehmste Aufgabe im Projekt Neo-Romantik sein, ein Gefühl für das „Werden“ in der Natur zu entwickeln und zu kultivieren. Dieses permanente Werden ist kein blinder Prozess ohne Anfang und ohne Ziel. „Während die Aufklärung an die ewige Vernunft glaubte, so wie an ihre ständige Manifestation in Form des Fortschritts der Menschheit, ist die Romantik überzeugt (davon), dass alle Wesen aus Urprinzipien stammen, die sich im Individuum, in Gesellschaften, Nationen, Sprachen und Kulturen entwickeln. Das Menschenleben ist nicht einfach nur eine lange Periode der „Reife“, die auf eine kürzere Periode, der „Unreife“ folgt, sondern ein spontaner Prozess der Entfaltung, eine lange Reihe stattgefundener Metamorphosen“ (Ellenberger 1973). Diesen Prozess bezeichnete später C.G. Jung als „Individuation“ des Menschen (Ellenberger 1973). Dieses Werden ist nicht einfach nur ein in sich selbst und durch sich selbst Fortlaufendes. Wir können in ihm eigene Ziele setzen und es auf diese Weise mitgestalten, mitentwickeln und entfalten bzw. wir können auch schon Entwickeltes und Entfaltetes in unserem Sinn transformieren. Darin liegt auch die Verantwortung uns selbst und unserer Gesellschaft gegenüber.

Ob wir weiterhin in einer Erfolgsgesellschaft und Infotainment-Gesellschaft leben wollen oder uns doch dazu entschließen, einer heute so oft zitierten Leistungsgesellschaft und Informationsgesellschaft den Vorzug zu geben, das liegt an uns. Ob wir nicht mehr den Erfolg, sondern nur die Leistung des Einzelnen honorieren wollen, das entscheiden wir. Ob wir das Wissen des Einzelnen vermehren und damit auch dessen Entscheidungsfähigkeit verbessern wollen oder doch lieber zur allgemeinen Verdummung beitragen wollen, um damit Menschen mit abwegigen Ideologien gefügiger zu machen, das entscheiden wir. Und nicht zuletzt, ob wir den Menschen neue Zugänge zu Freude und zum Genießen eröffnen oder ob wir diese beiden Phänomene weiterhin in Wechselbädern von Spaß und Vergnügen einerseits und post-koitaler Tristesse andererseits gefangensein lassen wollen, das liegt in unserer Hand.

Der Weg von einem Zeitalter des dogmatischen Hyperkapitalismus, der bloß auf Erfolg und Reichtum, auf oberflächliche Informationen und Spaßhaben ausgerichtet ist, hin zu einer längst überfälligen Neo-Romantik, die auf Leistung, Wissen, Freude und Genuss fokussiert, ist auch ein Weg von Menschenverachtung hin zur Menschenliebe. Eine das Wohl des Menschen wieder ins Zentrum aller Überlegungen und Handlungen rückende Neo-Romantik steht für eine menschengerechte Leistungsgesellschaft und damit für eine Solidargesellschaft anstelle einer die Leistungsmöglichkeiten des Einzelnen missachtenden und damit unsolidarischen reinen Erfolgsgesellschaft. Sie steht darüber hinaus auch für eine menschenorientierte Wissensgesellschaft auf Basis qualitätsselektierter Informationsweitergabe statt einer den Wissenszuwachs nur vortäuschenden Infotainment-Gesellschaft, die nur Vorurteile schafft. Und nicht zuletzt steht sie auch für eine menschenliebende Genussgesellschaft, in der die Freude am Schönen zum obersten Gebot erhoben wird und in der einer oberflächlichen, am Immer-Mehr erkrankten Spaß-und Vergnügungsgesellschaft eine Absage erteilt wird. Das oberste Lebensziel in einer neo-romantischen Gesellschaft ist das Erreichen eines im Wesentlichen autonom und souverän geführten Lebens, das im Kern ein freudvolles ist. Ein solches autonomes, souveränes und freudvolles Leben hat als fortdauerndes Geschehen keinen festgesetzten Endpunkt, den es einfach nur zu erreichen gilt. Es ist der Weg dorthin, der hier zum Ziel wird. Am Projekt des permanenten Werdens eines schönen und freudvollen und damit gesunden und sinnerfüllten Lebens teilzunehmen, das ist dabei oberste Maxime.

Die Kennmarken dieses Weges in ein schönes Leben sind nicht bloßes Ornamentieren oder Behübschen, auch nicht ein Verniedlichen von betroffen Machendem oder gar ein Instrumentalisieren des Schönen, um Gewalt, Unterdrückung und Entmenschung zu verschleiern, wie das in besonders zynischer Weise Programm des Dritten Reiches war (Schwarz 2010). Gefordert ist hier vielmehr eine grundlegende Umgestaltung und Transformation ins Schöne sowie die Entfaltung von potentiell Schönem und Entwicklung von neuem Schönem, um damit Schönes in einer solchen Qualität und Quantität zu schaffen, dass es ob seiner Größe und Intensität das Schlechte und Unschöne dieser Welt übertönt. Der Endpunkt eines solchen Weges wäre dann eine nur mehr schöne und daher auch nur noch freudvolle Welt. Ohne Zweifel handelt es sich dabei um einen erdachten Idealzustand, der in letzter Konsequenz nicht zu verwirklichen ist. Die Sinnhaftigkeit der Festlegung gerade auf dieses gedachte Ideal liegt auch nicht so sehr in seiner unmittelbaren Realisierbarkeit, sondern in seiner Funktion als Promotor des „Approximationsprinzips“. Das erdachte Ideal bewegt den Menschen, sich auf es zuzubewegen, selbst dann, wenn er weiß, dass er es nie voll und ganz erreichen kann. Das Ideal zieht uns an und in der daraus entstehenden Bewegung der Annäherung an das Idealschöne wird es immer mehr zum Schönen und Sublimen. Dieses Schönes schaffende Sich-bewegen auf das Idealschöne zu ist auch das Charakteristikum der romantischen Theorie (Uerlings 2013).

Es ist sicher auch kein Zufall, dass Hesiod in seiner Theogonie den Eros als die höchste Ordnungskraft auftreten lässt (Buhlert 2014). Eros ist in der griechischen Mythologie nicht nur die göttlich personifizierte Liebe, sondern gleichzeitig das Sinnbild für die Liebe, die Freude und das Schöne. Er ist damit Sinnbild für den Willen zum Schönen, als *die* zentrale treibende und ordnende Kraft des Universums. Dieser von den antiken Griechen als Eros personifizierte Wille zum Schönen wird in den darauf folgenden Jahrhunderten aus unterschiedlichen Gründen und Motiven immer wieder, mehr oder minder erfolgreich in den Hintergrund des menschlichen Erlebnisfeldes gedrängt. Im siebzehnten Jahrhundert sieht sich dann Caravaggio sogar veranlasst, einen schlafenden Eros (Amor) zu malen, einen Amor, der aus dem allgemeinen Wahrnehmungsbereich verdrängt, sich völlig in seine eigene Traumwelt zurückgezogen hat. Der Höhepunkt der Verdrängung des Willens zum Schönen erfolgt dann im zwanzigsten Jahrhundert mit all seinen Furchtbarkeiten und Scheußlichkeiten. Bis heute scheint Amor, als göttliche Personifikation des Willens zum Schönen, in weiten Bereichen unserer Welt immer noch nicht aufgewacht bzw. immer noch nicht ganz wach zu sein.

Es liegt an uns, ihn zu wecken, ihn wieder als Wille zum Schönen in all seiner Strahlkraft in Erscheinung treten zu lassen. Um das zu erreichen, müssen wir zu Kosmopoeten werden. Trockene Analysen, wissenschaftliche Arbeiten, rechnerische Daten und logische Schlussfolgerungen genügen hier nicht. Es braucht vielmehr ein ästhetisches Denken mit dem besonderen Blick auf das Schöne, die Freude und die Liebe. In seinem Aufsatz „Seelsorge für diese Zeit“ verwendet der Pastoraltheologe Michael Pfliegler (1946) das Bild eines beginnenden Tages als Metapher für das Aufbrechen eines neuen Geisteszeitalters. Das neue Zeitalter erscheint, „so wie sich das Kommen eines neuen Tages am Leuchten der Bergspitzen offenbart. Unten in den Tälern liegt noch die Dämmerung. Die Menschen in den Häusern finden, dass es noch finster ist. Und viele glauben, es sei noch Nacht, nur weil sie schlafen, wenn schon die Sonne ins Fenster scheint“.

In gleicher Weise wie ein neuer Tag kündigt sich auch das neue Zeitalter der Neo-Romantik an. Ganz so wie in der genannten Metapher sind einige wenige Bergspitzen bereits von ihrem Licht beleuchtet und erleuchtet, während in vielen Bereichen unserer Gesellschaft die Dunkelheit des Verzichts auf Schönes ob der Aussicht auf größeren Profit oder Erfolg noch nicht überwunden scheint. Es wird uns mit dem Bild des Tagesanbruchs und schon beleuchteten Bergspitzen sowie noch im Dunkeln liegenden Gassen und Häusern auch vor Augen geführt, was wir zu tun haben, um die „Schönheitsverdunklung" im Zeitalter der Nüchternheit zu überwinden und stattdessen in ein Zeitalter der Kosmopoesie, der Weltenschaffung im und zum Schönen aufzubrechen. Es genügt dazu nicht, einfach nur auf einen Wandel zu warten. Wir müssen den angehenden Tag in unsere Herzen eindringen lassen. Wir müssen die Vorhänge, die uns den Blick auf den neuen Tag verschließen, zur Seite zu ziehen und das Fenster des Herzens zu öffnen, um das Sonnenlicht des Neubeginns und die frische und noch unverbrauchte Luft des neuen Tages in uns hinein zu lassen – dann kann es auch möglich werden, dass uns das Licht der aufgehenden Sonne, das Licht des Schönen und die frische Luft des Windstoßes, die Kraft des Willens zum Schönen, die nötige Energie schenkt, um aktiv am Projekt einer Neo-Romantik mitzuwirken. Dann werden schon bald auch nicht mehr nur einige wenige Bergspitzen von der neuen Zeit beleuchtet sein, sondern das Licht des kosmopoetischen Wirkens kann in allen Niederungen in die Herzen derer dringen, die jetzt noch in der Dämmerung eines Immer-nur-Funktionierens ausharren.

Wenn wir am Ende unseres Leben so wie Ludwig van Beethoven sagen können: „Ich schließe meine Augen in der gesegneten Gewissheit einen Lichtstrahl auf der Erde hinterlassen zu haben", dann haben wir das uns in der Kosmopoesie gesteckte Ziel erreicht. Natürlich ist nicht jeder von uns dazu geboren, so wunderbare Musik in die Welt zu setzen. Aber einen Lichtstrahl des Schönen, einen Lichtstrahl der Erhellung des Verstandes und der Erwärmung des Herzens zu hinterlassen, damit an der Entwicklung und Entfaltung unserer Welt zum Schönen mitzuwirken und so auch selbst zum Willen des Schönen, der Freude und der Liebe zu werden, das kann jeder von uns. Der Weg wird uns hier zum Ziel. Der Weg ist der im Schönen zum Schönen. Es ist ein Weg, den jeder für sich selbst wählen muss, den jeder für sich gehen muss. Einziger Richtungsweiser ist dabei die Maxime „Lebe so, dass dein Leben schön ist".

Damit soll aber keineswegs einem blindwütigen Hedonismus das Wort gesprochen werden, der ganz unweigerlich ohne Rücksichtnahme auf den Anderen in Egoismus und Missachtung des Anderen enden muss. Ein wirklich genussvolles Leben, ein wirklich schönes Leben kann nur dann erreicht werden, wenn es nicht nur für einen selbst, sondern auch für den Anderen ein schönes ist. Als Menschen sind wir von Beginn an immer Mit-Menschen. Wenn das eigene Streben nach einem schönen Leben dazu führt, dass das Leben unserer Mitmenschen kein schönes mehr sein kann, dann fällt dieses für die Anderen nun unschön gewordene Leben wie ein Bumerang auf uns zurück und verhindert damit für uns selbst ein schönes Leben. Die Lebensmaxime der Neo-Romantik kann demnach immer nur lauten: „Lebe dein Leben so, dass es für dich schön ist, aber nicht nur für dich, sondern auch für den Anderen, denn nur so kann es zu *unserem* schönen Leben werden!" Wenn wir das schaffen, wenn wir es schaffen, es nicht nur zu denken, sondern auch danach zu handeln und auf diese Weise unser Leben im Schönen zum Schönen zu entwickeln und zu gestalten, dann können wir sicher sein, dass der von Rainer Maria Rilke in seiner siebenten Duineser Elegie verfasste Gedanke zur von uns gelebten und erlebten Wirklichkeit wird: Hiersein ist herrlich!

Literatur

Adorno TW (1951): Kulturkritik und Gesellschaft. Festschrift für den Soziologen Leopold von Wieseder 1951. In: Petra Kiedaisch (Hrsg.): Lyrik nach Auschwitz. Adorno und die Dichter. Reclam, Stuttgart 1995

Alexander TM (2013) The Human Eros. Eco-ontology and the Aesthetics of Existence. Fordham University Press, New York

Alloa E & Depraz N (2012) Edmund Husserl – „Ein merkwürdig unvollkommen konstituiertes Ding". In: Alloa E, Bedorf T, Grüny C, Klass TN (Hrsg.) Leiblichkeit. Geschichte und Aktualität eines Konzepts. Mohr Siebeck, Tübingen

Andreas-Salomé L (2013) Friedrich Nietzsche in seinen Werken. Severus Verlag, Hamburg

Antonovsky A (1997) Salutogenese. Zur Entmystifizierung der Gesundheit. Erweiterte deutsche Ausgabe von A. Franke. Dgvt Verlag, Tübingen

Aristoteles (2010) Poetik. Griechisch/Deutsch. Reclam Stuttgart

Aristoteles (2013) Nikomachische Ethik. Guth K-M (ed.). Hoffenberg, Berlin

Augustinus (1980) Confessiones – Bekenntnisse (Lateinisch-Deutsch), eingeleitet, übersetzt und erläutert von Joseph Bernhart, 4. Aufl., Wissenschaftliche Buchgesellschaft, Darmstadt

Augustinus (1997) De vera religione (Über die wahre Religion). Lateinisch/Deutsch. Reclam, Stuttgart

Badiou A (2015) Lob der Liebe. Steurer-Boulard R (Übersetz.). Passagen Verlag, Wien

Benjamin W (1970) Berliner Chronik. Suhrkamp, Frankfurt/Main

Berleant A (2005) Ideas for a Social Aesthetics. In: Light A, Smith JM (eds.) The Aesthetics of Everyday Life. Columbia Universtity Press, New York

Bernegger, G. (2011) zit n. Musalek, M. (2012) Das Mögliche und das Schöne als Antwort. Neue Wege in der Burn-out-Behandlung. In: Musalek, M, Poltrum, M. (eds.) Burnout. Glut und Asche. Parodos, Berlin

Bernegger G, Musalek M (2014) La forza del bello. Una prospettiva estetica nella cura. In: v. Fantini B (ed.) La salute, la belleza e l'armonia: le vie della guarigione. Rivista di Medical Humanities 81, 87

Bernegger G (2015) Das Mögliche möglich machen. Der Therapeut als Seiltänzer. In: Poltrum M, Heuner U (eds.) Ästhetik als Therapie. Therapie als ästhetische Erfahrung. Parodos Verlag, Berlin

Bernegger G (2017) I limiti del possibile (Editorial). Rivista per le Medical Humanities, 36, 7

Beuys J (1991) Jeder Mensch ein Künstler: Auf dem Weg zur Freiheitsgestalt des sozialen Organismus. FIU Verlag, Achberg

Bibel (1965) Die Heilige Schrift des Alten und Neuen Bundes. Herder, Freiburg/Breisgau

Bieri P (2001) Das Handwerk der Freiheit. Über die Entdeckung des eigenen Willens. Carl Hanser Verlag, München

Bloch E (1918/1971) Geist der Utopie. Faksimile-Ausgabe. Suhrkamp, Frankfurt/Main

Bloch E (1959/1998) Das Prinzip Hoffnung. In fünf Teilen. Suhrkamp, Frankfurt/Main

Bloch E (1974) Ästhetik des Vor-Scheins. 2 Bde., Suhrkamp, Frankfurt/Main

Bloch E (2010) Möglichkeiten der Utopie heute: Vorträge und Gespräche. Audiobook (incl. CD). Quartino Verlag, München

Böhme G (1989) Für eine ökologische Naturästhetik. Suhrkamp, Frankfurt/M.

Böhme G (1995) Atmosphäre. Suhrkamp, Frankfurt/M.

Boethius (2002) Trost der Philosophie. Reclam, Stuttgart

Buber M (1999) Ích und Du. Gütersloher Verlagshaus, Gütersloh

Buhlert K (2014) Hesiod – Theogonie. Das Hörspiel vom Ursprung des griechischen Götterhimmels. Hörspiel auf 2 CD. Südwestrundfunk & Norddeutscher Rundfunk. Radomhouse Verlag, München

Bruno G (1995) Schriften. Die Kunst der Modellierung der Affekte oder Wie kommt die Welt ins Bewusstsein. In: Elisabeth von Samsonov: Giordano Bruno. Eugen Diderichsverlag Millet München

Burke E (1757/1998) A Philosophical Enquiry into the Origins of the Sublime and Beautiful: And Other Pre-Revolutionary Writings. Penguin Classics, London

Cacciari M (1986) Zeit ohne Kronos. Ritter Verlag, Klagenfurt

Calvino I (2007) Wenn ein Reisender in einer Winternacht. 16. Aufl., Deutscher Taschenbuchverlag, München

Carbone M & Jung J (2012) Friedrich Nietzsche. Die Kunst der Gesundheit. Karl Alber, München

Cicero (2011) Vom Wesen der Götter / De natura deorum: Lateinisch – Deutsch (Sammlung Tusculum). Artemis & Winkler, Zürich

Danzer G (2002) Viktor Frankl – Psychoanalyse als Suche nach dem Sinn. In: Lévy A, Mackenthun G (eds.) Gestalten von Alfred Adler. Pioniere der Individualpsychologie. Königshausen und Neumann, Würzburg

Donhauser E (2007) Schillers Briefe ‚Über die ästhetische Erziehung des Menschen'. Grin Verlag, Norderstedt

Duden (2013) www.duden.de. Bibliographisches Institut GmbH, Berlin

Eco U (2004) Die Geschichte der Schönheit. Hanser Verlag, München

Ellenberger HF (1973) Die Entdeckung des Unbewussten. Band 1 u. 2. Hans Huber, Stuttgart

Enzensberger HM (1957/2009) Ins Lesebuch für die Oberstufe. In: v. Matt P (ed.): Wörterleuchten, Carl Hanser Verlag, 2009

Euripides (1975) Die Bakchen. Reclam, Stuttgart

Feyerabend P (2002) Wider den Methodenzwang. In: Oberschelp M (ed.) Absolute. Paul Feyerabend. Orange-press, Freiburg

Ficino M (1984) Über die Liebe oder Platons Gastmahl. Übers. v. Karl Paul Hasse, hrsg. v. Paul Richard Blum. Felix Meiner Verlag, Hamburg

v. Förster H (1960) On Self-Organizing Systems and Their Environments. In: Yovits MC, Cameron S (eds.) Self-Organizing Systems. Pergamon Press, London

Foucault M (1961/1996) Wahnsinn und Gesellschaft. 12. Auflage. Suhrkamp, Frankfurt/Main

Foucault M (1983) Sexualität und Wahrheit. Bd.1-3. Suhrkamp, Frankfurt/Main

Frankl V (1984) Man's Search for Meaning. 3rd edition. Simon & Schuster, New York

Frankl V (2012) „ ... trotzdem Ja zum Leben. Ein Psychologe erlebt das Konzentrationslager. 3. Auflage, Kösel, München

Fromm E (1978/2011) Haben oder Sein. 38. Auflage. Deutscher Taschenbuch Verlag, München

Gadamer H-G (1993) Über die Verborgenheit der Gesundheit. Suhrkamp, Frankfurt/M.

Garfagnini GC (2012) Medieval Aesthetics. In: Giovanelli A (ed) Aesthetics: The Key Thinkers. Continuum International Pub-

lishing Group, London
Gaut B & McIver Lopes D (2005) The Routledge Companion to Aesthetics. 2nd edition. Routledge, London
Gehlen A (2014) Der Mensch und seine Stellung in der Welt. 16. Aufl.. Aula Verlag, Wiebelsheim
Giese A (2010) Die Geschichte von Daidalos und Ikaros. Aumayer Verlag, Munderfink
Giovannelli A (2012a) Some contemporary developments. In: Giovanelli A (ed.) Aesthetics: The Key Thinkers. Continuum International Publishing Group, London
Giovanelli A (2012b) Aesthetics: The Key Thinkers. Continuum International Publishing Group, London
Goethe JW (1988a) Faust. Einleitung. Hamburger Werkausgabe Bd. 3. Deutscher Taschenbuch Verlag, München
Grätzel S (2008) Raum – Zeit – Kausalität. Propädeutik der Praktischen Philosophie. Turnshare Ltd., London
Grimm J & Grimm W (1854/1999) Deutsches Wörterbuch. Verlag von S. Hirzel, Leipzig. Nachdruck: Deutscher Taschenbuchverlag, München
Gründl M (2011) Determinanten physischer Attraktivität – der Einfluss von Durchschnittlichkeit, Symmetrie und sexuellem Dimorphismus auf die Attraktivität von Gesichtern. Habilitationsschrift zur Erlangung des akademischen Grades Dr. phil. habil. vorgelegt der Philosophischen Fakultät der Universität Regensburg.
Guthrie WKC (2005) The Sophists. Cambridge University Press, Cambridge
v. Hartmann E (1890/2009) Philosophie des Unbewussten. Zehnte erweiterte Auflage in drei Theilen. Leipzig: Wilhelm Friedrich o.J. Bd. 1 – zit. nach Liessmann KP (2009) Ästhetische Empfindungen. Facultas Verlag., Wien
Hauser A (1975) Sozialgeschichte der Kunst und Literatur. Sonderausgabe. Beck, München
Hegel GWF (1842/1976) Ästhetik. Bd. 1 u. II, Aufbau.Verlag, Berlin
Heidegger M (1927/2006) Sein und Zeit. 19. Auflage. Niemeyer, Tübingen
Held K (1980) Heraklit, Parmenides und der Anfang von Philosophie und Wissenschaft, de Gruyter, Berlin
Herder JG (1878/1967) Sämtliche Werke, 33 Bände. Suphan, B (ed.), Bd. 4. Olms, Hildesheim

Hergovic A (2001) Psychologie der Schönheit. Facultas, Wien
Hölderlin F (1957) Diotioma. In: Ibel R (ed.) Hölderlin und Diotima. Dichtungen und Briefe der Liebe. Manesse Bibliothek der Weltliteratur. Manesse, Zürich
Hölderlin JCF (1998) Das untergehende Vaterland. In Kreuzer J (ed) Johann Christian Friedrich Hölderlin. Felix MeinerVerlag, HamburgTheorteschi
Hölderlin F (2014) Hyperion. Fragment von Hyperion, Hyperions Jugend, Hyperion oder der Eremit von Griechenland. Berliner Ausgabe 3. Auflage. Holzinger, Berlin
Husserl, E. (1913/1993) Ideen zu einer reinen Phänomenologie und phänomenologischen Philosophie. Allgemeine Einführung in die reine Phänomenologie. Niemeyer, Tübingen
Ibel R (1957) Hölderlin und Diotima. Dichtungen und Briefe der Liebe. Manesse Verlag, Zürich
Jaspers K (1913/1973) Allgemeine Psychopathologie. 9. Aufl. Springer Verlag, Berlin
Jefford A (2015) andrewjefford.com/blogs
Jullien F (2012) Die fremdartige Idee des Schönen. Passagen, Wien
Jullien F (2014) Der Weg zum Anderen. Alterität im Zeitalter der Globalisierung. Passagen Verlag Wien. Antrittsvorlesung zum Lehrstuhl für Alterität; 8. Dezember 2011 – Original: Francois Jullien (2012) L'écart et l'entre. Éditions Galilée, Paris
Kant I (1790/1995b) Kritik der Urteilskraft. Werke in 6 Bänden. Bd. 4. Könemann, Köln
Kierjkegaaard S (1843/2007) Entweder – Oder. Ein Lebensfragment. Deutscher Taschenbuchverlag, München
Kohla S (2015) Persönliche Mitteilung
Koppensteiner S (2002) Secession. Gustav Klimt: Beethovenfries. Remaprint, Wien
Kovach FJ (1961) Die Ästhetik des Thomas von Aquin. Walter de Gruyter, Berlin
Kringelbach ML & Berridge KC (2010) Pleasures of the Brain. Oxford UniversityPress, New York
Krusche, D (2004) Haiku – Form und Problem. Essay. Erläuterungen zu einer fremden literarischen Gattung. In: Krusche, D (ed.) Haiku. Japanische Gedichte. Deutscher Taschenbuch Verlag, München
Kupke C (2013) Philosophie der Person und personalisierte Psychiatrie. In: Heinze M, Schlimme JE, Kupke C (eds.) Personalisier-

te Psychiatrie. Parodos, Berlin
Längle A (2015) Emotion, Ästhetik und Existenz. Zur Bedeutsamkeit von Wert und Schönheit für ein erfülltes Leben. In: Poltum M, Heuner U (eds.) Ästhetik als Therapie. Therapie als ästhetische Erfahrung. Parodos Verlag, Berlin
Langlois JH, Kalakanis L, Rubinstein AJ et al. (2000) Maxims or Myths of Beauty? A Meta-Analytical and Theoretical Review. Psychological Bulletin 126, 390-423
Light A, Smith JM (2005) The Aesthetics of Everyday Life. Columbia University Press: New York
Liessman KP (2009a) Schönheit. Facultas Verlag, Wien
Liessmann KP (2009b) Ästhetische Empfindungen. Facultas Verlag., Wien
Liessmann KP (2010). Vom Zauber des Schönen. Reiz, Begehren und Zerstörung. In: Liessmann, KP (ed.) Vom Zauber des Schönen. Philosophicum Lech. Bd. 13. Paul Zsolnay Verlag, Wien
Lotter K 2004) Lexikon der Ästhetik. 2. aktualisierte und erweiterte Auflage. Verlag C.H.Beck, München
Ludvigson A (2015) Diskussionsbemerkung zum Vortrag Musalek M: Treatment Goal: Autonomy and Joy. International Congress of the European Psychiatric Association 2015, Vienna
Mähl H-J & Samuel RM (1978) Novalis. Werke, Tagebücher und Briefe Friedrich von Hardenbergs. 3 Bde. Hanser, München
Maderthaner R (1978) Komplexität und Monotonie aus architektur-psychologischer Sicht. Der Aufbau 6, 257-262)
Marquard O (2015) Zukunft braucht Herkunft. Philosophische Essays. Reclam, Stuttgart
v.Matt P (ed.): Wörterleuchten, Carl Hanser Verlag, 2009
Maturana HR, Varela FJ (1980) Autopoiesis and Cognition. Reidel, Boston
Merleau-Ponty M (2004) Das Sichtbare und das Unsichtbare. 3. Auflage. Wilhelm Fink Verlag, München
De Montaigne M de (2002) Die Imagination und die Kunst des Essays. Fink, Paderborn
Müller A (1993) Visuelle Prototypern und die physikalischen Dimensionen von Attraktivität. In: Hassebrauck M, Niketta R (eds.) Physische Attraktivität, pp.123. Hofgrefe, Göttingen
Morus T (1556/2013) Utopia. Matrix Verlag, Wiesbaden
Murakami H (2008) Gefährliche Geliebte. 6. Auflage; aus dem Englischen von Giovanni Bandini und Ditte Beandin. btb Verlag,

München
Musalek M (2006) Die Faszination der Zahl. In: Halwachs-Baumann G: Labormedizin. Springer-Verlag/Wien
Musalek M (2010a) Social aesthetics and the management of addiction. Current Opinion in Psychiatry 23, 530
Musalek M (2011b) Medizin und Gastfreundschaft. In: Musalek M, Poltrum M (eds) Ars Medica. Zu einer neuen Ästhetik in der Medizin. Pabst Science Publishers, Parodos, Berlin
Musalek, M. (2012a) Das Mögliche und das Schöne als Antwort. Neue Wege in der Burn-out-Behandlung. In: Musalek M, Poltrum,M. (eds.) Burnout. Glut und Asche. Parodos: Berlin
Musalek M (2012b) Rechnerisches versus ästhetisches Denken. Editorial. Spectrum 2,3
Musalek M (2013) Health, Well-being and Beauty in Medicine. Topoi 32, 171
Musalek M (2014) Mythos „Natur". Editorial. Spectrum Psychiatrie 1, 3
Musalek M (2015a) Institut für Sozialästhetik und Psychische Gesundheit. Institute for Social Aesthetics and Mental Health – Aufgaben und Ziele. http://sozialaesthetik.sfu.ac.at
Musalek M (2015b) Human based Medicine – Theory and Practice. From Modern to Post-modern Medicine. In: Warnecke T (ed.) Psychotherapy and Society. UKCP Book Series. Karnac Publisher
Musalek M (2015c) Behandlungsziel Schönes Leben – Das Orpheus Programm. Existenzanalyse 32 (2), 4
Musalek M (2017) Der Wille zum Schönen I. Der Wille zum Schönen als Naturkraft. Parodos Verlag, Berlin
Musil R (1978) Der Mann ohne Eigenschaften. Erstes und Zweites Buch. Rowohlt Verlag. Reinbeck bei Hamburg
Nietzsche F (1873/1988) Über Wahrheit und Lüge im außermoralischen Sinne, aus dem Nachlass. In: Colli G, Montanari M (eds.) Friedrich Nietzsche Kritische Studienausgabe, Band 7. Deutscher Taschenbuchverlag, München
Nietzsche F (1882/1988) Die fröhliche Wissenschaft („la gaya scienza"). In: Colli G, Montanari M (eds.) Friedrich Nietzsche Kritische Studienausgabe, Band 3. Deutscher Taschenbuchverlag, München
Nietzsche F (1886/1988) Also sprach Zarathustra. In: Colli G, Montanari M (eds.) Friedrich Nietzsche Kritische Studienausgabe,

Band 4. Deutscher Taschenbuchverlag, München
Nietzsche F (1888/1988): Götzendämmerung. In: Colli G, Montinari M. (eds.) Friedrich Nietzsche Kritische Studienausgabe, Band 6. Deutscher Taschenbuchverlag, München
Nietzsche F (1888/2003) Brief an Carl Fuchs, 29.7.1888. In: Colli G, Montinari M (eds.) Friedrich Nietzsche. Sämtliche Briefe. Kritische Studienausgabe, Bd. 8. 2. Auflage. de Gruyter, Berlin
Nietzsche F (1988a): Nachgelassene Fragmente 1885-1887. In: Colli G, Montanari M (eds.) Friedrich Nietzsche Kritische Studienausgabe, Band 12. Deutscher Taschenbuchverlag, München
Nietzsche F (1988b): Ecce homo. Nachgelassene Schrift 1888/1889. In: Colli G, Montanari M. (eds.) Friedrich Nietzsche Kritische Studienausgabe, Band 6. Deutscher Taschenbuchverlag, München
Nietzsche F (1988c) Menschliches, Allzumenschliches I u. II. In: Colli G, Montanari M (eds.) Friedrich Nietzsche Kritische Studienausgabe, Band 2. Deutscher Taschenbuchverlag, München
Nietzsche F (1996) Der Wille zur Macht. Versuch einer Umwertung aller Werte. 13. Aufl. Alfred Kröner Verlag, Stuttgart
Nitsch H (2008) Rausch und Ekstase. In: Musalek M, Poltrum M (Hrsg.) Hermann Nitsch im Gespräch. 28.5.2008. Medical Humanities DVD, Wien
Nordenfelt L (1993) Concepts of health and their consequences for health care. Theor Med 14, 277
Nordenfelt L (1995) On the nature of health: an action theory approach, 2nd edn. Kluwer, Dordrecht
Novalis (2001) Heinrich von Ofterdingen. In: Dohmke J (ed.) Novalis' Werke. Weltbild Verlag, Augsburg
Novalis (2008) Novalis. Gesammelte Werke. Balmes HJ (ed.). Fischer Verlag, Frankfurt/Main
Nyanaponika (2000) Geistestraining durch Achtsamkeit. Verlag Beyerlein & Steinschulte, Herrnschrott
Osborn E (1997) Tertullian. First Theologian of the West. Cambridge University Press, Cambridge UK
Ovid (1994) Metamorphosen. Lateinisch – Deutsch. Reclam Taschenbuch, Stuttgart
Pappas N (2005) Aristotel in: Gaud B., McYver Lopez D: The Routledge Companion to Aesthetics, Second Edition. Routledge New York
Pessoa F (2003) Das Buch der Unruhe des Hilfsbuchhalters Bernar-

do Soares. Ammann Verlag, Zürich

Pfeiffer F (1857) Deutsche Mystiker, Bd. 2, Meister Eckhart Schriften, Leipzig; zit. n. Fromm E (1978/2011) Haben oder Sein. 38. Auflage. Deutscher Taschenbuch Verlag, München

Pfliegler M (1946) Seelsorge für diese Zeit. Wort und Wahrheit. Monatsschrift für Religion und Kultur 1 (8), 19

Platon (1923) Gastmahl; verdeutscht von Rudolf Kassner. Eugen Dierichs, Jena

Platon (2011a) Hippias maior. In: Platon Sämtliche Werke. Bd. 1. 32. Aufl., Rowohlt, Hamburg.

Platon (2011b) Philebos. In: Platon Sämtliche Werke. Bd. 3. 32. Aufl., Rowohlt, Hamburg.

Platon (2011c) Timaios. In: Platon Sämtliche Werke. Bd. 4. 32. Aufl., Rowohlt, Hamburg.

Platon (2011d) Phaidros. In: Platon Sämtliche Werke. Bd. 4. 32. Aufl., Rowohlt, Hamburg.

Pleger WH (1991) Die Vorsokratiker. J.B. Metzlersche Verlagsbuchhandlung, Stuttgart

Plessner H (1981) Die Stufen des Organischen und der Mensch. Einleitung in die philosophische Anthropologie. In: Dux G, Marquard O, Ströker E (eds.) Helmuth Plessner: Gesammelte Schriften. Bd. IV. Suhrkamp, Frankfurt/Main.

Plotin (2013) Enneaden. Holzinger, Berlin

Poltrum M (2007) Ästhetik und Anästhetik. Das Schöne als Therapeutikum. In: Kühn R, Witte KH (eds.) psycho-logik. Jahrbuch für Psychotherapie, Philosophie und Kultur. Karl Alber Verlag, Freiburg/München

Poltrum M (2015) Liebe im Therapeutenfilm – Liebesfilme in der Therapie. In: Poltrum M, Heuner U (eds.) Ästhetik als Therapie. Therapie als ästhetische Erfahrung. Parodos Verlag, Berlin

Pöltner G (2008) Philosophische Ästhetik. Kohlhammer, Stuttgart

Pschera A (2013) Vom Schweben. Romantik im Digitalen. Matthes & Seitz, Berlin

Rehberg K-S (2014) Anthropologie der Plastizität und Ordnungstheorie. Einführung in die 14. Auflage von Arnold Gehlens ‚Der Mensch': In: Gehlen A, Der Mensch und seine Stellung in der Welt. 16. Aufl. Aula Verlag, Wiebelsheim

Reinhard R (2013) Schön! Schön sein, schön scheinen, schön leben – eine philosophische Gebrauchsanweisung. Ludwig Verlag, München

Reinhardt U (2011) Der antike Mythos: Ein systematisches Handbuch (Paradeigmata). Rombach Verlag, Freiburg i.Br.

Rifkin J (2012) zit.n. Früchtl J: Ästhetik. Information Philosophie, 3/4, 80

Rilke RM (1912-1922/2002) Duineser Elegien. Die Sonette an Orpheus. Erläuterungen von Katharina Kippenberg. Manesse Verlag, Zürich

Samuel R et al (1960) Die Werke Friedrich von Hardenbergs; zit.n. Mülder-Bach I, Neumann G (Hrsg.) Räume der Romantik. Königshausen und Neumann Verlag, Würzburg, 2007

Scheler M (1980) Der Formalismus in der Ethik und die materiale Wertethik. 6. Auflage. Francke, Bern.

Scheler M (2001) Schriften zur Anthropologie. Reclam, Stuttgart

Scheler M (2005) Die Stellung des Menschen im Kosmos. Bouvier-Verlag, Bonn

Schiller F (1791/1992) Brief an Körner. In: Edith und Horst Nahler (eds.) Schillers Werke, Nationalausgabe, Bd. 26, Verlag Weimar 1992 – zit. nach Pöltner 2008

Schiller (1795/2000) Über die ästhetische Erziehung des Menschen: In einer Reihe von Briefen. Reclam, Stuttgart

Schischkov G (1991) Philosophisches Wörterbuch, 21. Auflage, Alfred Kröner Verlag, Stuttgart

Schmid W (1998) Philosophie der Lebenskunst. Eine Grundlegung. Suhrkamp, Frankfurt/Main

Schmid W (2005) Schönes Leben? Einführung in die Lebenskunst. Suhrkamp, Frankfurt/M.

Schmidt J & Schmidt-Berger U (2008) Mythos Dionysos. Texte von Homer bis Thomas Mann. Reclam, Stuttgart

Schneider K (1946/1980) Klinische Psychopathologie. 12. Aufl. Georg Thieme Verlag, Stuttgart

Schneider M (1981) Nur tote Fische schwimmen mit dem Strom. Luchterhand, München

Schopenhauer A (1818/1977) Die Welt als Wille und Vorstellung. Erster und Zweiter Teilband. Diogenes, Zürich

Schopenhauer A (1985) Der handschriftliche Nachlass, Bd. 4,I. München – zit.n. Waibel 2009

Schultes L (2015) Ein schöner Leib, den alle Lippen preisen. In: Mythos Schönheit. Katalog zur Ausstellung des Oberösterreichischen Landesmuseums Linz, 6. Mai - 29. Nov. 2015, Linz. Hatja Cantz, Ostfildern

Schwarz B (2010) Das Schöne als Wille und Vorstellung. Bildende Kunst im Dritten Reich. In: Liessmann, KP (ed.) Vom Zauber des Schönen. Reiz, Begehren und Zerstörung. Philosophicum Lech. Bd. 13. Paul Zsolnay Verlag, Wien

Selley PB (1979) Der entfesselte Prometheus. Lyrisches Drama. Insel Verlag, Leipzig

Sepp HR & Embree L (2010) Handbook of Phenomenological Aesthetics. Springer, Dodrecht

Sextus Empiricus (1914) Adversus dogmaticos: Libros quinque (Adv. mathem. VII-XI) continens. In: Mutschmann (ed), Sexti Empiric Opera. Vol II: Adversus

Dogmaticos. De Gruyter, Berlin

Sophokles (2008) Antigone. Reclam, Stuttgart

Spinoza B (1677/2014) Ethik. Holzinger M (ed). 2. Aufl., Holzinger, Berliner Ausgabe

Steinsaltz A (1998) Talmud für Jedermann. Seidler M (Übersetz.). 2. Aufl. Morascha Verlag, Basel

Stendhal (1842/1979) Über die Liebe (übers. v. Walter Hoyer), Insel Verlag, Frankfurt/M.

Stendhal (2013) Rot und Schwarz. Eine Chronik des 19. Jahrhunderts. Anaconda Verlag , Köln

Störig HJ (2002) Kleine Weltgeschichte der Philosophie. 3. Aufl., Fischer, Frankfurt/M

Tabucchi A (2007) Wer war Fernando Pessoa. Carl Hanser Verlag, München

Tatarkewicz W (1979) Geschichte der Ästhetik. Bd. I, Die Ästhetik der Antike, Schwabe, Basel

Turek BHF (2005) Die Sophisten. Panorama Verlag, Wiesbaden

Türcke C (2000) Das Leben ist schön. Nietzsches amor fati im Kino. Der blaue Reiter. Journal für Philosophie 12, 65

Uerlings H (2013) Theorie der Romantik. Reclam, Stuttgart

Vogel M (1966) Apollinisch und Dionysisch. Geschichte eines genialen Irrtums. Gustav Bosse Verlag, Regensburg

Waibel E (2009) Ästhetik und Kunst von Pythagoras Freud. Facultas, Wien

Weiss H, Harrer ME, Dietz T (2010) Das Aufmerksamkeitsbuch. Klett-Cotta, Stuttgart

Welsch W (1996) Grenzgänge der Ästhetik. Reclam, Stuttgart

Welsch W (2000) Ästhetik außerhalb der Ästhetik. Journal für Philosophie 12,6

Welsch W (2003) Ästhetisches Denken. 6. Auflage. Reclam, Stuttgart
Whitbeck C (1981) A theory of health. In: Caplan, AL, Engelhardt HT.Jr., McCartney JJ (eds.) Concepts of Health and Disease: Interdisciplinary Perspectives. Addison Wesley, London
Wittgenstein L (1953/1998) Philosophische Untersuchungen. Akademie Verlag, Berlin
World Health Organisation (1949) Preamble to the constitutions of the World Health Organisation as adopted by the international health conference New York, 19–22 June 1946; signed on 22 July 1946 by the representatives of 61 states (Official Records of the World Health Organisation, No 2, p. 100) and entered into force on 7 April 1948 (the definition has not been amended since 1948)
Žižek S (2014) Was ist ein Ereignis? Aus dem Englischen von Karen Genschow. Fischer, Frankfurt/Main
Zweig S (2004) Drei Dichter ihres Lebens. Casanova, Stendhal, Tolstoi. S.Fischer, Frankfurt/Main

Michael Musalek

Der Wille zum Schönen I

Als alles bestimmende Naturkraft

978-3-938880-71-5

Broschur, 164 Seiten

15,00 EUR [D] / 15,50 EUR [A] / 21,90 CHF UVP

Erhältlich im Buchhandel oder unter parodos.de

Das Schöne ist nicht nur Zierleiste des Lebens, die quasi als Ornament unter einen arbeitsamen und erfolgreichen Tag gesetzt werden darf. Schönheit bzw. das Erleben von Schönem sind auch nicht nur die durch tägliche Mühsal erworbenen Zahlungsmittel, deren Erhalt uns erst dann zusteht, wenn wir all das gut und brav erledigt haben, was uns ein arbeitsreiches Leben, als Vorgabe unserer Gesellschaft, an Aufgaben abverlangt. Das Schöne ist viel mehr. Es ist zugleich Kraftquelle und Kraftstoff unseres Lebens.

Jener auf das Schöne ausgerichtete Wille, jenes Drängen, jene basale dunkle Kraft ist es, was uns dazu bringt, nicht nur zu überleben, sondern überhaupt als Menschen leben zu können – der Wille zum Schönen ist die aus dem Dunkeln kommende Urkraft des Lebens, die uns das Tor in einen lichtvollen Kosmos des als angenehm, freudvoll, begeisternd und genussreich Erlebten öffnet.